59,90

Direito de Autor nos Estados-partes do Mercosul

Registro de Obra Intelectual

CONSELHO EDITORIAL:

Direito Processual Civil:
Francisco Carlos Duarte
Doutor em Direito - Professor da PUCPR

Direito Processual Tributário:
James Marins
Doutor em Direito - Professor da PUCPR

Filosofia do Direito:
José Renato Gaziero Cella
Doutorando em Direito pela UFSC - Professor da PUCPR

Direito Tributário:
Roberto Catalano Botelho Ferraz
Doutor em Direito - Professor da PUCPR

Direito Internacional:
João Bosco Lee
Doutor em Direito - Professor da PUCPR
Eduardo Biacchi Gomes
Doutor em Direito - Professor da PUCPR

Direito Comercial:
Marcos Wachowicz
Doutor em Direito - Professor das Faculdades Integradas Curitiba

Direito do Consumidor:
Antonio Carlos Efing
Doutor em Direito - Professor da PUCPR

Direito Constitucional/Previdenciário:
Melissa Folmann
Mestra em Direito - Professora da PUCPR

Direito Penal e Processual Penal:
Néfi Cordeiro
Doutor em Direito - Professor da PUCPR e da Universidade Tuiuti

Direito Civil:
Rainer Czajkowski
Mestre em Direito - Professor da FDC - Diretor Acadêmico das Faculdades Integradas Curitiba
Carlyle Popp
Doutor em Direito - Professor da FDC e PUCPR
Paulo Nalin
Doutor em Direito - Professor da UFPR

Direito do Trabalho:
Roland Hasson
Doutor em Direito - Professor da PUCPR

Direito Constitucional:
Claudia Maria Barbosa
Doutora em Direito - Professora da Graduação e Coordenadora do Mestrado da PUCPR

Direito Ambiental e Agrário:
Ana Paula Gularte Liberato
Mestra em Direito - Professora da PUCPR e da ESMAFE - Escola da Magistratura Federal

ISBN: 85-362-1140-7

JURUÁ EDITORA

Av. Munhoz da Rocha, 143 - Juvevê - Fone: (41) 3352-3900
Fax: (41) 3252-1311 - CEP: 80.035-000 - Curitiba - Paraná - Brasil

e-mails: editora@jurua.com.br
marketing@jurua.com.br

	Almeida, Alessandra Juttel.
A447	Direito de autor nos estados-partes do Mercosul./ Alessandra Juttel Almeida./ Curitiba: Juruá, 2006. 272p.
	1. Direito autoral – Mercosul. I. Título.
	CDD 346.0482(22.ed)
	CDU 347.78

Visite nosso *site*: ***www.jurua.com.br***

Alessandra Juttel Almeida
Mestra em Direito

Direito de Autor nos Estados-partes do Mercosul

Registro de Obra Intelectual

Curitiba
Juruá Editora
2006

DEDICATÓRIA

Aos meus pais, que acreditam no meu potencial e que me ensinaram a sempre olhar para frente.

Ao Kleber, pelo amor, compreensão e pelos ensinamentos jurídicos que muito contribuem para a minha formação.

"O plágio é o melhor certificado de mérito do plagiado".

(Carlos Drummond de Andrade)

AGRADECIMENTOS

Ao meu orientador, Professor Dr. Luiz Otávio Pimentel, pela disponibilidade de orientação, pelas trocas de idéias e pelos ensinamentos legados no âmbito da Propriedade Intelectual.

Aos Professores do Curso de Pós-Graduação da Universidade Federal de Santa Catarina – CPGD, que muito contribuíram para o aprimoramento de meus conhecimentos em Relações Internacionais, em especial ao Professor Dr. José Isaac Pilati, que participou de minha banca de defesa do projeto de dissertação, e ao Professor Dr. Welber Barral, pela oportunidade de estudar o tema no âmbito da Organização Mundial do Comércio.

A todos os funcionários do CPGD, pela atenção e disponibilidade na prestação de serviços e, em especial, aos amigos do Instituto de Relações Internacionais – IRI, pela experiência que tive como pesquisadora e pela amizade que permanece até os dias atuais.

À minha ex-professora de Direito Internacional, Mônica Teresa Costa Sousa, pela amizade, pelas trocas de conhecimentos e empréstimos de livros para que eu pudesse estudar para a seleção do Mestrado e, principalmente, por acreditar no meu potencial e por sempre me incentivar a ir em frente.

Ao Kleber Isaac Silva de Souza, que acompanhou esse trabalho desde o projeto, por todo amor, apoio e incentivo para que eu o concretizasse e alcançasse meus objetivos, pela troca de *conhecimentos na área jurídica e, principalmente, pela compreensão pelo nosso tempo sacrificado.*

A minha família, especialmente aos meus Pais, pelo incentivo para que eu completasse mais essa etapa, pelos "puxões de orelha" nas horas de desânimo, por me ajudarem financeiramente nos meus estudos e, principalmente, por ensinar-me a ser persistente na busca de meus objetivos.

A minha afilhada, Maria Eduarda Juttel de Moura, pelos momentos de alegria proporcionados ao longo dessa caminhada, e a minha Tia, Luciane Juttel, por acompanhar de perto essa trajetória.

Às amigas Ivana Valente Corte e Maria Bethânia Piccinini, bem como, seus pais, por torcerem pelo meu sucesso, pelo incentivo, pela troca de conhecimentos jurídicos e pelo envio de materiais importantes para a minha pesquisa.

Ao amigo Guilherme Moreira Raimundo, pela ajuda prestada no início desta caminhada, através do empréstimo de livros na Biblioteca Universitária e pela amizade que perdura até os dias atuais.

A todos os colegas de trabalho do escritório Gouvêa dos Reis Advogados, em especial aos Doutores Murilo Gouvêa dos Reis, Renato Gouvêa dos Reis, Dra. Fernanda Gama Ninow e à amiga estagiária Sarah Zomer Francio da Rosa.

Aos demais amigos e familiares, pelo estímulo e por acompanharem, mesmo que de longe, a conclusão de mais essa etapa da minha vida.

E a todos aqueles que, de alguma forma, contribuíram para a realização dessa pesquisa.

SUMÁRIO

INTRODUÇÃO.. 15

1 – EVOLUÇÃO HISTÓRICA DO DIREITO DE AUTOR................ 19

   1.1 Abordagem Histórica.. 19

   1.2 Conceito... 33

   1.3 Objeto e Aspectos Relevantes do Direito de Autor..................... 35

   1.4 Natureza Jurídica... 39

   1.5 A Internacionalidade do Direito de Autor................................... 48

      1.5.1 Convenção de Berna de 1886... 49

      1.5.2 A Convenção Universal do Direito de Autor..................... 54

      1.5.3 O Tratado da Organização Mundial da Propriedade Intelectual.. 58

      1.5.4 As Convenções e Tratados Americanos Sobre Direito Autoral.. 58

      1.5.5 O Acordo Sobre os Aspectos dos Direitos de Propriedade Intelectual Relacionados com o Comércio............................ 64

2 – O DIREITO DE AUTOR NOS ESTADOS-PARTES DO MERCOSUL.. 71

   2.1 A Proteção aos Direitos de Autor no Brasil................................ 71

      2.1.1 As Constituições Brasileiras... 72

2.1.2 Legislação Infraconstitucional 79
2.1.3 A Lei 9.610/98 90
2.2 O Direito de Autor na Argentina... 131
2.2.1 As Constituições Argentinas 131
2.2.2 A Lei 11.723/33 133
2.3 A Proteção Autoral no Paraguai.. 147
2.3.1 As Constituições do Paraguai.. 147
2.3.2 A Lei 1.328/98 149
2.4 O Direito de Autor no Uruguai 179
2.4.1 A Constituição Uruguaia e Suas Reformas 179
2.4.2 A Lei 9.739/37 e Suas Modificações..................................... 180

3 – O REGISTRO DO DIREITO AUTORAL 205

3.1 O Surgimento do Registro e o Registro de Obras Intelectuais......... 205
3.2 Particularidades do Registro de Direito de Autor 211
3.3 O Registro de Obra Intelectual nos Estados-partes do Mercosul..... 217
3.3.1 O Registro de Obra Intelectual no Brasil 217
3.3.2 Registro de Direito de Autor na Argentina........................... 225
3.3.3 O Registro Autoral no Paraguai 232
3.3.4 O Registro de Obra no Uruguai... 243
3.4 Importância, Eficácia e Função do Registro de Obra................ 247

CONSIDERAÇÕES FINAIS 253

REFERÊNCIAS 259

ÍNDICE ALFABÉTICO 265

INTRODUÇÃO

O estudo da propriedade intelectual constitui matéria interessante e crescente, pois, através do avanço tecnológico e da globalização, o homem vem adquirindo maior capacidade de invenção.

Ao analisar a propriedade intelectual, podemos destacar algumas categorias, tais como: os direitos de autor e direitos conexos, que compreendem o campo literário, artístico, musical, fotográfico e audiovisual; as patentes, marcas registradas, desenhos industriais, indicações geográficas, a proteção de novas variedades de plantas e, também, a proteção contra a concorrência desleal.

No tocante aos Direitos do Autor, a esfera abrangida por estes vem se expandindo enormemente com os progressos tecnológicos dos últimos séculos. Com isto, também surgem novas maneiras de divulgar e reproduzir as criações intelectuais.

Com base nisto, os autores destas criações necessitam da garantia de que suas obras estão protegidas contra as cópias, o uso não autorizado, a contrafação, o plágio e a pirataria.

O interesse despertado pela proteção ao Direito Autoral nos Estados-partes do Mercosul, bem como, pelo registro de direito autoral, se deve à atualidade do tema e à problemática no qual está inserido, tendo em vista que a proteção à obra intelectual não está condicionada ao preenchimento de formalidades, isto é, o autor adquire seus direitos a partir da criação da obra, e não, com o ato de registro da mesma.

A partir daí, surgem discussões sobre o caráter do registro. Para alguns países, o registro é um ato constitutivo de direitos ao autor, somente a partir dele o autor está assegurado perante terceiros de má-fé que contestem a autoria da obra. Entretanto, para outros países, o registro configura-se apenas como um ato declaratório de direitos, tendo o autor seus direitos assegurados desde a criação da obra, podendo prová-los de outras maneiras.

Note-se que num bloco econômico como o Mercosul, as legislações sobre direito de autor estão em conformidade com a Convenção de Berna, que faculta o registro de obra, mas seus Estados-partes têm a liberdade de legislar internamente sobre o tema conforme melhor lhes convenha. Assim, cada Estado-membro institui a sua legislação interna tendo em vista seus interesses.

O que estimulou a pesquisa do tema é a necessidade de conhecer como se efetua a proteção do Direito de Autor nos Estados-partes do Mercosul. Além disso, o tema da propriedade intelectual, especialmente o direito de autor e seu registro, é pouco investigado pelos pesquisadores brasileiros, fato esse observado na escassa bibliografia sobre o tema, que incentiva a pesquisa para suprir a lacuna existente.

Para tanto, efetuou-se um estudo da matéria referente ao tema abordado utilizando-se das técnicas de pesquisa documental, tais como os acordos internacionais e normas internas dos Estados-partes do Mercosul, e bibliográfica, englobando as fontes secundárias.

O método de abordagem utilizado foi o indutivo, e o método de procedimento adotado na pesquisa foi o monográfico.

Ademais, trata-se de um trabalho dogmático dividido em três capítulos principais.

No primeiro capítulo, **Evolução Histórica do Direito de Autor**, destacar-se-ão a origem do direito de autor e sua evolução, desde a antiguidade até os dias atuais; sua conceituação, diante das inúmeras expressões que são utilizadas para o definir; seu objeto, incluindo os tipos de obras que são protegidas e outros aspectos relevantes; a natureza jurídica do direito de autor, enfatizando a relevante discussão acerca de sua apresentação como direito de propriedade, direito de personalidade, ramo autônomo ou direito especial e direito da propriedade intelectual; e o caráter internacional desse direito que, historicamente, é encontrado em diversos acordos internacionais.

No segundo capítulo, **O Direito de Autor nos Estados-partes do Mercosul**, serão abordados, inicialmente, a proteção no Brasil, destacando-se as previsões constitucionais de cada período histórico brasileiro, e a legislação infraconstitucional pertinente ao tema, principalmente a Lei 9.610/98, que é o diploma em vigência atualmente. Entretanto, não se realizará uma abordagem sociológica de cada um dos diplomas, tendo em vista que o objeto de pesquisa é o sistema de registro e não, a análise dos fatores sociais que influenciaram cada legislação.

Na seqüência, destacar-se-ão o direito de autor na Argentina, analisando-se as Constituições e a Lei 11.723/33, que até hoje regulam o tema naquele país. Continuando, estudar-se-á a proteção autoral no Paraguai constante em suas Constituições e na Lei 1.328/98. E, por fim, destacar-se-ão a previsão constitucional e a Lei 9.739/37, do Uruguai, sobre o direito de autor.

Ainda no segundo capítulo, dentro dessa análise infraconstitucional, destacar-se-ão os aspectos mais importantes de cada legislação, englobando alguns conceitos, as obras que são protegidas e aquelas que não o são, as limitações ao direito de autor, os direitos patrimoniais e morais, a duração dos direitos, a transmissão e, finalmente, as violações e sanções previstas para cada caso.

O terceiro e último capítulo será dedicado ao estudo do registro de obra intelectual. Inicialmente, será feita uma abordagem histórica do sistema registral e analisar-se-ão seus principais aspectos e objetivos. Num segundo plano, estudar-se-á o registro de direito de autor nos Estados-partes do Mercosul, enfatizando a legislação pertinente ao tema e acrescentando a opinião doutrinária a respeito. E, para finalizar esse trabalho, será destacada a função, a eficácia e importância do registro como meio probatório da autoria e titularidade do autor, no que tange à segurança de seus direitos.

1

EVOLUÇÃO HISTÓRICA DO DIREITO DE AUTOR

1.1 ABORDAGEM HISTÓRICA

O direito de autor existe e tem vigência desde a mais remota antigüidade, sendo este ramo do direito tão antigo como a própria sociedade.

A sociedade helênica, que se destacou pelas manifestações criativas e artísticas, como a escultura, a arquitetura, o teatro, a poesia e prosa, a música e pintura, transplantou essa cultura aos romanos, que a transmitiram para inúmeros territórios.

Contudo, desde a antiguidade romana há vestígios da utilização indevida do resultado da atividade intelectual do homem. Pouco se conhecia a respeito de normas jurídicas que se relacionassem especificamente com o direito de autor. A primeira referência à coisa incorpórea como algo diferente de outras coisas concretas ou bens jurídicos foi encontrada na obra *Los Tópicos*, de Cícero (106 – 43 a.C.)[1].

---

[1] Cf. GOLDSTEIN, Mabel R. **Derechos editoriales y de autor**. 2. ed. Argentina: Eudeba, 1999. p. 225.

Tanto a Grécia antiga, berço das artes e capital do intelecto, quanto Roma, criadora do Direito, nada dispuseram sobre os meios de proteger os criadores intelectuais da utilização indevida, do plágio e da falsificação de suas obras[2].

Nessa época, segundo alguns estudiosos, o autor não possuía nenhum direito, ou seja, não se conhecia o direito de autor, fato este que contribuiu para o surgimento dos chamados *plagiarii*, que se apresentavam como autores de trabalhos dos outros.

As leis não previam qualquer sanção para o comportamento dos *plagiarii*, porém, quando se descobria a falsa autoria, o público passava a desprezar o plagiador[3].

Em Roma, mesmo não estando juridicamente regulado o Direito de autor, reprimiam-se os atentados contra o direito moral, conhecido juntamente com o direito patrimonial, sendo aplicadas sanções ao infrator, não por disposição expressa mas através da consciência pública.

Acrescenta Edmir Araújo que

> *Nas épocas mais distantes era tão difícil, trabalhosa e antieconômica a reprodução, p. ex., de uma obra de arte ou de um manuscrito, que praticamente não se pensava na proteção dos aspectos morais autorais ou mesmo da utilização prática, comercial, desses trabalhos. Ou, ao menos, a solução da necessidade dessa proteção não era considerada premente; as sanções praticamente inexistiam, somente o plágio era objeto de reprovação pública; por outro lado, como recompensa material, os autores e artistas tinham apenas a consagração pública ou os favores e prêmios dos poderosos "mecenas"*[4].

---

[2] Cf. ARAÚJO, Edmir Netto de. **Proteção judicial do direito de autor**. São Paulo: Ltr, 1999. p. 11.
[3] Cf. HAMMES, Bruno Jorge. **O direito de propriedade intelectual**. 3. ed. São Leopoldo: Unisinos, 2002. p. 20.
[4] ARAÚJO, Edmir Netto de. *Op. cit.*, p. 12.

Por muitos séculos grandes obras literárias e artísticas foram criadas e obtiveram seu auge sem que gerassem preocupações aos seus inventores, tanto em relação ao uso quanto, à proteção.

Já na antigüidade, falava-se de furto de obras. Lutero se queixava da reprodução de sua bíblia e outros escritos. Comparava os reimpressores aos salteadores e ladrões. O que até então só se considerava uma violação à moral, começa a ser visto como violação a um direito[5].

Por outro lado, há quem sustente que as sociedades antigas amparavam os direitos dos criadores intelectuais, especialmente em Roma, considerada a fonte inesgotável do nosso direito. Fremiort Ortiz Pierpaoli afirma que *"os princípios gerais de Direito eram suficientes para assegurar aos escritores romanos uma inteira proteção, para garantir-lhes o gozo aprazível de todos os benefícios que podiam esperar de suas obras"*[6].

A partir da queda do Império Romano, em 476 d.C., todo o continente europeu foi convertido em uma grande anarquia, onde distúrbios e invasões arrasaram cidades e povos, dificultando o desenvolvimento das artes. Por este motivo, em toda a Idade Média, os artistas e criadores intelectuais desenvolveram exclusivamente obras com temas religiosos. Os trabalhos não se limitavam somente à reprodução de obras, mas também, à criação de peças artísticas originais, tendo por objeto a representação de santos, poemas e crônicas a respeito da reconstrução histórica da época[7].

---

[5] HAMMES, Bruno Jorge. *Op. cit.*, p. 21.

[6] *"Los principios generales del derecho eran suficientes para asegurar a los escritores romanos una entera protección, para garantizarle el goce apacible de todos los beneficios que podían esperar de sus obras"*. ORTIZ PIERPAOLI, Fremiort. **Derecho de autor y Derechos conexos en el Paraguay**. 1997. 175f. Tese (Doutorado em Direito e Ciências Sociais) – Curso de Pós-graduação em Direito da Universidade Nacional de Assunção – Paraguai. p.1.

[7] *"Con la caída del Imperio Romano en el año 476 d.C. todo el continente europeo quedó convertido en una gran anarquía, difícil para el desarrollo de las*

No entanto, os direitos de autor começaram a adquirir maior conotação com o processo de desenvolvimento do capitalismo, quando novas tecnologias e meios de expressão foram gerados e quando se verificou, através do surgimento da imprensa, a possibilidade da reprodução industrializada da invenção ou obra para o consumo em massa.

Após o advento da imprensa, no século XV, por Gutemberg[8], é que foi lançada a primeira idéia de direito autoral.[9] O desenvolvimento da imprensa na Europa marcou decididamente um rito histórico. Assim, a máquina impressora desencadeou a primeira revolução nesta questão, possibilitando a perda de controle dos autores de trabalhos escritos sobre a reprodução das suas obras em grande escala[10]. Nessa época começou a adquirir importância a necessidade de proteção contra a reimpressão.

A idéia da proteção das obras intelectuais caminhava já lado a lado com o avanço tecnológico, e passou a se afirmar o interesse em reprimir edições e cópias abusivas, mas ainda sem considerar-se primordialmente o autor: as primeiras manifestações dessa evolução dirigiam-se mais aos editores, com o estabelecimento de regime de privilégios, concedidos pelos monarcas para

---

artes, por los disturbios e invasiones que arrasaban impunemente ciudades y pueblos.Por este motivo, durante todo este período que abarca la Edad Media, los artistas y creadores intelectuales, desarrollaron exclusivamente como obras, temas relativos a la vida religiosa. [...] Sin embargo, los trabajos de éstos no se limitaban solamente a la reproducción de las mismas, sino también creaban piezas artísticas originales, tales como la Hagiografia, ciencia que tenía por objeto la difusión de la vida de los santos, poemas y crónicas relativas a la reconstrucción histórica de la época". (Cf. ORTIZ PIERPAOLI, Fremiort. *Op. cit.*, p. 2).

[8] "*Sería Gutenberg con su fabuloso invento de la imprenta de tipos móviles, quien a mediados del siglo XV provocaría el cambio del curso de la historia del derecho de autor: ello no se produjo porque haya sido su objetivo previsto o previsible sino, como efecto secundario de su obra la que, en esencia, provocó el comienzo de la era tecnológica*". GOLDSTEIN, Mabel R. *Op. cit.*, p. 225

[9] GUEIROS JÚNIOR, Nehemias. O Direito Autor e a Evolução da Tecnologia – Desafio Constante aos Juristas. *In*: **Site do Advogado**. Disponível em: <http://www.sitedoadvogado.com.br/das_new/colunista_new3.asp>. Acesso em: 19 jun. 2002.

[10] Cf. ARAÚJO, Edmir Netto de. *Op. cit.*, p. 12.

a exploração econômica das obras intelectuais, o que geralmente propiciava monopólio das publicações e reproduções[11].

O advento da imprensa produziu uma revolução na humanidade, especialmente no tocante à estrutura do direito de autor, pois a aparição do meio mecânico de reprodução possibilitou a execução de cópias uniformes, que deixaram de estar ao alcance somente das altas classes da sociedade, adquirindo importância decisiva ao autor por ter se constituído num meio de expressar suas idéias e numa fonte de benefícios diante da possibilidade de ganhar dinheiro com a produção de obras[12].

Além disso, tomou-se consciência da influência política e social que a difusão de idéias, através de meios gráficos, poderia ocasionar e, também, da importância econômica da reprodução de livros que deixaram de ser manuscristos depois de dois mil anos[13].

Gutenberg publicou os exemplares da Bíblia em 1455, produzindo três conseqüências[14]: a) o começo da indústria editorial;

---

[11] *Idem*.

[12] "*[...] Con el advenimiento de esta innovación, se produce toda una revolución en la humanidad, y con especial énfasis, en la estructura del derecho de autor, porque mediante la aparición de este medio mecánico de reproducción, se posibilitó la ejecución de copias uniformes, las que dejaron de estar solo al alcance de los acaudalados, sino también tuvo su importancia decisiva para el autor, porque constituyó este invento no solo un medio de expresar sus ideas, sino a la vez una fuente de beneficio, al poder ganarse la vida con la producción de sus obras*". Cf. ORTIZ PIERPAOLI, Fremiort. *Op. cit.*, p. 2.

[13] "*Pronto se tomó conciencia de la influencia política y social que podía producir la difusión de las ideas a través de los medios gráficos, así como de la importancia económica de la reproducción de los libros, los que dejaron de ser manuscritos después de dos mil años*". GOLDSTEIN, Mabel R. *Op. cit.*, p. 225.

[14] "*Los ejemplares de la Biblia publicados por Gutenberg en 1455 produjeron tres consecuencias concretas: por un lado, el comienzo de la industria editorial en el sentido contemporáneo de la acepción; por otra parte, la secularización de los textos religiosos, hecho éste que, además, provocó la pérdida del monopolio eclesiástico respecto de la comunicación de ciertos temas y, finalmente, la desaparición, lenta pero segura, de la figura del escriba, personaje éste de sumo prestigio a lo largo de muchos siglos, en donde un escaso número de personas accedían al proceso de lecto-escritura*". *Idem*, p. 226.

b) a secularização dos textos religiosos, fazendo com que houvesse a perda do monopólio eclesiástico a respeito da comunicação de certos temas; e c) o desaparecimento, lento e seguro, da figura do escrivão, personagem de prestígio por muitos séculos.

Assim, da antigüidade até o século XV verificou-se que não existia uma legislação especial que regulasse o direito de Autor, especialmente na Grécia e em Roma. A atividade dos criadores se manifestava através de manuscritos, existindo poucas cópias de trabalhos e constituindo-se em patrimônio exclusivo da alta classe da sociedade, que era a única que tinha acesso à cultura.

Nesta época os trabalhos intelectuais eram protegidos pelos mecenas[15] e também pelo Estado, como em Atenas, que estimulava os autores a dar expressão concreta e tangível à concepção de suas idéias.

Escritores, músicos e artistas estavam protegidos pelas comunidades religiosas, cortes reais, princípes e pessoas da classe nobre da sociedade. A proteção a favor do titular da criação existia, não em virtude da norma escrita e sim, através da opinião pública ou mesmo dos autores, que se rebelavam contra o infrator castigando-o moralmente.

Numa segunda fase histórica, a partir do século XV, países como a Alemanha e Itália expressaram os primeiros traços dos direitos de autor. Em seguida, Espanha, França e Inglaterra também reconheceram a proteção jurídica ao autor. Com isto, segundo Maristela Basso, *"todas as nações que, no século do Renascimento, estiveram à frente do progresso, contribuíram para a gloriosa tarefa de criar um direito todo novo, desconhecido da antiguidade"*[16].

---

[15] Mecenas era o protetor das artes e das ciências. Este nome popularizado na época é conhecido até os dias atuais. Foi instituído em homenagem a Cayo Cilnio Mecenas, Ministro de Augusto e Protetor de Horácio, Propércio e Virgílio, quem financiava as manifestações culturais de qualquer gênero do saber. Cf. ORTIZ PIERPAOLI, Fremiort. *Op. cit.*, p. 3.

[16] BASSO, Maristela. **O Direito Internacional da Propriedade Intelectual**. Porto Alegre: Livraria do Advogado, 2000. p. 20.

O período que se iniciou foi conhecido como o "ciclo dos monopólios", que instituiu o sistema dos privilégios, ou seja, o rei concedia a alguns impressores o direito de reproduzir certas obras com exclusividade. O primeiro privilégio de que se tem notícias foi concedido pelo Senado de Veneza em 1469, para editar as cartas de Cícero e de Plínio[17].

Segundo Fremiort Ortiz Pierpaoli, com o transcorrer dos anos, os privilégios foram concedidos aos autores para que publicassem suas próprias obras, ou aos editores que adquiriam suas obras. Contudo, a grande atividade literária, resultante da implementação da imprensa, produziu a abertura de um grande mercado de livros sobre os diversos aspectos da vida cultural. Os monopólios terminaram por criar um regime de privilégios a favor dos editores, que posteriormente foram abolidos pela Revolução Francesa, sendo substituídos por um regime de maior proteção, fundado no princípio de propriedade, exigindo-se que cada exemplar contivesse a menção do *copyright*[18].

Mabel R. Goldstein diz que juntamente com a era industrial apareceram outros fenômenos, tais como: o nascimento dos bens simbólicos, o aparecimento do público consumidor de produtos intelectuais, a redefinição da propriedade imaterial, o manejo da censura como novo mecanismo do poder político e o surgimento de novas profissões (comerciantes de livros, impressores, encadernadores, tipógrafos etc.)[19].

---

[17] Cf. ORTIZ PIERPAOLI, Fremiort. *Op. cit.*, p.4.

[18] "*Con el transcurrir de los años, esos privilegios fueron concedidos a los autores, para que publicaran sus propias obras o a los editores, quienes adquirían sus obras. La gran actividad literaria resultante de esta mecanización de los medios de reproducción que introdujo la imprenta, produjo la apertura de un gran mercado que reclamaba libros sobre los diversos aspectos de la vida cultural. Estos monopolios terminaron por crear un régimen de privilegios a favor de los editores, que posteriormente fueron abolidos por la Revolución Francesa, substituyendo este estado de hecho, por un régimen de mayor protección hacia el autor fundado ya en el principio de propiedad, tal como hoy lo concebimos al mismo tiempo que el de proteger el Derecho de Autor. Se exigía que cada ejemplar contuviera la mención del copyright*". ORTIZ PIERPAOLI, Fremiort. *Op. cit.*, p. 4.

[19] Cf. GOLDSTEIN, Mabel R. *Op. cit.*, p. 226.

Ademais, houve reflexos também no ordenamento jurídico, registrando no século XV o surgimento de algumas normas jurídicas vinculadas à imprensa. No entanto, o século XVIII, com suas idéias liberais, é que marcou o início da legislação sistemática sobre o direito de autor.

Em 14.04.1710, a rainha Anna promulga na Inglaterra a primeira lei que disciplinava o direito de cópia, o *Copyright Act*. Através desta lei, que instituiu o termo *copyright*[20], vocábulo que até os dias atuais encontramos nas obras artísticas, literárias e científicas, o direito de cópia era concedido aos autores literários pelo prazo de 21 anos e para autores de obras artísticas pelo prazo de 14 anos[21].

O Estatuto da Rainha Anna marcou o início do período de evolução legislativa do direito de autor. A Inglaterra foi o país que se antecipou em assegurar uma proteção legal ao autor, por meio do *copyright*. Posteriormente, em 1741, a Dinamarca também passou a regular o direito autoral e a este corpo jurídico seguiram-se outros na Inglaterra de caráter similar, tais como a Lei de Gravadores de 1735, a Dramatic Copyright Act de 1833, a de Proteção de Obras Artísticas de 1862 e a de Proteção de Obras Musicais de 1882[22].

Na França o processo evolutivo teve início a partir de 1777, quando apareceram decisões judiciais e decretos visando uma melhor proteção ao autor e do editor. Segundo Mabel Goldstein, *"Luís XVI ditou seis decretos em 1777, sobre a edição e a impressão das obras literárias, estabelecendo privilégios para os livreiros por tempo limitado e com alguma presunção legal de cessão do direito autoral a favor daqueles, a partir da entrega da obra ao editor"*[23].

---

[20] Copyright é o direito de copiar (*right of copy*), no qual se reconhecia a obrigatoriedade da retribuição, ao autor, pela utilização reprodutiva de seus originais, de sua criação intelectual. Cf. ARAÚJO, Edmir Netto de. *Op. cit.*, p.13.
[21] BASSO, Maristela. *Op. cit.*, p. 20.
[22] Cf. GOLDSTEIN, Mabel R. *Op. cit.*, p. 226.
[23] "[...] Luis XVI dictó seis decretos en 1777, sobre la edición y la impresión de las obras literárias, estableciendo privilegios para los libreros por tiempo limitado y

Após a Revolução Francesa, através do Decreto de 13.01.1791, a Assembléia Nacional da França estabeleceu o direito de execução e reprodução da obra intelectual[24].

Em 19.07.1793 foram promulgadas duas leis que consagraram o direito exclusivo de reprodução dos autores literários, artísticos e musicais, incluindo os direitos patrimoniais (patentes de invenção e *copyright*) e morais. O surgimento da proteção dos direitos morais passou a fornecer ao autor um controle sobre a forma de utilização de sua obra[25]. Além disso, fixaram-se prazos de duração e penalidades para o caso de descumprimento, abolindo os privilégios[26].

A partir dos séculos XVI e XVII surge na Alemanha e nos Estados Unidos da América (EUA) a idéia da propriedade intelectual, que, no fim do século XVIII, torna-se evidente na França[27].

Para Ortiz Pierpaoli:

A Revolução Francesa, com o objetivo de acabar com os privilégios, tendo em conta as idéias libertárias que surgiram na época, instituiu o monopólio do Direito de autor em favor de alguns poucos. Esta situação foi, posteriormente, corrigida pela Assembléia Constituinte de 1791 ao reconhecer também ao ator teatral o direito exclusivo de representação pelo prazo de 5 anos depois de sua morte. No ano de 1793, uma lei mais ampla e generalizada reconheceu expressamente a propriedade artística e literária, que determinou, de forma ordenada, a defesa integral do Direito de autor[28].

---

con alguna presunción legal de cesión del derecho autoral a favor de aquéllos, a partir de la entrega de la obra al editor". GOLDSTEIN, Mabel R. *Op. cit.*, p. 227.

[24] Cf. GOLDSTEIN, Mabel R. *Op. cit.*, p. 227

[25] Cf. ARAÚJO, Edmir Netto de. *Op. cit.*, p. 13.

[26] Cf. GOLDSTEIN, Mabel R. *Op. cit.*, p. 227.

[27] Cf. BASSO, Maristela. *Op. cit.*, p. 20.

[28] "*La Revolución Francesa, por su parte, en su afán de arrasar con los privilegios teniendo en cuenta las ideas libertarias que surgían en esa época, sin embargo, en forma contraproducente instituyó el monopolio del derecho de autor en favor de unos pocos. Esta situación fue corregida por la Asamblea Constituyente de 1791, al reconocer también al actor teatral el derecho exclusivo de re-*

Nos EUA, o assunto foi inserido na Constituição de 1787, em seu artigo 1, seção 8. Antes dela, algumas leis estaduais, como a de Massachusetts, estabeleceram parcialmente esta proteção. Em 1790 foi editado o *Federal Copyright Act*, protegendo com maior precisão os livros, mapas e cartas marítimas, e difundindo-se pelo mundo civilizado a partir do século XIX, dando origem a outras normas sobre a matéria, englobando representações dramáticas, fotografias, músicas e outras expressões artísticas[29].

Os redatores da Constituição Americana de 1797 consideraram a proteção das obras publicadas como um privilégio, para facilitar a criação e desenvolver o progresso das ciências e das artes[30].

Na opinião de Mabel Goldstein,

> *A norma constitucional norte-americana tem uma perspectiva mais ampla que a simples regulamentação jurídica do direito de autor enquanto ordena proteger e promover a ciência e as artes úteis; sem prejuízo desta particularidade, manteve os princípios básicos anglo-saxões conforme o* **common Law** *e no qual a valorização superior se outorga aos direitos econômicos, por cima dos direitos individuais das pessoas*[31].

Outras leis surgiram na Alemanha (1686), Prússia (1794), Espanha (1762) e Rússia (1830), algumas apresentando normas sobre reciprocidade a respeito de obras estrangeiras[32].

---

presentación por el término de 5 años, después de su muerte. Posteriormente, en el año 1793, una ley más amplia y generalizada, reconoció expresamente la propiedad artística y literaria, que determinó en forma orgánica y ordenada, la defensa integral del derecho de autor". ORTIZ PIERPAOLI, Fremiort. *Op. cit.*, p. 6.

[29] Cf. GOLDSTEIN, Mabel R. *Op. cit.*, p. 227.

[30] *Idem*.

[31] "*La norma constitucional norteamericana tiene una perspectiva más amplia que la simple regulación jurídica del derecho de autor en cuanto ordena proteger y promover la ciencia y las artes útiles; sin perjuicio de esta particularidad, mantuvo los principios básicos anglosajones que conforman el common law en el cual la valorización superior se otorga a los derechos económicos, por encima de los derechos individuales de las personas*". GOLDSTEIN, Mabel R. *Op. cit.*, p. 227.

[32] Cf. GOLDSTEIN, Mabel R. *Op. cit.*, p. 227

Desde 1710, o autor passou a assumir seu lugar como proprietário do trabalho criativo que realiza, e detentor de um direito exclusivo: o direito autoral que viria, mais tarde, a consolidar-se em várias leis e tratados internacionais.

Com efeito, na Declaração dos Direitos do Homem e do Cidadão, de 1789, se enunciou que um dos direitos essenciais é o da liberdade[33], compreendendo-se nesta o direito à livre expressão do pensamento e à circulação de opiniões. Destarte, menciona Mabel Goldstein que,

No período que vai de 1789 a 1948, a doutrina jurídica se referiu à proteção da criatividade humana a partir do conceito de propriedade intelectual, isto é, como uma forma diferenciada de conceito de propriedade, daquela coisa imaterial ou incorpórea a que se havia referido Cícero, colocando-se a ênfase no aspecto patrimonial. A Declaração Universal dos Direitos Humanos, que foi ditada em 10.12.1948, não tem o caráter de convenção internacional mas é valorizada como o compromisso de todos os países membros desse organismo de sustentar os princípios ali estabelecidos[34].

---

[33] "*Art. 1º. Os homens nascem e são livres e iguais em direitos. As distinções sociais só podem fundar-se na utilidade comum. [...] Art. 4º. A liberdade consiste em poder fazer tudo aquilo que não prejudique outrem: assim, o exercício dos direitos naturais de cada homem não tem por limites senão os que asseguram aos outros membros da sociedade o gozo dos mesmos direitos. Estes limites apenas podem ser determinados pela Lei*". (Declaração dos direitos do homem e do cidadão. Disponível em: <http://www.pgr.mpf.gov.br/pfdc/documentos/Legislacao/dec_dir_cid.pdf>. Acesso em: 30 jan. 2004.

[34] "*En el período que va de 1789 a 1948, la doctrina jurídica se refirió a la protección de la creatividad humana a partir del concepto de propiedad intelectual, esto es, como una forma diferenciada del concepto de propiedad, de aquella cosa inmaterial o incorpórea a la que se había referido Cíceron, poniéndose el énfasis en el aspecto patrimonial. La Declaración Universal de los Derechos Humanos, que fuera dictada por la Asamblea General de las Naciones Unidas en la reunión que se celebró en París el 10 de diciembre de 1948 no tiene el carácter de convención internacional pero es valorada como el compromiso de todos los países miembros de ese organismo de sostener los principios ahí establecidos*". GOLDSTEIN, Mabel R. *Op. cit.*, p. 230.

Segundo Nehemias Gueiros Júnior,

> *O desenvolvimento de novas formas de comunicação e reprodução de obras intelectuais, a partir do final do século XIX, tais como o rádio, o fonógrafo, a televisão, o fac-símile e, mais recentemente, o computador, o CD e o DVD, que inauguraram a era digital, também conhecida como 'era da informação', representou um formidável salto cultural para a humanidade*[35].

Seguindo o mesmo pensamento, Edmir Araújo ressalta que

> *[...] o desenvolvimento dos meios de comunicação, permitindo com mais facilidade um relacionamento mais amplo entre os diversos países, determinou uma tendência à realização de tratados e convenções internacionais, no intuito de estender a eficácia protetora aos direitos autorais também além fronteiras, em salvaguarda recíproca, visando principalmente a uniformidade, tanto quanto possível, dos direitos positivos internos dos países signatários*[36].

No plano internacional, destaca-se o primeiro tratado multilateral no assunto: a Convenção de Berna para a proteção das obras literárias e artísticas, formalizada em 09.09.1886, contando com a adesão de inúmeros países, e revisada várias vezes: em Paris (de 15/04 a 04.04.1896), Berlim (de 14/10 a 14.11.1908), Roma (de 07/05 a 02.06.1928), Bruxelas (de 06/06 a 26.06.1948), Estocolmo (14.07.1967) e Paris (24.07.1971, modificada em 28.09.1979)[37]. Porém, esta Convenção está vigente até os dias atuais.

---

[35] JÚNIOR, Nehemias Gueiros. *Op. cit.*
[36] Cf. ARAÚJO, Edmir Netto de. *Op. cit.*, p. 13.
[37] OMPI. **Convenção de Berna para a proteção das obras literárias e artísticas.** Disponível em <http://www.wipo.int/clea/docs/es/wo/wo001es.htm>. Acesso em: 25 jun. 2002.

Além disso, há o sistema instituído pela Convenção Universal de Genebra[38] (UNESCO, de 06.09.1952), revista, posteriormente, em Paris (1971), e as Convenções de Roma[39] (26.10.1961) e de Genebra[40] (29.10.1971) sobre direitos conexos.

Na América Latina, a primeira Lei a regular a proteção dos direitos conexos foi a do México, em 1928. Neste mesmo ano, houve um período de progresso dos meios de produção, de difusão e comercialização das obras, aparecendo o sinal sonoro e a radiodifusão como prova de um desenvolvimento gigantesco, uma vez que se multiplicam os trabalhos de pesquisas da televisão, sendo os discos e gravadores os meios expressivos da grande difusão[41].

Após a Segunda Guerra Mundial e com o aparecimento das organizações internacionais no século XX, a matéria passou a sofrer transformações e precisou ser adaptada às mudanças que vinham ocorrendo na época. Com isto, através da Convenção de Estocolmo, foi criada em 14.07.1967 a Organização Mundial da Propriedade Intelectual – OMPI[42].

A OMPI passou a administrar as Convenções de Paris e de Berna, bem como, outros tratados sobre propriedade intelectual, e unificou os direitos de propriedade intelectual, abolindo a distinção entre direitos de autores e de inventores[43].

---

[38] UNESCO. **Declaração universal de Genebra.** Disponível em: <http://www.unesco.org.br/publica/index.html>. Acesso em 25 jun. 2002.

[39] OMPI. **Convenção de Roma sobre a proteção dos artistas intérpretes ou executantes, dos produtores de fonogramas e dos organismos de radiodifusão.** Disponível em: <http://www.wipo.int/clea/docs/es/wo/wo024es.htm>. Acesso em: 25 jun. 2002.

[40] OMPI. **Convenção para a proteção dos produtores de fonogramas contra a reprodução não autorizada.** Disponível em: <http://www.wipo.int/clea/docs/es/wo/wo023es.htm>. Acesso em: 25 jun. 2002.

[41] Cf. ORTIZ PIERPAOLI, Fremiort. *Op. cit.*, p.8.

[42] OMPI. **Convenção que estabelece a organização mundial da propriedade intelectual.** Disponível em: <http://www.ompi.org/clea/docs/es/wo/wo029es.htm>. Acesso em: 25 jun. 2002.

[43] Cf. BASSO, Maristela. *Op. cit.*, p. 15.

Em 10.12.1948, na sessão ordinária da Assembléia Geral das Nações Unidas, o direito de autor lançou suas raízes na Declaração Universal dos Direitos do Homem, que dispõe:

Art. 27. 1. Todo homem tem o direito de participar livremente da vida cultural da comunidade, de fruir das artes e de participar do progresso científico e de seus benefícios.

2. Todo homem tem direito à proteção dos interesses morais e materiais decorrentes de qualquer produção científica, literária ou artística da qual seja autor.

Em 1970 teve início o movimento de revisão dos tratados internacionais de propriedade intelectual que estavam sob administração da OMPI. No entanto, as tentativas de revisão das convenções sobre o assunto fracassaram nesta época, visto que os países desenvolvidos e em desenvolvimento divergiram em seus interesses.

Em 1986, a negociação sobre direitos de propriedade intelectual foi incluída na Rodada Uruguai do Acordo Geral sobre Tarifas e Comércio – GATT[44]. O objetivo desta inclusão era vincular a proteção da propriedade intelectual ao comércio internacional.

Após alguns anos de negociação, em 15.04.1994 foi firmado em Marrakech o Acordo sobre os Direitos de Propriedade Intelectual relacionados com o Comércio, também conhecido como ADPIC[45], que constituiu o anexo 1C do acordo da Organização Mundial do Comércio – OMC. Conjugou os acordos internacionais e acrescentou mecanismos que faltavam ao regime internacional de proteção dos direitos de propriedade intelectual. É o acordo mais recente que trata de Direitos Autorais no âmbito internacional.

A partir daí, a proteção ao direito de autor foi inserida nas normas internas de diversos Estados, inclusive nos Estados-partes do Mercosul, que terão suas normas analisadas separadamente no segundo capítulo deste trabalho.

---

[44] General Agreement on tariffs and trade. Também conhecido por TRIPS.
[45] Disponível em: <http://www.wto.org/spanish/docs_s/legal_s/27-trips_01_s.htm>. Acesso em: 25 jun. 2002.

1.2 CONCEITO

Ao longo dos tempos o direito de autor recebeu diferentes denominações. Pode-se encontrar as expressões "propriedade literária, artística e científica", "direitos intelectuais sobre as obras literárias e artísticas", "direitos imaterais", "propriedade intelectual", "propriedade imaterial", "direitos sobre bens imateriais", "direitos de criação" e, mais recentemente, "Direito Autoral", "Direito de Autor" e, até mesmo, "autoralismo"[46].

Contudo, na doutrina, jurisprudência e legislação, a denominação mais utilizada é "direito de autor".

O autor é a *"pessoa física criadora de obra literária, artística ou científica"*[47].

Por sua vez, o direito de autor ou direito autoral *"constitui-se num ramo do direito privado que regula as relações jurídicas advindas da criação e da utilização econômica de obras intelectuais"*[48], ou seja, este ramo disciplina os direitos relativos a obras literárias e artísticas.

Clóvis Beviláqua define que direito autoral *"é o que tem o autor de obra literária, científica ou artística de ligar o seu nome às produções do seu espírito e de reproduzi-las. Na primeira relação é manifestação da personalidade do autor, na segunda é de natureza real e econômica"*[49].

Na mesma linha de raciocínio, o direito de autor pode ser conceituado como *"o direito que o criador de obra intelectual tem*

---

[46] Cf. BITTAR, Carlos Alberto. **Direito de autor**. 4. ed. Rio de Janeiro: Forense Universitária, 2003. p. 9.
[47] Definição dada pelo art. 11, da Lei 9.610, de 19.02.1998, que regula os Direitos Autorais no Brasil.
[48] BITTAR, Carlos Alberto. *Op. cit.*, p. 8.
[49] BEVILÁQUA, Clóvis. *Apud* CHAVES, Antônio. **Criador da obra intelectual**. São Paulo: LTr, 1995. p. 27.

de gozar dos produtos resultantes da reprodução, da execução ou da representação de suas próprias criações"⁵⁰.

Em outra concepção, os direitos de autor são:

> *os direitos morais e patrimoniais do criador de obra literária, artística ou científica. Abrange não só os direitos de autor, como também os que lhe são conexos. O direito de autor ou direito autoral constitui, como a propriedade industrial, um dos ramos dos denominados direitos intelectuais, enquanto criações do espírito humano. Não é propriamente um produto, mas o produto não existe sem ele, razão pelo qual o autor tem direitos sobre o produto. [...] O direito do autor compreende prerrogativas morais e patrimoniais, aquelas referentes ao vínculo pessoal e perene que une o criador à sua obra e estas referentes aos efeitos econômicos da obra e o seu aproveitamento mediante a participação do autor em todos os processos e resultados*⁵¹.

José Isaac Pilati entende por direito de autor ou direito autoral "*aquele que tem o autor de ligar o seu nome à obra do espírito, de qualquer modo exteriorizada, podendo reproduzi-la e transmiti-la*"⁵².

Por sua vez, Antônio Chaves denomina direito de autor:

> *o conjunto de prerrogativas que a lei reconhece a todo criador intelectual sobre suas produções literárias, artísticas ou científicas de alguma originalidade, de ordem extra pecuniária, em princípio sem limitação de tempo, e de ordem patrimonial ao autor durante toda a sua vida com acréscimo para os sucessores indicados na lei, no prazo por ela fixado*⁵³.

---

⁵⁰ CONSELHO NACIONAL DE DIREITO AUTORAL. **Manual de direito autoral.** Brasília, 1989. p. 7.
⁵¹ BASTOS, Aurélio Wander. *Op. cit.*, p. 77.
⁵² PILATI, José Isaac. Direitos autorais e internet. *In*: ROVER, Aires. **Direito, sociedade e informática.** Florianópolis: Fundação Boiteux, 2000. p. 128.
⁵³ CHAVES, Antônio. *Op. cit.*, p. 28.

O direito autoral e as relações existentes em torno dele nascem com a criação da obra, originando, a partir do ato criador, direitos de paternidade, de nominação e de integridade da obra intelectual. Com a comunicação ao público, passam a surgir nesta esfera os direitos patrimoniais, configurados nos direitos de representação, reprodução de obra, fixação gráfica, gravação, inserção em fita ou em filme, execução e outros[54].

1.3 OBJETO E ASPECTOS RELEVANTES DO DIREITO DE AUTOR

O direito de autor tem por objeto a própria obra intelectual, constituindo-se na manifestação de seu criador, assumindo qualquer forma de expressão, qualquer valor artístico, literário ou científico e independente da destinação[55].

Aurélio Buarque de Holanda[56] conceitua obra como efeito do trabalho ou da ação. Assim, as obras resultantes do trabalho ou atividade intelectual, que se exteriorizam de alguma forma, seja material ou não, são protegidas pelo direito de autor, inclusive as traduções, adaptações e outras informações de obras originais, apresentadas como criações intelectuais novas.

Não obstante, a obra intelectual deve estar revestida de alguns requisitos, tais como a originalidade[57], quanto à sua forma externa, e a criatividade[58], quanto à sua forma interna.

---

[54] Cf. BITTAR, Carlos Alberto. *Op. cit.*, p. 8.
[55] Cf. GANDELMAN, Henrique. **Guia básico de direitos autorais**. Rio de Janeiro: Ed. Globo, 1982. p. 29.
[56] HOLANDA, Aurélio Buarque de. **Novo dicionário da língua portuguesa**. 2. ed. Rio de Janeiro: Nova Fronteira S.A., 1986. p. 1.202.
[57] A obra dotada de originalidade deve estar integrada de componentes individualizadores, de forma a não causar confusão com outra preexistente. Deve ser, intrínseca e extrinsecamente, diferente de outras obras materializadas, revestindo-se de traços ou caracteres próprios, distintos de outros já existentes na realidade. Cf. BITTAR, Carlos Alberto. *Op. cit.*, p. 23.

A originalidade é um critério que varia de um país a outro, sendo muitas vezes determinado pela jurisprudência. "*Pode-se dizer que nos países com tradição de 'common law' (direito não escrito) as exigências são muito limitadas, basta simplesmente que a obra não seja cópia de uma outra obra*"[59].

Destaca Mabel R. Goldstein que a originalidade do produto da criação é o elemento distintivo e o propósito específico do direito de autor[60]. Acrescenta que

> *[...] Essa característica se limita a diferenciação que deve existir a respeito de outras obras do mesmo gênero e espécie mas não com relação a todos os gêneros e todas as espécies. Desta forma, é possível englobar o conceito de produto da criação às obras derivadas, tais como as adaptações, as traduções ou as obras audivisuais*[61].

Na lição de Carlos Alberto Bittar, o objetivo do direito de autor é

> *a disciplinação das relações jurídicas entre o criador e sua obra, desde que de caráter estético, em função, seja da criação (direitos morais), seja da respectiva inserção em circulação (direitos patrimoniais), e frente a todos os que, no circuito correspondente, vierem a ingressar (o Estado, a coletividade como*

---

[58] "*A obra deve resultar de esforço intelectual, ou seja, de atividade criadora do autor, com a qual introduz na realidade fática manifestação intelectual estética não-existente (o **plus** que acresce ao acervo comum)*". Idem, p. 23.

[59] OMPI. Curso Geral da Propriedade Intelectual – Programa de Ensino a distância. Módulo 2. p. 3.

[60] "*El elemento distintivo y el propósito específico de este derecho es la originalidad del producto de la creación [...]*". GOLDSTEIN, Mabel R. Op. cit., p. 232.

[61] "*[...] Esta característica se limita a la diferenciación que debe existir respecto de otras obras del mismo género y especie pero no con relación a todos los géneros y todas las especies. De esta forma, es posible englobar en el conpeto de producto de creación a las obras derivadas tales como las adaptaciones, las traducciones o las obras audiovisuales*". Idem.

um todo, o explorador econômico, o usuário, o adquirente de exemplar)⁶².

Assim, o direito de autor protege as obras, ou seja, a expressão de pensamentos. As idéias não expressadas de alguma forma, são suscetíveis de uso livre, não sendo, portanto, protegidas.

Ressalta Carlos Alberto Bittar que "*a obra protegida em seu contexto é aquela que constitui exteriorização de uma determinada expressão intelectual, inserida no mundo fático em forma ideada e materializada pelo autor*"⁶³.

Ademais, segundo Mabel Goldstein, "*o objetivo do direito de autor poderia ser definido como o direito do criador e sua obra, ou seja, que existe um vínculo indivisível entre a pessoa que intervém no ato de criação e o produto dela*"⁶⁴.

Completa a autora que não se reconhece a existência do autor antes da criação da obra, isto é, não se pode encontrar nenhuma pessoa que seja uma expectativa de autor, nem tampouco existe uma expectativa de produto intelectual antes que a criação seja exteriorizada⁶⁵.

Deise Fabiana Lange ensina que,

Para que a obra mereça proteção, é necessária sua exteriorização, isto é, que seja expressada de alguma forma, pois a sim-

---

⁶² BITTAR, Carlos Alberto. *Op. cit.*, p. 19.
⁶³ *Idem.* p. 23.
⁶⁴ "*Sin duda, el objetivo del derecho de autor podría ser definido como el derecho del creador y su obra, o sea, que existe una vinculación indivisible entre la persona que ha intervenido en el acto de la creación y el producto de ella*". GOLDSTEIN, Mabel R. *Op. cit.*, p. 232.
⁶⁵ "*Otra diferencia es que el derecho de autor se distingue de otras normativas legales en que no reconoce la existencia del autor antes de la creación de la obra, o sea, no se puede encontrar a ninguna persona que sea un autor en expectativa, ni tampouco existe un producto intelectual en expectativa antes de que la creación haya sido exteriorizada*". *Idem.*

> *ples idéia, conjectura ou pensamento que não chega a ser exposto, apresentado de algum modo, está fora do âmbito de proteção desse direito. Necessariamente a obra terá que ser original, o que não quer dizer nova. A novidade não é interessante ao direito autoral, mas, sim, a forma com que a obra é exteriorizada. Originalidade significa criar alguma coisa dotando-a com características próprias, traços pessoais, expondo a maneira e o ângulo com que o seu criador vê o mundo, sente e percebe as coisas, o seu lado interior, e, desta forma, o transporta para sua criação*[66].

Entretanto, para que haja proteção da obra, não se aufere o valor ou mérito da mesma. Mesmo tendo mínimo valor intelectual, demonstrando criatividade e originalidade, haverá proteção no âmbito do direito autoral. Ressalta-se que este não protege as idéias, os estilos, os métodos e os dados científicos; somente os protege quando são exteriorizados de alguma forma.

Contudo, há quatro aspectos interessantes que devem ser mencionados. O primeiro deles se refere às obras oficiais[67], que, apesar de serem resultado de atividade intelectual pessoal, não são protegidas pelo direito autoral. Os textos de tratados, convenções, leis etc., estão excluídos do âmbito da proteção autoral, pois destinam-se à divulgação ampla e para o uso coletivo. Quem desejar editar, reproduzir ou divulgá-los, pode fazê-lo livremente e sem autorização. Sendo que, ao fazê-lo, não adquire qualquer direito exclusivo sobre a obra, a não ser que o autor reúna vários textos e publique uma coleção de leis, tratados, convenções etc., passando, então, esta obra a auferir proteção autoral em função da coleção e organização, não pelo conteúdo[68].

---

[66] LANGE, Deise Fabiana. **O impacto da tecnologia digital sobre o direito de autor e conexos.** São Leopoldo: Unisinos, 1996. p. 21.

[67] "*Obras oficiais são aquelas que derivam de um órgão, uma autoridade ou um ofício (repartição) do Estado ou de uma corporação, instituição ou fundação de direito público ou de uma instituição no âmbito do cumprimento de interesses públicos ou à qual são atribuídos de outra maneira. Mas o caráter de obra oficial só cabe a obras que claramente derivam de uma repartição pública ou esta é indicada como responsável*". KATZENBERGER *Apud*: HAMMES, Bruno Jorge. *Op. cit.*, p. 55.

[68] HAMMES, Bruno Jorge. *Op. cit.*, p. 54.

Um segundo aspecto refere-se aos escritos oficiais de informação, sem conteúdo jurídico relevante. Estes, ao contrário do que foi dito no parágrafo anterior, não estão excluídos da proteção autoral. Como exemplo, pode-se citar os mapas, as publicações científicas nas universidades, academias e centros de pesquisa do Estado, ou os materiais de ensino, educação e de transmissões de emissoras estatais[69].

Outro aspecto interessante diz respeito às obras proibidas, ou seja, aquelas que são proibidas por lei, por apresentarem em seu conteúdo instigação à guerra, discriminação de raça, sexo ou religião. Embora sejam proibidas, estão juridicamente protegidas caso haja divulgação das mesmas[70].

Finalmente, o quarto aspecto trata da obra realizada em estado de transe e da obra psicografada. Esta questão é alvo de inúmeras críticas e debates. Contudo, o direito de autor é uma conseqüência da exteriorização da idéia, dando-lhe forma. Assim, *"as conferências realizadas sob influência do além levam a um direito de autor da pessoa do 'médium' que a apresenta"*[71]. Já as obras psicografadas são consideradas como adaptação, arranjo ou algo semelhante, garantindo o direito autoral a quem psicografou e não ao autor da obra psicografada, sem entrar no mérito da existência e veracidade de tal fenômeno[72].

1.4 NATUREZA JURÍDICA

Muitas são as teorias que buscam explicar a natureza do direito de autor. Alguns doutrinadores e estudiosos do tema dizem que o direito de autor constitui-se num privilégio para os criadores intelectuais, configurando um ramo autônomo, outros o definem

---

[69] *Idem*, p. 56.
[70] *Ibidem*.
[71] HAMMES, Bruno Jorge. *Op. cit.*, p. 56-57.
[72] Cf. *Idem*, p. 57.

como um direito de propriedade e há, também, quem o considere um direito da personalidade.

Para Henrique Gandelman, o direito autoral é uma nova categoria de direitos e encontra-se ao lado dos direitos da personalidade e de propriedade. Vejamos:

> *O direito autoral participa de uma nova classe de 'direitos, os chamados 'direitos intelectuais', e se alinha ao lado de seus aparentados direitos de inventor, de marca de comércio, indústria e de serviços, de* **know-how** *(ou melhor, 'direito de segredo industrial'), entre outros. Os direitos intelectuais, portanto, situam-se numa nova categoria, ao lado dos 'direitos reais', dos ' direitos pessoais' e dos ' direitos da personalidade' (também nova categoria). Assim, pois, o direito autoral não é espécie de direito de propriedade, menos ainda de direito de personalidade*[73].

Na opinião de Carlos Alberto Bittar, o direito de autor vem sendo considerado como um direito especial, *sui generis*, e que reclama a sua consideração como direito autônomo, ou seja, não se enquadra nem na categoria dos direitos reais, que reflete os chamados direitos patrimoniais, nem na dos direitos pessoais, que englobam os direitos morais[74]. Ao definir esta nova natureza jurídica, acrescenta o doutrinador que os direitos de autor

> *São direitos de cunho intelectual, que realizam a defesa dos vínculos, tanto pessoais, quanto patrimoniais, do autor com sua obra, de índole especial, própria, ou* **sui generis**, *a justificar a regência específica que recebem nos ordenamentos jurídicos do mundo atual*[75].

---

[73] GANDELMAN, Henrique. *Op. cit.*, p. 28.
[74] Cf. BITTAR, Carlos Alberto. *Op. cit.*, p. 10-11.
[75] BITTAR, Carlos Alberto. *Op. cit.*, p. 11.

Seguindo a mesma linha analisa Bruno Jorge Hammes:

> *Por causa dos atributos patrimoniais e morais do autor, tem-se pensado em natureza dupla de um mesmo direito de autor. [...] O direito do autor já não seria encaixado nas categorias históricas (família, coisas, obrigações, sucessões). Seria um ramo novo do Direito. [...] O direito do autor não pode, pura e simplesmente, ser equiparado a um direito de propriedade, como não é apenas um direito personalíssimo.*
>
> *[...]*
>
> *Internacionalmente é hoje aceito que o direito do autor faz parte de um novo ramo do Direito, que se denomina Direito da Propriedade Intelectual. É constituído este ramo por um conjunto de disciplinas que têm em comum serem resultado de uma atividade intelectual*[76].

Analisando a questão, Mabel Goldstein, citando Fernando Zapata López[77], dispõe que as tendências sobre a natureza jurídica do direito de autor vêm considerando este direito como crédito, no qual o autor é titular de um crédito, assimilando-o à propriedade das coisas como objetos corporais suscetíveis de valor, equiparando-o ao direito real de domínio, tendo-o como uma propriedade *sui generis* ou especial. A tese mais aceita é esta última, na qual o autor goza dos atributos da propriedade comum, quer dizer, o *jus fruendi*, *jus utendi* e as prerrogativas de perseguição e preferência[78].

---

[76] HAMMES, Bruno Jorge. *Op. cit.*, p. 57.
[77] LÓPEZ, Fernando Zapata. **1º Congreso Iberoamericano de Derecho de Autor**, Madrid, 1991. *Apud*: GOLDSTEIN, Mabel R. *Op. cit.*, p. 236.
[78] *"Sobre la naturaleza jurídica del derecho de autor bastante se ha discutido. Las tendencias van desde considerar este derecho como crediticio en el cual el autor es el titular de un crédito, pasando por asimilarlo a la propiedad sobre las cosas como objetos corporales susceptibles de valor, equiparándolo al derecho real de dominio, hasta de tenerlo como una propiedad sui generis o especial. Sin duda, entre las distintas tesis que se han expuesto, la más aceptada es ésta última, en la cual el autor goza de los atributos de la propiedad común, es decir, el **jus fruendi, jus utendi** y las prerrogativas de persecución y preferencia"*. GOLDSTEIN, Mabel R. *Op. cit.*, p. 236.

A classificação do Direito em direitos reais[79] e direitos pessoais[80], que vem desde os romanos, sempre persistiu ao longo dos tempos. Como direito de propriedade, o direito de autor sempre esteve sujeito aos princípios e regras dos Códigos Civis. Contudo, a conotação pessoal foi adquirida com a necessidade de reprimir as contrafações[81]. Acentuou-se, assim, o aspecto moral e a relação com a personalidade do autor[82].

Edmir Netto de Araújo acentua que

O direito autoral é tudo isso e ao mesmo tempo nada disso exclusivamente, justificando-se a tendência atual da doutrina em classificá-lo como um direito **sui generis**, *não enquadrado especificamente e isoladamente em qualquer das duas classes tradicionais (natureza mista?), dada a duplicidade de aspectos, moral e patrimonial que apresenta, com acentuada interpenetração dessas duas características. [...] Em conclusão, a natureza do direito de autor é realmente especial, de caráter pessoal e patrimonial, com enfoque em duas fases distintas: a anterior à publicação (melhor se diria exteriorização), na qual existe o direito (moral) de inédito; e a posterior à exteriorização, com*

---

[79] Direito Real é o poder jurídico direto e imediato do titular sobre a coisa, com exclusividade e contra todos (*erga omnes*). Cf. MONTEIRO, Washington de Barros. **Curso de direito civil**: direito das coisas. 31. ed. São Paulo: Saraiva, 1994. p. 11.

[80] Direito pessoal é a relação jurídica pela qual o sujeito ativo pode exigir do sujeito passivo uma determinada prestação. Cf. MONTEIRO, Washington de Barros. *Op. cit.*, p. 11.

[81] Contrafação é "*qualquer violação à propriedade (direito) intelectual, inclusive à propriedade industrial, constituindo basicamente uma reprodução não autorizada. Indica o ato fraudulento que visa imitar ou falsificar algo, como a usurpação dolosa de obra artística, literária ou científica, marca de produto ou serviço, desenho industrial ou privilégio de invenção ou modelo de utilidade. Tratando-se de usurpação dos direitos de autor de obra literária, artística ou científica, diz-se Contrafação da obra, que pode se revestir da forma de publicação abusiva, ou seja, reprodução não autorizada. [...] Contrafação é o nome genérico dado aos atos praticados por terceiros que violem o uso exclusivo, adquirido com o registro de marca, patente (ou direito de autor)*". BASTOS, Aurélio Wander. *Op. cit.*, p. 59.

[82] Cf. ARAÚJO, Edmir Netto de. *Op. cit.*, p. 16.

as implicações patrimoniais referentes ao aproveitamento comercial da obra e as morais relativas à personalidade do autor e ao respeito à sua criação e suas características[83].

No tocante ao direito de autor considerado como um direito real de propriedade, ressalta-se o surgimento, ao lado da antiga propriedade-posse, de uma nova forma, a propriedade-criação, ou seja, juntamente à propriedade da criação intelectual existe um direito real que diz respeito ao conteúdo da criação.

Segundo Antônio Chaves, a propriedade-criação é uma propriedade estratificada, divisível e separada em: a) *"domínio útil (cessões, concessões e colocação em circulação) temporário, entregue durante alguns anos ao autor que fez doação de sua obra à coletividade, e aos seus herdeiros;"* e b) *"um senhorio eminente perpétuo, que justifica a existência de um domínio público do Estado e seu direito perpétuo de zelar pelo respeito e pela proteção das obras-primas do gênio humano, como pela dos monumentos históricos"*[84].

Ao ser considerado um direito real, e estar inserido no Direito de propriedade, o direito de autor passa a obedecer aos princípios[85] daquele ramo, sejam eles:

a) Princípio da aderência, especialização ou inerência: estabelece um vínculo ou relação entre o sujeito e a coisa, não depende de colaboração de nenhum sujeito passivo para existir;

b) Princípio do absolutismo: os direitos reais exercem-se *erga omnes*, ou seja, contra todos. Surge daí o direito de seqüela ou *jus persequendi*, isto é, de perseguir a coisa e de reivindicá-la em poder de quem quer que esteja (ação real), bem como, o *jus praeferendi* ou direito de preferência. Esses direitos obrigacionais resolvem-se em perdas e danos em face de sujeitos determinados;

---

[83] ARAÚJO, Edmir Netto de. *Op. cit.*, p. 16-17.
[84] CHAVES, Antônio. *Op. cit.*, p. 22.
[85] Cf. MINISTÉRIO DA CULTURA E CONSELHO NACIONAL DE DIREITO AUTORAL. **Manual de direito autoral**. Brasília/DF.

c) Princípio da publicidade ou da visibilidade: os direitos reais sobre imóveis só se adquirem depois da transcrição no registro de imóveis, do respectivo título, e para bens móveis só depois da tradição. A transcrição e a tradição atuam como meios de publicidade da titularidade dos direitos reais;

d) Princípio da taxatividade: o número de direitos reais é limitado, taxativo;

e) Princípio da tipificação ou tipicidade: os direitos reais existem de acordo com os tipos legais, ou seja, são definidos e enumerados pela norma;

f) Princípio da perpetuidade: a propriedade é um direito perpétuo, pois não se perde pelo não-uso, mas somente pelos meios e formas legais (desapropriação, usucapião, renúncia, abandono etc);

g) Princípio da exclusividade: não pode haver dois direitos reais, de igual conteúdo, sobre a mesma coisa.

Para César Fiuza[86], os direitos reais possuem referenciais distintivos:

a) há dois elementos constitutivos: o sujeito e o objeto;

b) apresenta a vantagem do poder de seqüela, isto é, seguem a coisa aonde quer que ela vá;

c) são oponíveis *erga omnes*, ou seja, contra todos;

d) como regra, os direitos reais não têm prazo para extingüir, podendo, até mesmo, ser perpétuos;

e) têm modos peculiares de aquisição;

f) são expressamente regulados em lei;

g) adquirem-se de uma só vez e são estáveis.

Assim, com base na análise feita anteriormente, pode-se dizer que no universo dos direitos reais, a propriedade é definida

---

[86] Cf. FIUZA, César. *Op. cit.*, p. 452-453.

como "*o direito que uma pessoa tem de exercer, com exclusividade, o uso, a fruição, a disposição e a reivindicação sobre determinado bem*"[87].

Acrescenta-se que "*as origens do instituto jurídico da propriedade, cientificamente sistematizado, se prendem ao Direito Romano, que o definia como* **ius utendi, fruendi et abutendi**, *ou seja, direito de usar, fruir e dispor, em tradução livre*"[88].

Estes elementos caracterizam o direito real de propriedade. O *ius utendi* ou direito de usar implica a faculdade que tem o titular de colocar o bem a seu serviço, desde que não cause danos a terceiros e nem infrinja a lei. O *ius fruendi*, ou direito de fruir ou gozar, é a obtenção de todas as vantagens que a coisa proporcione. O *ius abutendi*, ou direito de dispor, atribui ao dono ou proprietário, a liberdade de dispor do bem como lhe apeteça, respeitando os limites da lei. Dispor significa vender, doar, trocar, emprestar, alugar etc. E por fim, o direito de reivindicar, que é o direito de reclamar a coisa de quem injustamente a possua[89].

Por outro lado, dizer que o direito de autor é uma vertente do direito da personalidade implica constatar que é um direito inerente à pessoa humana, neste caso o autor, e a ela ligado de maneira perpétua e permanente.

Os direitos da personalidade são aqueles pertinentes à liberdade física ou intelectual, ao nome, à vida, ao corpo, à imagem e à honra. E por serem direitos inerentes à pessoa humana, saem da órbita patrimonial tornando-se inalienáveis, intransmissíveis, imprescritíveis e irrenunciáveis[90].

Tais direitos foram apresentados lentamente pelo legislador. Desta forma, Sílvio Rodrigues, citando a monografia de Raymond Lindon, informa que

---

[87] *Idem*, p. 456-457.
[88] *Ibidem*. p. 458.
[89] *Ibidem*.
[90] Cf. RODRIGUES, Sílvio. **Direito civil**: parte geral. 27. ed. São Paulo: Saraiva, 1997. p. 81.

[...] o Código de Napoleão, que dedicou 191 artigos aos regimes matrimoniais e 20 aos muros e divisórias, não disse uma palavra sobre os meios para defesa do nome patronímico, nem sobre os direitos não patrimoniais do autor e do artista [...]. Coube à jurisprudência suprir essa falta.

A primeira manifestação da jurisprudência francesa sobre o assunto ocorreu com o célebre acórdão Lecocq, de 22.06.1902, que representou uma etapa marcante na evolução do direito moral do autor. Nesse aresto, a Corte de Cassação reconhece ao autor de uma obra literária ou artística 'a faculdade inerente a sua própria personalidade' de alterá-la a sua vontade e mesmo de, afora caso de abuso, suprimi-la[91].

Pode-se considerar o direito de autor um dos direitos da personalidade, pois, assim como a vida, a imagem, a honra e o nome, é um direito próprio da pessoa humana. Nasce com ela desde o momento da criação e se prolonga, inclusive, após seu falecimento.

Além disso, como direito personalíssimo, são direitos inalienáveis (pois mesmo cedendo seus direitos patrimoniais, o autor conserva seu direito moral), absolutos (oponível contra todos – caráter *erga omnes*) e imprescritíveis (havendo violação a esses direitos, podem ser exercidos na qualquer tempo, jamais perdendo o direito de ação e de exercer pretensão em juízo).

O doutrinador alemão Otto Von Gierke, citado por Antônio Chaves, ressalta que *"o direito de autor é um elemento da personalidade, cujo objeto é constituído por uma obra intelectual, considerada como parte integrante da esfera da própria personalidade"*[92].

Tobias Barreto acentua: *"Chega-se, enfim, a conceber o direito autoral como uma derivação da pessoa, como um direito classificado entre os direitos pessoais. A obra é uma expressão do espírito pessoal do autor, um pedaço de sua personalidade"*[93].

---

[91] LINDON, Raymond. **Les droits de la personnalité**. Paris, 1974. p. 1. *In*: RODRIGUES, Sílvio. *Op. cit.*, p. 83.
[92] GIERKE, Otto Von. *In*: CHAVES, Antônio. *Op. cit.*, p. 23.
[93] BARRETO, Tobias. **Estudos de Direito**, p. 272. *In*: CHAVES, Antônio. *Op. cit.*, p. 23.

Assim, não passa a obra de uma extensão da personalidade do autor, visto que tal personalidade não pode ser separada do produto de seu talento criador.

Por fim, os defensores da teoria que considera o direito de autor um ramo autônomo ou direito subjetivo separado afirmam que

> [...] este não se confunde nem com o direito da personalidade, nem com o direito de propriedade, em cujo conteúdo se entrelaçam faculdades de ordem pessoal e faculdades de ordem patrimonial e que possui um próprio e original regulamento jurídico, substancialmente diferente do direito de propriedade, sem embargo da semelhança lógica, abstrata, entre os dois direitos[94].

Na opinião de Antônio Chaves, considerar o direito de Autor um direito especial exige uma regulamentação específica, incompatível com o caráter amplo e genérico dos direitos da personalidade e com os estreitos limites da propriedade material ou patrimonial[95].

Assim, atribui-se a este ramo duas esferas: de um lado, o denominado direito moral, que abrange o direito ao reconhecimento e à paternidade da obra, ao direito de inédito, à integridade da criação, modificação, finalização, direito de opor-se a quem a modifique etc.; e de outro, o direito patrimonial, que se fixa na prerrogativa exclusiva de retirar os frutos e benefícios que a criação intelectual possa proporcionar, através da publicação, reprodução, representação, execução, tradução, recitação, adaptação etc[96].

Os direitos patrimoniais do autor são caracterizados pelo aspecto econômico e se referem à utilização, fruição e disposição da obra, bem como, à autorização a terceiros para que usem, fruam

---

[94] CHAVES, Antônio. *Op. cit.*, p. 19.
[95] Cf. CHAVES, Antônio. *Op. cit.*, p. 28.
[96] Cf. *Idem*, p. 28-29.

e deles disponham. Para utilizar-se da obra, deve haver autorização do autor. Por outro lado, os direitos morais são aqueles ligados à personalidade do autor, não apresentando caráter econômico. No entanto, podem ser convertidos em dinheiro, para efeitos de indenização, caso sejam desrespeitados. Dentre os direitos morais do autor, destacam-se o direito de reivindicar, a qualquer tempo, a autoria da obra; ter seu nome destacado como autor da obra; conservar a obra inédita; assegurar a integridade da obra, impedindo modificações; modificar a obra e, mesmo quando tenha autorizado, retirar de circulação[97].

Resumidamente, entende a OMPI que os direitos patrimoniais *"permitem ao titular dos direitos receber uma remuneração em virtude da utilização de sua obra por terceiros"*, e os direitos morais *"permitem ao autor adotar certas medidas para preservar o vínculo pessoal existente entre ele mesmo e a obra"*[98].

Assim, pode-se considerar que o direito de autor, visto sob vários aspectos, tem uma natureza jurídica mista, ora se apresentando como vertente do direito de propriedade, ora como direito da personalidade e, ainda, como um ramo autônomo ou direito especial, o direito da Propriedade Intelectual.

1.5 A INTERNACIONALIDADE DO DIREITO DE AUTOR

Levando-se em conta o grande desenvolvimento dos meios de comunicação, que transmitem e reproduzem uma série de conteúdos e informações com muita facilidade e rapidez, de nada valeriam as garantias dadas ao criador sobre a sua obra, no âmbito nacional ou em seu país de origem, se não pudesse contar com os mecanismos de proteção no campo internacional.

---

[97] FIUZA, César. *Op. cit.*, p. 505-506.
[98] OMPI. **Curso Geral da Propriedade Intelectual – Programa de Ensino a distância**. Módulo 2. p. 7.

A tendência atual é a internacionalização das normas, mediante a iniciativa de Organizações Internacionais, como a OMPI, procurando responder a todas as questões e necessidades que surgem no campo do direito de Autor através dos tempos.

Conforme apresentado no item 1.1 deste trabalho, as primeiras linhas a respeito do direito de autor são resultado dos esforços de diversos Estados no que tange à sua proteção e regulamentação, apresentando, portanto, caráter internacional. Por esta razão, necessária é a análise dos principais instrumentos que originaram e aprimoraram, no decorrer de anos, a legislação pertinente a este ramo do Direito, incluindo, principalmente, a regulamentação de cada uma pertinente ao registro de obra intelectual.

1.5.1 Convenção de Berna de 1886

A Convenção de Berna se apresenta como o primeiro e mais importante instrumento jurídico internacional sobre a proteção do direito de autor que, diante de sua amplitude e transcendência, foi ratificado por mais de cem países. Seu surgimento se deu concomitantemente com o aparecimento dos acordos bilaterais e regionais do fim do século XIX, quando autores e editores europeus reivindicaram pelo alargamento da proteção ao direito de autor, a fim de estimular a produtividade e desenvolver o comércio das obras protegidas[99].

Esta Convenção foi aprovada em 09.09.1886 e, em várias oportunidades, foi completada e atualizada, como na Conferência de Paris de 04.05.1896, em Berlim em 13.11.1908, em Berna em 20.03.1914, em Roma em 02.06.1928, em Bruxelas em 26.06.1948, em Estocolmo em 14.07.1967, novamente em Paris em 24.07.1971 e, emendado e atualizado ultimamente em 28.09.1979.

Segundo Héctor Della Costa, *"pode dizer-se que esta Convenção, por sua própria natureza, vai impregnando os critérios*

---

[99] Cf. UNESCO. **ABC do Direito de autor**. Lisboa: Presença/UNESCO, 1981. p. 95.

doutrinários, judiciais e legislativos das nações interessadas até chegar a uma recepção genérica de seus princípios". E ainda, "se caracteriza, notoriamente, este texto, por sua detalhada regulamentação e propensão as definições doutrinárias"[100].

A Convenção, segundo Fremiort Ortiz Pierpaoli[101], pode ser sintetizada nos seguintes pontos:

> *a) As obras literárias e artísticas protegidas englobam todas as edições do gênero literário, artístico e científico, qualquer que seja a natureza de sua expressão;*
>
> *b) A proteção outorgada a estas obras será em benefício do autor e seus direitos de forma integral;*
>
> *c) A proteção dada ao criador não está sujeita a nenhuma formalidade;*
>
> *d) Estão protegidos os autores nacionais dos países da União, que tenham publicado ou não suas obras;*
>
> *e) O direito exclusivo do autor, na forma de utilização de sua obra, compreende o direito de tradução, reprodução, representação, interpretação de execução pública, transmissão por qualquer meio, adaptação ou reprodução em filme, direito de elaboração etc.;*
>
> *f) A Convenção protege a obra do autor durante toda a sua vida e mais o prazo de 50 anos depois de sua morte.*

Atualmente esta Convenção é administrada pela OMPI e estabelece alguns princípios básicos: 1) Princípio do tratamento nacional; 2) Princípio da garantia dos mínimos convencionais; 3) Prin-

---

[100] "*[...] puede decirse que esta Convención, por su propia naturaleza, va impregnando los criterios doctrinarios, juduciales y legislativos de las naciones interesadas hasta llegar a una recepción genérica de sus principios. [...] Se caracteriza, notoriamente, este texto, por su detallada regulación y su propensión a las definiciones doctrinarias*". COSTA, Héctor Della. **El derecho de autor y su novedad**. 2. ed. Buenos Aires: Belgrano, 1997. p. 218.

[101] ORTIZ PIERPAOLI, Fremiort. *Op. cit.*, p. 132.

cípio da determinação do país de origem da obra; e 4) Princípio da conformidade da legislação interna.

O princípio do tratamento nacional é estabelecido no art. 5 da Convenção, que expressa:

> *1) Os autores gozam, no que concerne às obras quanto às quais são protegidos por força da presente Convenção, nos países da União, exceto o de origem da obra, dos direitos que as respectivas leis concedem atualmente ou venham a conceder no futuro aos nacionais, assim como dos direitos especialmente concedidos pela presente Convenção.*
>
> *2) O gozo e o exercício desses direitos não estão subordinados a qualquer formalidade: esse gozo e esse exercício independentes da existência da proteção no país de origem das obras. Por conseguinte, afora as estipulações da presente Convenção, a extensão da proteção e os meios processuais garantidos ao autor para salvaguardar os seus direitos regulam-se exclusivamente pela legislação do País onde a proteção é reclamada.*
>
> *3) A proteção no país de origem é regulada pela legislação nacional. Entretanto, quando o autor não pertence ao país de origem da obra quanto à qual é protegido pela presente Convenção, ele terá nesse país, os mesmos direitos que os autores nacionais*[102].

Denota-se do referido artigo que, em regra, a proteção é assegurada, no país de origem, pela legislação nacional. Não pertencendo o autor ao país de origem da obra, que é protegida pela Convenção, este será equiparado aos autores nacionais, tendo os mesmos direitos.

Maristela Basso esclarece que "*o tratamento nacional implica a aquisição dos direitos, sua extensão e exercício, bem como a concessão de ações e garantia de sanções a todos que se encontram em território unionista*"[103].

---

[102] OMPI. **Convenção de Berna para a proteção das obras literárias e artísticas.**

[103] BASSO, Maristela. *Op. cit.*, p. 75.

Em virtude deste princípio, "*as obras que têm por origem um Estado contratante são protegidas em todos Estados contratantes da mesma maneira como os Estados protegem as obras originárias do seu próprio território*"[104]. Assim, as obras de um autor estrangeiro fruem a mesma proteção que as obras dos autores nacionais.

O princípio da garantia dos mínimos convencionais configura-se na medida em que a Convenção estabelece certas regras mínimas de proteção, que não podem ser postergadas pelas legislações nacionais. Entretanto, nas últimas revisões tem-se observado um aumento destes mínimos convencionais[105].

No tocante ao princípio da determinação do país de origem da obra, a Convenção abrange as obras que respeitem aos países-membros, fixando com precisão o critério que deve ser considerado para ligar uma obra a um país. Assim, estabelece em seu art. 5:

> *4) Considera-se país de origem:*
>
> *a) quanto às obras publicadas pela primeira vez num dos países da União, este último país; entretanto, se se tratar de obras publicadas simultaneamente em vários países da União que concedam prazo de proteção diferentes, aquele dentre eles cuja lei conceda prazo de proteção menos extenso;*
>
> *b) quanto às obras publicadas simultaneamente num país estranho à União e num país da União, este último país;*
>
> *c) quanto às obras não publicadas ou quanto às obras publicadas pela primeira vez num país estranho à União, sem publicação simultânea num país da União, aquele a que pertence o autor; entretanto: 1. se se tratar de obras cinematográficas cujo produtor tenha sua sede ou sua residência habitual num país da União, o país de origem será este último e, 2. se se tratar de obras de arquitetura edificadas num país da União ou de obras de arte gráficas e plásticas incorporadas num imóvel situado em um país da União, o país de origem será este último país*[106].

---

[104] UNESCO. *Op. cit.*, p. 98.
[105] Cf. ASCENSÃO, José de Oliveira. **Direito autoral**. 2. ed. Rio de Janeiro: Renovar, 1997. p. 640.
[106] OMPI. **Convenção de Berna para a proteção das obras literárias e artísticas.**

Por fim, o princípio da conformidade da legislação interna estabelece o pressuposto de que, quando um país se torna parte na Convenção, a sua legislação interna permite a aplicação das disposições do mesmo[107].

Além dos princípios, a Convenção contém outras disposições que constituem um conjunto de normas mínimas de proteção, relativas a questões fundamentais, tratando das leis nacionais sobre direito de autor, obrigando a cada Estado-membro que seu direito interno esteja em harmonia com estas disposições.

A Convenção de Berna, por ser um tratado internacional, é uma lei especial que prevalece sobre as leis nacionais, sendo aplicável em todos os países da União, de pleno direito. Para Fremiort Ortiz Pierpaoli, "*a Convenção de Berna representa um dos mais avançados e completos instrumentos jurídicos de proteção internacional do direito de autor*"[108].

No tocante ao registro de obra intelectual, a Convenção é bem clara ao expor no art. 5, n. 2, que a proteção e o exercício do direito de autor não estão condicionados a formalidades. Portanto, segundo a Convenção, basta a criação da obra intelectual para que haja proteção.

Acrescenta Fremiort Ortiz Pierpaoli que "*a proteção garantida pelo Convenção de Berna é automática, porque as obras não estão condicionadas ao cumprimento de nenhuma formalidade, como o depósito, o registro, a notificação, e é simples e favorável inclusive em custos*"[109].

Contudo, a Convenção acrescenta que a extensão da proteção e os meios processuais garantidos ao autor para salvaguardar os seus direitos regulam-se exclusivamente pela legislação do país

---

[107] Cf. ASCENSÃO, José de Oliveira. *Op. cit.*, p. 640.
[108] ORTIZ PIERPAOLI, Fremiort. *Op. cit.*, p. 132.
[109] "*La protección garantizada por el Convenio de Berna, es automática porque las obras no están condicionadas al cumplimiento de ninguna formalidad, como depósito, registro, notificación, y es sencillo y favorable inclusive en costos*". ORTIZ, Fremiort Pierpaoli. *Op. cit.*, p. 131.

onde a proteção é reclamada, ou seja, o que não estiver assegurado pelo Convenção, ou os meios processuais cabíveis ao resguardo dos direitos do autor regular-se-ão pela legislação nacional.

A Convenção de Berna permanece em vigor até os dias atuais, mesmo após o surgimento de outros acordos, mantendo com estes uma relação de complementaridade.

1.5.2 A Convenção Universal do Direito de Autor

A Convenção Universal do Direito de Autor foi aprovada em 06.09.1952, em Genebra – Suíça, e revista em Paris em 1971, conjuntamente com a Convenção de Berna. Ela se caracteriza por ser menos exigente que a Convenção de Berna, constituindo-se como um Tratado multilateral que sugere e incentiva outros Estados a aderirem à Convenção de Berna.

Através desta Convenção buscou-se um procedimento mais ágil para que as nações se unissem e concretizassem a proteção ao direito de autor, bem como, procurou-se agilizar a adesão dos Estados Unidos, já que é um grande Estado consumidor e exportador de produtos intelectuais[110].

A Convenção Universal do Direito de Autor é administrada pela Organização das Nações Unidas para a Educação, Ciência e Cultura – UNESCO. Além das semelhanças que possui com a Convenção de Berna, garante aos países signatários um sistema mínimo de proteção internacional a favor do autor. As duas Convenções não se conflitam e não se derrogam em nenhum sentido, servindo uma de complemento à outra.

Fremiort Ortiz Pierpaoli ressalta que, *"no caso de haver alguma contradição com as cláusulas da Convenção de Berna, neste caso prevalece a de Berna, porque é a base em consonância com os termos das legislações nacionais de cada Estado-membro que a compõe"*[111].

---

[110] Cf. ORTIZ, Fremiort Pierpaoli. *Op. cit.*, p. 132.
[111] *Idem*, p. 134.

Contudo, o objetivo principal se traduz no desejo de assegurar a todos os países membros a proteção ao direito de autor, incentivando o respeito aos direitos da personalidade humana e favorecendo o desenvolvimento da literatura, ciência e arte[112].

José de Oliveira Ascensão destaca os quatro fatores fundamentais que justificam esta Convenção:

> *a) a pretensão de representar uma convenção verdadeiramente universal, por oposição a uma Convenção de Berna ainda então demasiadamente européia;*
>
> *b) a intenção de superar os obstáculos derivados da existência de sistemas tecnicamente diferentes, sobretudo os europeus e os americanos, mediante o estabelecimento de uma base mínima de proteção, facilmente aceitável por todos;*
>
> *c) a consagração duma fórmula para os Estados Unidos se colocarem no centro do movimento protecionista do direito de autor sem aceitarem as exigências da Convenção de Berna, e*
>
> *d) o aproveitamento da UNESCO como entidade administradora, dada a oposição existente entre a UNESCO e a atual OMPI, que ao tempo não era ainda agência especializada das Nações Unidas*[113].

Por sua vez, Fremiort Ortiz Pierpaoli acrescenta que a Convenção Universal é composta dos seguintes organismos[114]:

> *a) O Comitê Intergovernamental: que tem a função de estudar os problemas relativos à aplicação e funcionamento da Convenção, preparar as revisões periódicas, estudar problemas referentes à proteção internacional do direito de autor, em colaboração dos diversos organismos internacionais interessa-*

---

[112] Cf. ORTIZ, Fremiort Pierpaoli. *Op. cit.*, p. 133.

[113] ASCENSÃO, José de Oliveira. *Op. cit.*, p. 641.

[114] *Idem*, p. 133.

dos, especialmente com a *UNESCO* e a *OEA* e, por fim, informar a todos os Estados contratantes os trabalhos que realiza.

b) A Corte Internacional de Justiça: que tem competência para conhecer as diferenças de dois ou mais Estados no tocante à interpretação da Convenção.

Os idiomas oficiais desta Convenção são inglês, francês e espanhol, sendo que está complementada por três protocolos anexos: o primeiro, relativo à aplicação da Convenção às obras de certas organizações internacionais; o segundo, referente à data efetiva dos instrumentos de ratificação, aceitação ou acesso à Convenção e o terceiro, relativo à aplicação da Convenção às obras de apátridas e refugiados[115].

Outro aspecto destacável da Convenção é o prazo de 7 anos para a exclusividade do direito de tradução, estabelecendo um sistema de licenças legais. Além disto, dispõe que o prazo da proteção terá a duração de toda a vida do autor mais 25 anos após a sua morte, contrariando o que dispõe a Convenção de Berna que estabelece a proteção de 50 anos depois da morte do autor.

E, por fim, esta Convenção não contém normas que protejam de forma expressa e integral o direito moral do autor. Apenas inclui uma formalidade, em seu artigo 3, que se limita à inclusão na obra do símbolo "C", acompanhado do nome do titular da obra criada e a indicação ao lado, do ano de sua primeira publicação:

Art. III.

1. Qualquer dos estados contratantes que, nos termos de sua legislação interna, exija, a título de condição para conceder a proteção ao direito de autor, o cumprimento de certas formalidades, tais como o depósito, o registro, a menção, as certidões notariais, o pagamento de taxas, o fabrico ou a publicação no território nacional, deve considerar tais exigências como satisfeitas em relação a qualquer outra obra protegida nos termos da presente convenção e publicada pela primeira vez fora do território do referido estado por um autor não nacio-

---

[115] Cf. ORTIZ, Fremiort Pierpaoli. *Op. cit.*, p. 134.

> *nal, se, desde a primeira publicação dessa obra, todos os exemplares da obra publicada, com a autorização do autor ou de qualquer outro titular do direito de autor, contiverem o símbolo ©, acompanhado do nome do titular do direito de autor e da indicação do ano da primeira publicação; o símbolo, o ano e o nome devem ser apostos em lugar e de maneira que indiquem claramente haver sido reservado o direito do autor.*
>
> *2. As disposições do parágrafo 1° não proíbem qualquer dos estados contratantes de submeter a certas formalidades ou outras condições, com o fim de assegurar a aquisição e o gozo do direito de autor, as obras publicadas pela primeira vez no seu território, ou as de seus nacionais, seja qual for o lugar da publicação dessas obras.*
>
> *3. As disposições do parágrafo 1° não proíbem qualquer dos estados contratantes de exigir das pessoas que demandem na justiça a satisfação, para fins processuais, das exigências do direito adjetivo, tais como o patrocínio do demandante por um advogado inscrito nesse estado ou o depósito pelo demandante de um exemplar da obra no tribunal ou em um repartição pública, ou em ambos simultaneamente. Entretanto, a não satisfação de tais exigências não afeta a validade do direito do autor. Nenhuma destas exigências poderá ser imposta a um autor nacional de outro estado contratante se ela não for também imposta aos autores nacionais do estado no qual a proteção é reclamada.*
>
> *4. Em cada um dos estados contratantes devem ser assegurados os meios jurídicos de proteger sem formalidades as obras não publicadas dos autores nacionais dos outros estados contratantes.*
>
> *5. Se um dos estados contratantes conceder mais do que um único período de proteção, e no caso de ser primeiro de tais períodos de duração superior a um dos períodos mínimos previstos no artigo IV da presente convenção, o referido estado terá a faculdade de não aplicar o § 1° deste artigo, tanto no que disser respeito ao segundo período de proteção, como no que se referir aos períodos subseqüentes*[116].

Assim, verifica-se no dispositivo destacado anteriormente que esta Convenção não prevê o preenchimento de formalidades para assegurar a proteção ao direito de autor, tais como o registro de obra intelectual, sendo este facultativo, bem como outras modalidades que possam identificar a autoria da criação intelectual.

---

[116] BRASIL. **Convenção universal sobre direito de autor**: Aprovada pelo Decreto 76.905, de 24.12.1975. Disponível em: <http://www.planalto.gov.br>. Acesso em: 20 jun. 2003.

1.5.3 O Tratado da Organização Mundial da Propriedade Intelectual

O Tratado da OMPI aprovado em 1996 parte da premissa de que é necessário abranger os novos problemas através de convenções específicas, sem alterar o corpo das convenções anteriores. Para estes novos problemas nem sempre há resposta jurídica. Assim, José de Oliveira Ascensão elenca alguns destes problemas em que não há consenso quanto ao regime internacional a adotar: *"1) a reprografia; 2) o regime das obras objeto de comunicação digital; 3) os programas de computador; e 4) as bases de dados"*[117].

Diante disto, buscou-se dar resposta a alguns destes problemas na Conferência Diplomática ocorrida em Genebra, em dezembro de 1996.

O Tratado da OMPI visa ir além da Convenção de Berna, estabelecendo exigências mas não a alterando. Com isto, consagrou a tutela dos programas de computador e das bases de dados pelo direito de autor e passou, também, a regulamentar os direitos de aluguel e distribuição juntamente com o direito de comunicação ao público.

No tocante ao cumprimento ou não, de formalidades para garantir a proteção da criação intelectual, este Tratado segue os moldes do Convênio de Berna, dispondo em seu art. 3 que as partes contratantes aplicarão as disposições dos arts. 2 a 6 da Convenção de Berna, assim entendendo que não é necessário o cumprimento de formalidades, tais como o registro de obra, para que o autor esteja assegurado de seus direitos.

1.5.4 As Convenções e Tratados Americanos Sobre Direito Autoral

Devido à acentuada importância que a proteção à propriedade intelectual vinha adquirindo no decorrer dos anos e, também,

---

[117] ASCENSÃO, José de Oliveira. *Op. cit.*, p. 645.

em virtude do auge das obras intelectuais, bem como, dos meios de difusão, os acordos bilaterais de reciprocidade, que até aquele momento sanavam questões relativas à proteção de obras, foram se tornando ineficientes para a adequada proteção e defesa das obras originadas em Estados estrangeiros. Assim, no fim do século XIX, alguns países da América começaram a elaborar um determinado número de convenções regionais sobre o direito de autor.

Na América, a Constituição americana de 1787, que adota algumas idéias européias, contribuiu para o desenvolvimento de idéias e para a instrumentalização de numerosos tratados e convenções internacionais, principalmente sobre direito de autor. Os principais instrumentos foram a Convenção de Montevidéu de 1889, a Convenção do México de 1902, a Convenção do Rio de Janeiro de 1906, a Convenção de Buenos Aires de 1910, o Acordo de Caracas de 1911, a Convenção de Havana de 1928 e a Convenção de Washington de 1946.

O Tratado de Montevidéu sobre propriedade literária e artística da América foi aprovado por representantes da Argentina, Bolívia, Brasil, Chile, Paraguai, Peru e Uruguai, no Primeiro Congresso Sulamericano sobre Direito Internacional Privado, celebrado na cidade de Montevidéu, em 11.01.1889.

Através deste Tratado, os Estados signatários se comprometeram a reconhecer e proteger os direitos da propriedade literária e artística, em conformidade com as estipulações aprovadas naquele encontro. Assim, o autor de qualquer obra literária ou artística e seus sucessores gozarão, nos Estados signatários, dos direitos que lhes garante a lei do Estado em que primeiro publicou ou produziu sua obra. Além disso, o autor tem o direito de dispor da obra, publicá-la, aliená-la, traduzi-la ou reproduzi-la em qualquer forma[118].

---

[118] *"[...] El autor de cualquier obra literaria o artística y sus sucesores, gozarán en los estados signatários, los derechos que le acuerdan la ley del Estado en que tuvo lugar su primera publicación o producción. Compreende, a favor del autor, el derecho de disponer la obra, de publicaria, enajenarla, traducirla, o reproducirla en cualquier forma"*. Cf. ORTIZ PIERPAOLI, Fremiort. *Op. cit.*, p. 151.

Não obstante, o Tratado de Montevidéu também legisla a respeito da viabilidade de publicações de discursos por meio da imprensa, sem nenhuma autorização, quando pronunciados ou lidos em corporações deliberantes ou reuniões públicas. Acrescenta-se a isto, o fato de considerar como reprodução ilícita as apropriações indiretas, não autorizadas, de obras literárias e artísticas que são designadas com nomes diversos e, também, a proteção dada ao criador que se utilizada de pseudônimo[119].

Para a sua época, o Tratado de Montevidéu apresentou-se como um instrumento avançado e consagrou muitos princípios que podem ser encontrados na doutrina atual acerca da proteção ao direito de autor.

Em 27.02.1902, foi realizada no México a Segunda Conferência Pan-Americana, que aprovou a Convenção do México para a proteção de obras literárias e artísticas. Esta convenção foi firmada pelos seguintes países: Costa Rica, República Dominicana, Estados Unidos da América, Guatemala, Honduras, Nicarágua, El Salvador, Uruguay, Argentina, Bolívia, Colombia, Chile, Haiti, México, Paraguay, Peru e Equador.

Observou-se, nesta Convenção, uma maior inflência da Convenção de Berna, visto que estipula que

> os Estados signatários se constituem em União para reconhecer e proteger os Direitos de Propriedade literária e artística e se adota o 'princípio da assimilação do trato nacional' ao adotar-se que os 'autores pertencentes a um dos países signatários gozarão nos outros países dos direitos que as leis respectivas acordarem atualmente ou acordarem consecutivamente aos nacionais'[120].

---

[119] Cf. ORTIZ PIERPAOLI, Fremiort. *Op. cit.*, p. 152.

[120] "[...] *la influência del Convenio de Berna es aún mayor en la Convención de Méjico que en el Tratado de Montevídeo, porque en la misma se estipula 'que los Estados signatarios, se constituyen en Unión para reconocer y proteger los Derechos de Propiedad literaria y artística' y se adopta el principio de la 'Asimilación del Trato Nacional' al adoptarse que los 'Autores pertenezcan a uno de*

A Convenção do Rio de Janeiro, firmada em 23.08.1906 na Terceira Conferência Pan-Americana, adotou a Convenção do México com algumas modificações e se constituiu numa União das Nações Americanas através da criação de duas oficinas, denominadas Oficinas da União Internacional Americana para a Proteção da Propriedade Intelectual e Industrial, que funcionariam em Havana e no Rio de Janeiro, com a finalidade de centralizar o registro de obras e produtos protegidos de acordo com a delimitação geográfica[121].

Além disso, a Convenção do Rio de Janeiro também abordou a legislação sobre patentes de invenção, desenho e modelos industriais, marcas comerciais e propriedade literária e artística em geral.

Contudo, em 11.08.1910, foi realizada na Cidade de Buenos Aires, Argentina, a Quarta Conferência Internacional Americana, firmando a Nova Convenção sobre Propriedade Literária e Artística. Esta Convenção ratificou a maioria das disposições relacionadas à propriedade literária e artística contempladas nas Convenções Anteriores.

No entanto, no tocante ao registro de obra intelectual, a Convenção de Buenos Aires incorporou novos princípios, tais como o reconhecimento, aos Estados signatários, do direito de autor sem necessidade de formalidade alguma sempre que apareça na obra determinada manifestação que indique a reserva de propriedade. Além disso, determinou que o término da proteção aos Direitos do Autor e seus sucessores não poderá exceder ao acordado no país de origem, ou seja, o país onde se deu a primeira publicação na América[122].

---

los Países Signatarios gozarán en los otros países de los derechos que las leyes respectivas acuerden actualmente o acordaren en lo sucesivo a los nacionales'".
Cf. ORTIZ PIERPAOLI, Fremiort. *Op. cit.*, p. 153.

[121] Cf. ORTIZ, Fremiort Pierpaoli. *Op. cit.*, p. 153.

[122] *"Sin embargo, con ligeras variantes, incorporó nuevos principios como que los Estados signatarios reconocen el derecho obtenido en cualquiera de los otros Estados, sin necesidad de formalidad alguna, siempre que aparezca en la*

O Acordo de Caracas, firmado em 17.07.1911 na cidade de Caracas, Venezuela, seguiu o modelo do Tratado de Montevidéu mas, ao contrário deste, restringiu a proteção ao direito de autor somente aos seguintes Estados: Bolívia, Venezuela, Colômbia, Equador e Peru. Neste Acordo, firmou-se a inclusão de uma penalidade na legislação dos Estados signatários, direcionada àqueles que violassem a propriedade literária e artística[123].

Na sexta Conferência Internacional Americana, realizada na cidade de Havana, em Cuba, aprovou-se, em 18.02.1928, uma Convenção destinada a revisar a Convenção de Buenos Aires.

Segundo Fremiort Ortiz, optou-se pela reforma de algumas de suas instituições: a) ampliou-se o conceito de utilização da obra pelo autor, com o objetivo de contemplar novos meios de exploração; b) passou a adotar como período de proteção do direito de autor toda a sua vida mais cinqüenta anos após a sua morte; e c) declarou ser inalienável a propriedade do autor sobre a sua obra, especialmente o direito moral, assim como, a faculdade de se opor a toda alteração, destruição ou modificação de sua obra[124].

Durante as deliberações fora aprovada uma série de Tratados, dentre eles o Código de Direito Internacional Privado, mais conhecido como Código de Bustamante, em homenagem ao internacionalista cubano Antônio Sánchez de Bustamante e Sirvén.

Em 04.08.1939, na Cidade de Montevidéu – Uruguai, se realizou o Segundo Congresso Sulamericano sobre Direito Internacional Privado. Deste evento resultou um Tratado diferente daquele primeiro, datado de 1889, que fora organizado para analisar questões referentes à propriedade literária e artística.

---

obra, cierta manifestación que indique la Reserva de Propiedad. Igualmente se dispuso que el término de protección de los Derechos de los Autores o sus causahabientes, nacionales o extranjeros domiciliados, no pueden exceder del acordado en el país de origen, así como que se considera 'País de Origen' de una obra, al de su primera publicación en América". Idem, p. 154.
[123] *Ibidem*, p. 155.
[124] Cf. ORTIZ, Fremiort Pierpaoli. *Op. cit.*, p. 155.

Neste segundo instrumento, adotou-se o princípio do tratamento nacional; ampliou-se o número de obras mencionadas e os direitos protegidos para que incorporassem novas formas de exploração das criações intelectuais, prevendo, então, a adequação às novas tecnologias que pudessem ser inventadas ou fabricadas; reconheceu-se o direito moral do autor, ou seja, o direito à paternidade e integridade da obra, de acordo com a concepção adotada pelo Convenção de Berna; e, por fim, reconheceu-se a personalidade internacional da sociedade de autores[125].

Finalmente, no tocante às Convenções e Tratados Americanos, em 22.06.1946, foi firmada em Washington – EUA, a Convenção de Washington, que buscou aperfeiçoar a proteção recíproca interamericana do direito de autor em obras literárias, científicas e artísticas, fomentando o intercâmbio cultural.

Com relação ao direito de autor, em síntese, esta Convenção declarou a) que os Estados contratantes se comprometem a reconhecer e proteger o direito de autor sobre as obras literárias, artísticas e científicas; b) que o direito de autor compreende a faculdade exclusiva que tem o autor de usar e autorizar o uso de sua criação, em toda parte, dispondo de seu direito total ou parcialmente e transmitindo-o após sua morte; c) que a utilização da obra poderá ser feita pelos seguintes meios: publicação, representação, reprodução, difusão, tradução e adaptação; d) que cada Estado signatário deve reconhecer e proteger, dentro de seu respectivo território, o direito de autor sobre as obras inéditas ou não publicadas, assim como, as obras de arte com fins industriais; e) que o término da duração da proteção do direito de autor se determinará de acordo com a lei do Estado contratante, não excedendo o prazo fixado por esta lei; f) que os Estados empregarão a expressão "Direitos Reservados", ou a abreviatura D. R., seguida do ano, nome e origem do titular do direito, bem como, o lugar de origem da obra; g) que no uso de citações, deve-se indicar a fonte de onde provém, e os textos reproduzidos não devem ser alterados; e h) que fica autorizado o seqüestro das obras ilicitamente reproduzidas e a suspensão de toda

---

[125] *Idem*, p. 156.

a representação ou execução pública de uma obra não autorizada, sem prejuízo das ações civis e penais correspondentes[126].

Desta forma, demonstrou-se que a proteção ao direito de autor também foi discutida na América e, através dos instrumentos mencionados anteriormente, buscou-se aprimorá-la e prever novos dispositivos que abrangessem as inovações da tecnologia que, na medida em que surgem, refletem seus efeitos diretamente na proteção da obra intelectual.

1.5.5 O Acordo Sobre os Aspectos dos Direitos de Propriedade Intelectual Relacionados com o Comércio

Em 20.09.1986, durante a Sessão Especial dos Ministros do GATT em Punta del Este – Uruguai, deu-se início à importante rodada de negociações multilaterais (Uruguay Round), que terminou em 1994, com a criação da OMC.

Desde 1982, vários Estados vinham debatendo temas que, possivelmente, entrariam numa rodada de negociações. A partir da Rodada do Uruguai, concordou-se que um dos temas a ser discutido seria o ADPIC, que teria como objetivo primordial a concretização de um Acordo multilateral a respeito de um mínimo de proteção aos direitos de propriedade intelectual[127]. Trata-se do mais recente instrumento internacional acerca da proteção à propriedade intelectual.

A respeito da inclusão do ADPIC no GATT, comenta Maristela Basso:

> *Não se podia mais negar que o desenvolvimento do comércio internacional poderia ser afetado, se os **standards** adotados para a proteção dos direitos de propriedade intelectual divergissem de um país a outro. A negligência, regras ineficientes*

---

[126] Cf. ORTIZ, Fremiort Pierpaoli. *Op. cit.*, p. 157-158.
[127] Cf. BASSO, Maristela. *Op. cit.*, p. 153.

ou, mesmo, a inexistência de regras impositivas (obrigatórias), encorajavam a pirataria de mercadorias, além de prejudicar os interesses comerciais dos produtores, inventores, autores, programadores que possuíssem ou tivessem adquirido estes direitos. Era imprescindível propor padrões mínimos de proteção, assim como procedimentos e remédios para os casos de inobservância, desrespeito e descumprimento destes direitos[128].

O ADPIC, independentemente dos tratados administrados pela OMPI e UNESCO, buscou acrescentar informações e dispositivos relativos à prática do comércio internacional, estabelecendo um mecanismo de consultas e fiscalização dos padrões mínimos internacionais exigidos. A intenção foi somar-se à OMPI e acrescentar novas regras de proteção, no tocante ao comércio internacional.

Ademais, o ADPIC integra o Anexo 1-C do Acordo Constitutivo da OMC e apresenta duas preocupações: a) completar as deficiências do sistema de proteção da OMPI; e b) vincular, definitivamente, os direitos de propriedade intelectual ao comércio internacional.

Contudo, sua origem se deve "*à necessidade de se elaborar um conjunto de princípios, regras e disciplinas multilaterais sobre comércio de bens contrafeitos*"[129].

Os dispositivos do ADPIC constituem padrões mínimos de proteção, devendo ser incorporados pelos Estados-partes em suas legislações nacionais. Além disso, o ADPIC dispõe de uma série de princípios benéficos aos Estados signatários do Acordo; vejamos:

a) Princípio do *Single Undertaking*: estabelecido no art. 2º, incs. 2 e 3 do Anexo 1-C da Ata Final da Rodada do Uruguai que prevê a impossibilidade de aderir apenas a parte dos Acordos, sob pena de quebrar seu equilíbrio e lógica estrutural, exceto os Acor-

---

[128] *Idem*, p. 155.
[129] Cf. BASSO, Maristela. *Op. cit.*, p. 175.

dos Comerciais Plurilaterais. Através deste princípio, consagra-se a unidade do sistema, não aceitando reservas.

b) Princípio do Tratamento Nacional: de acordo com este dispositivo, expresso no art. 3,1 do ADPIC, cada membro deve conceder aos nacionais dos demais Estados signatários tratamento e proteção não menos favorável que aquele outorgado a seus próprios nacionais, salvo as exceções previstas nas Convenções de Berna, Paris e Roma.

c) Princípio da Nação mais favorecida: este é um dos princípios pilares da OMC que, no art. 4º, determina que toda vantagem, privilégio ou imunidade que um membro conceder aos nacionais de qualquer outro país será outorgado imediata e incondicionalmente aos nacionais de todos os demais Estados-partes. Contudo, há exceções quando se tratar de acordos internacionais sobre assistência judicial; não aplicação de lei; disposições outorgadas em conformidade com as Convenções de Berna ou de Roma, que autorizam a concessão de tratamento em função do tratamento concedido em outro país, e não, do tratamento nacional; disposições relativas a direitos conexos não previstos no Acordo; disposições resultantes de Acordos internacionais sobre proteção à propriedade intelectual que tenham entrado em vigor antes do Acordo Constitutivo da OMC, desde que sejam notificados ao Conselho para o ADPIC e não constituam discriminação arbitrária ou injustificável contra nacionais dos demais membros[130].

d) Princípio do esgotamento internacional dos direitos (exaustão): através deste princípio, expresso no art. 6º, *"existe a possibilidade de importar legalmente um produto protegido por direitos de propriedade intelectual, desde que tenha sido introduzido, no mercado de qualquer outro país, pelo seu titular, ou com o seu consentimento"*[131]. A intenção deste princípio foi reconhecer ao legislador nacional a plena liberdade para prover ou excluir o esgotamento dos direitos de propriedade intelectual na sua legislação interna, res-

---

[130] Cf. BASSO, Maristela. *Op. cit.*, p. 180.
[131] *Idem*, p. 182.

peitados os limites impostos pelo ADPIC. Assim, fica assegurada a competitividade das empresas locais, que estariam em desvantagem se fossem obrigadas a comprar exclusivamente de distribuidores que aplicam preços mais altos que os vigentes em outro país.

e) Princípio da transparência: através do disposto no art. 63, os Estados-partes se comprometem a publicar, ou tornar público, as leis e regulamentos finais de aplicação relativa à matéria objeto do Acordo, de tal forma que os governos e titulares dos direitos de propriedade intelectual deles tomem conhecimento.

f) Princípio da Cooperação Internacional: com este princípio a OMC visa promover o interesse comum dos Estados-partes através de normas de cooperação mútua. Assim, determina no art. 69:

> *Art. 69. Os membros concordam em cooperar entre si com o objetivo de eliminar o comércio internacional de bens que violem direitos de propriedade intelectual. Para este fim, estabelecerão pontos de contato em suas respectivas administrações nacionais, delas darão notificação e estarão prontos a intercambiar informações sobre o comércio de bens infratores. Promoverão, em particular, o intercâmbio de informações e a cooperação entre as autoridades alfandegárias no que tange ao comércio de bens com marca contrafeita e bens pirateados.*

g) Princípio da interação entre os Tratados Internacionais sobre a matéria: O ADPIC reconhece, a partir deste princípio, o valor dos documentos que o antecederam, não desprezando os Acordos e Convenções que trataram anteriormente a respeito de propriedade intelectual. Contudo, o ADPIC é dirigido aos direitos de propriedade intelectual relacionados ao comércio internacional, tendo um caráter mais específico e direcionado a certa matéria.

h) Princípio da interpretação evolutiva. A dinamicidade é uma característica fundamental no ADPIC, resultando deste princípio que a interpretação de suas cláusulas pode mudar de acordo com a evolução do tema, até porque cada Estado-membro tem seu próprio sistema de direito e realidade econômica, social e cultural diversa.

Destacados os princípios que sustentam o ADPIC, parte-se para a análise do Anexo 1-C no que diz respeito ao direito de autor.

O Direito de autor (*Copyright*) e direitos conexos são tratados na Parte II, Seção 1, arts. 9 a 14, do ADPIC, que teve a finalidade de completar as demais Convenções internacionais sobre a matéria. Tanto que, logo no art. 9, destacou a relação com a Convenção de Berna e a observância aos arts. 1 a 21 desta e, também, seu apêndice, além de esclarecer que a proteção ao direito de autor compreende as expressões deste e não as idéias, procedimentos, métodos de operação ou conceitos matemáticos em si.

Em síntese, as principais disposições regulamentadas pelo ADPIC, no tocante ao direito de autor (arts. 9 a 13)[132], são:

1) Que os programas de computador (*software*), bem como as compilações de dados ou outros materiais, serão protegidos como obras literárias e, conseqüentemente, estão sujeitos à Convenção de Berna (art. 10);

2) O direito de autorizar ou proibir o arrendamento ou locação comercial ao público dos originais ou cópias de suas obras amparadas pelo direito de autor, ainda que limitado aos programas de computador e obras cinematográficas (art. 11);

3) A duração da proteção da obra por prazo não inferior a 50 anos, contado a partir do final do ano civil da publicação autorizada, ou, na falta desta publicação autorizada nos 50 anos subseqüentes à realização da obra, confere-se o prazo de 50 anos, contado a partir do ano civil de sua realização (art. 12);

4) Os membros podem restringir as limitações ou exceções aos direitos exclusivos a determinados casos especiais, desde que não prejudiquem a exploração normal da obra e nem prejudiquem, sem justificativa, os interesses legítimos do titular do direito (art. 13). Desta forma, na opinião de Maristela Basso, os Es-

---

[132] O art. 14 do ADPIC, embora esteja dentro da seção sobre Direito de Autor e Conexos, não será analisado neste trabalho em virtude de tratar exclusivamente a respeito dos direitos conexos, não sendo objeto desta pesquisa.

tados-partes do ADIPC possuem liberdade para incorporar padrões mínimos, de acordo com sua realidade e objetivos econômicos, desde que haja o respeito e observância dos princípios gerais do ADPIC e do Acordo Constitutivo da OMC[133].

Com relação ao registro de obra intelectual, o ADPIC não traz nenhuma inovação ou dispositivo específico tratando do assunto. Contudo, declara em seu art. 9, analisado anteriormente, a observância aos arts. 1 a 21 da Convenção de Berna, não exigindo, conseqüentemente, nenhuma espécie de formalidade para que o autor tenha seus direitos resguardados e protegidos.

Desta forma, buscou-se analisar neste ponto do trabalho o caráter internacional do direito de autor, demonstrando as principais Convenções e Tratados que abordaram o tema desde o surgimento da necessidade de proteger a propriedade intelectual, bem como, destacou-se o tratamento dado por estas legislações à questão do preenchimento de formalidades, tais como a necessidade ou não, de haver o registro de obra intelectual.

---

[133] Cf. BASSO, Maristela. *Op. cit.*, p. 203.

2

O DIREITO DE AUTOR NOS ESTADOS-PARTES DO MERCOSUL

Após a análise do caráter internacional do direito de autor, realizada no capítulo anterior, é de extrema importância a verificação dos principais aspectos da legislação de cada Estado-membro do Mercosul para, então, no último capítulo deste trabalho, analisar cuidadosamente as peculiaridades do registro de obra intelectual e sua proteção.

Este capítulo tem por objetivo destacar uma visão geral da legislação constitucional e infraconstitucional de cada Estado-membro do Mercosul, não se constituindo na interpretação e estudo integral de todos os dispositivos de lei, e sim, no estudo do que é importante e que possui ligação com o objeto deste trabalho.

2.1 A PROTEÇÃO AOS DIREITOS DE AUTOR NO BRASIL

Para iniciar o estudo da legislação brasileira sobre direito de autor, convém buscar os primeiros vestígios onde se tratou do tema abordado neste trabalho.

2.1.1 As Constituições Brasileiras

O direito de autor não é nenhuma novidade na Carta Magna brasileira de 1988, pois já havia sido inserido em outras Constituições do Brasil.

A Constituição Política do Império do Brazil, de 25.03.1824[134], nada trazia a respeito do direito de autor, apenas destacava em seu art. 179, inc. XXVI, a proteção aos inventores:

> **Art. 179.** *A inviolabilidade dos Direitos Civis, e Politicos dos Cidadãos Brazileiros, que tem por base a liberdade, a segurança individual, e a propriedade, é garantida pela Constituição do Imperio, pela maneira seguinte:*
>
> *[...]*
>
> *XXVI. Os inventores terão a propriedade das suas descobertas, ou das suas producções. A Lei lhes assegurará um privilegio exclusivo temporario, ou lhes remunerará em resarcimento da perda, que hajam de soffrer pela vulgarisação*[135].

A partir deste dispositivo, pode-se constatar que, em 1824, somente era garantido o direito de propriedade do inventor sobre suas descobertas, sendo lhe concedido um prazo de duração e proteção, e, no caso de perda ou caindo em domínio público, era garantida ao inventor uma indenização. A primeira manifestação sobre direito de autor apareceu na Constituição seguinte.

A Constituição da República dos Estados Unidos do Brasil, de 24.02.1891, inaugurou a proteção ao direito de autor, inserindo-a como Direito Fundamental no art. 72, § 26:

---

[134] Redação original conforme disposto no *site* do Planalto <http://www.planalto.gov.br>.
[135] BRASIL. Constituição (1824). **Constituição da República Federativa do Brasil**: promulgada em 25.03.1824. Disponível em: <http://www.planalto.gov.br>. Acesso em: 08 nov. 2003.

Art. 72. *A Constituição assegura a brasileiros e a estrangeiros residentes no País a inviolabilidade dos direitos concernentes à liberdade, à segurança individual e à propriedade, nos termos seguintes:*

[...]

§ 26 Aos autores de obras literárias e artísticas é garantido o direito exclusivo de reproduzi-las, pela imprensa ou por qualquer outro processo mecânico. Os herdeiros dos autores gozarão desse direito pelo tempo que a lei determinar[136].

Conforme o destacado, observa-se que a Constituição de 1891, no § 26, dispôs a respeito do direito exclusivo de reprodução, seja pela imprensa, seja por qualquer outro meio, concedido exclusivamente ao autor. Além disso, trouxe a previsão para a hipótese de falecimento do autor, garantindo aos herdeiros o direito de reprodução e exploração da obra pelo tempo que a lei determinar.

A Constituição da República dos Estados Unidos do Brasil, de 16.07.1934, tratou do tema no Título III, Da Declaração de Direitos, Capítulo II, Dos Direitos e das Garantias Individuais, expondo em seu art. 113, item 20, o seguinte:

Art 113. *A Constituição assegura a brasileiros e a estrangeiros residentes no País a inviolabilidade dos direitos concernentes à liberdade, à subsistência, à segurança individual e à propriedade, nos termos seguintes:*

[...]

20) Aos autores de obras literárias, artísticas e científicas é assegurado o direito exclusivo de produzi-las. Esse direito transmitir-se-á aos seus herdeiros pelo tempo que a lei determinar[137].

---

[136] BRASIL. Constituição (1891). **Constituição da República Federativa do Brasil**: promulgada em. 24.02.1891. Disponível em: <http://www.planalto.gov.br>. Acesso em: 08 nov. 2003.

[137] BRASIL. Constituição (1934). **Constituição da República Federativa do Brasil**: promulgada em 16.07.1934. Disponível em: <http://www.planalto.gov.br>. Acesso em: 08 nov. 2003.

Constata-se, a partir da análise do texto, que a Constituição de 1934 manteve a redação das Constituições anteriores, nada mais acrescentando.

No entanto, no mesmo artigo, item 9, discorreu acerca da publicação de livros e periódicos:

> *Art. 113. [...]*
>
> *9) Em qualquer assunto é livre a manifestação do pensamento, sem dependência de censura, salvo quanto a espetáculos e diversões públicas, respondendo cada um pelos abusos que cometer, nos casos e pela forma que a lei determinar. Não é permitido anonimato. É segurado o direito de resposta.* **A publicação de livros e periódicos independe de licença do Poder Público.** *Não será, porém, tolerada propaganda, de guerra ou de processos violentos, para subverter a ordem política ou social*[138]. (grifo nosso)

Anos depois, a Constituição dos Estados Unidos do Brasil, de 10.11.1937, não incluiu o direito de autor na parte dos Direitos e Garantias Individuais, vindo a tratar do tema dentro das competências dos entes federados, incumbindo à União a competência privativa para legislar sobre direito de autor, imprensa e privilégios de invento. Vejamos:

> *Art. 16. Compete privativamente à União o poder de legislar sobre as seguintes matérias:*
>
> *[...]*
>
> *XX – direito de autor; imprensa; direito de associação, de reunião, de ir e vir; as questões de estado civil, inclusive o registro civil e as mudanças de nome;*
>
> *XXI – os privilégios de invento, assim como a proteção dos modelos, marcas e outras designações de mercadorias*[139].

---

[138] *Idem.*
[139] BRASIL. Constituição (1937). **Constituição da República Federativa do Brasil**: promulgada em 10.11.1937. Disponível em: <http://www.planalto.gov.br>. Acesso em: 08 nov. 2003.

Mais tarde, a Constituição dos Estados Unidos do Brasil, de 18.09.1946 unificou, dentro do Título IV, Da Declaração de Direitos, Capítulo II, Dos Direitos e das Garantias Individuais, alguns dispositivos acerca da proteção ao direito de autor trazidos nas Constituições anteriores. É o que dispõe o art. 141 e parágrafos:

> *Art. 141. A Constituição assegura aos brasileiros e aos estrangeiros residentes no País a inviolabilidade dos direitos concernentes à vida, à liberdade, a segurança individual e à propriedade, nos termos seguintes:*
>
> *[...]*
>
> *§ 5º É livre a manifestação do pensamento, sem que dependa de censura, salvo quanto a espetáculos e diversões públicas, respondendo cada um, nos casos e na forma que a lei preceituar pelos abusos que cometer. Não é permitido o anonimato. É assegurado o direito de resposta.* **A publicação de livros e periódicos não dependerá de licença do Poder Público.** *Não será, porém, tolerada propaganda de guerra, de processos violentos para subverter a ordem política e social, ou de preconceitos de raça ou de classe.* (griffo nosso)
>
> *[...]*
>
> *§ 19. Aos autores de obras literárias artísticas ou científicas pertence o direito exclusivo de reproduzi-las. Os herdeiros dos autores gozarão desse direito pelo tempo que a lei fixar*[140].

Como se pode observar, nenhuma inovação foi trazida neste texto constitucional. Mantiveram-se as previsões das Constituições anteriores, apenas sendo unificadas num único capítulo.

O mesmo ocorre na Constituição da República Federativa do Brasil de 1967 (EC 1/69), que em nada inova e apenas mantém o texto das Constituições anteriores. Assim dispõe o art. 150, §§ 8º e 25 desta Carta Magna:

---

[140] BRASIL. Constituição (1946). **Constituição da República Federativa do Brasil**: promulgada em 18.09.1946. Disponível em: <http://www.planalto.gov.br>. Acesso em: 08 nov. 2003.

> *Art. 150. A Constituição assegura aos brasileiros e aos estrangeiros residentes no País a inviolabilidade dos direitos concernentes à vida, à liberdade, à segurança e à propriedade, nos termos seguintes:*
>
> *[...]*
>
> *§ 8º É livre a manifestação de pensamento, de convicção política ou filosófica e a prestação de informação sem sujeição à censura, salvo quanto a espetáculos de diversões públicas, respondendo cada um, nos termos da lei, pelos abusos que cometer. É assegurado o direito de resposta. A publicação de livros, jornais e periódicos independe de licença da autoridade. Não será, porém, tolerada a propaganda de guerra, de subversão da ordem ou de preconceitos de raça ou de classe.*
>
> *[...]*
>
> *§ 25 Aos autores de obras literárias, artísticas e científicas pertence o direito exclusivo de utilizá-las. Esse direito é transmissível por herança, pelo tempo que a lei fixar[141].*

Por sua vez, em 05.10.1988 foi promulgada a atual Constituição em vigor, conhecida como a Constituição Cidadã, que aborda o tema e traz algumas inovações.

No Título II, Dos Direitos e Garantias Fundamentais, Capítulo I, Dos Direitos e Deveres Individuais e Coletivos, o art. 5º, incisos XXVII, XXVIII e XIX dispõe:

> *Art. 5º. Todos são iguais perante a lei, sem distinção de qualquer natureza, garantindo-se aos brasileiros e aos estrangeiros residentes no País a inviolabilidade do direito à vida, à liberdade, à igualdade, à segurança e à propriedade, nos termos seguintes:*
>
> *XXVII – aos autores pertence o direito exclusivo de utilização, publicação ou reprodução de suas obras, transmissível aos herdeiros pelo tempo que a lei fixar;*
>
> *XXVIII – são assegurados, nos termos da lei:*
>
> *a) a proteção às participações individuais em obras coletivas e à reprodução da imagem e voz humanas, inclusive nas atividades desportivas;*

---

[141] BRASIL. Constituição (1967). **Constituição da República Federativa do Brasil**. Disponível em: <http://www.planalto.gov.br>. Acesso em: 08 nov. 2003.

b) o direito de fiscalização do aproveitamento econômico das obras que criarem ou de que participarem aos criadores, aos intérpretes e às respectivas representações sindicais e associativas[142].

A partir do dispositivo mencionado acima, pode-se verificar que a Constituição Federal de 1988 tratou de preservar o direito exclusivo de utilização, publicação e reprodução da obra, já garantido nas Constituições anteriores, bem como, manteve a previsão de transmissão destes direitos aos herdeiros do autor.

No tocante à previsão constitucional do art. 5º, inc. XXVII, Cretella Jr. destaca que nas Constituições de 1891, 1934, 1946, 1967 e 1988 falou-se em "direito exclusivo" do autor, *"o legislador constituinte não se vinculou a nenhuma das teorias concernentes à natureza jurídica do direito de autor, preferindo a fórmula ampla – direito exclusivo – que abrange todas"*[143].

Continuando sua análise, Cretella Jr. destaca:

*O art. 5º, XXVII, da Carta Política de 1988, embora se refira ao **direito de propriedade**, não deixou de fora – antes protegeu – outros direitos, vinculados à criação do espírito, tais como: a) o direito à "nominação", ou seja, o de apor o nome à obra produzida; b) o direito autoral de personalidade; c) a intangibilidade da esfera do titular, autor direto, ou herdeiro, de publicar ou não a obra; d) a imunidade da obra por alterações não permitidas pelo titular ou herdeiros; e) a contestação a todo plágio, contrafação ou dano à obra*[144].

Celso Ribeiro Bastos destaca que o autor mantém com a sua criação uma ligação de dupla natureza, ou seja, ligação de ca-

---

[142] BRASIL. Constituição (1988). **Constituição da República Federativa do Brasil**: promulgada em 05.10.1988. Disponível em: <http://www.planalto.gov.br>. Acesso em: 08 nov. 2003.
[143] CRETELLA JÚNIOR, José. **Comentários à Constituição brasileira de 1988**. Rio de Janeiro: Forense Universitária, 3 v, 1992. p. 394.
[144] *Idem.*

ráter moral, abrangendo o direito personalíssimo de ser reconhecido como autor, e outra, de caráter patrimonial ou material, caracterizada pelo direito à integridade da obra, em que não pode haver qualquer alteração sem o expresso consentimento do mesmo[145].

Com relação à competência para legislar acerca da matéria, a Constituição de 1988 nada inovou especificamente, apenas determinou no art. 22, I, a competência privativa da União para legislar sobre Direito Civil, o que implicitamente engloba o direito de autor.

> **Art. 22**. *Compete privativamente à União legislar sobre:*
>
> *I – Direito civil, comercial, penal, processual, eleitoral, agrário, marítimo, aeronáutico, espacial e do trabalho*[146].

Além desses dispositivos, Edmir Netto de Araújo também relaciona ao direito de autor, ou à proteção deste, os incs. IV, V, X, XIII e XVI da Carta Magna de 1988, que tratam respectivamente da liberdade de manifestação do pensamento e vedação do anonimato, do direito de resposta e indenização por dano à imagem, da inviolabilidade da intimidade e da imagem, da liberdade de profissão e do acesso à informação. Acrescente-se a estes todo o capítulo da "Comunicação Social", arts. 220 a 224 da CRFB, que reafirma a vedação de restrições à manifestação do pensamento, criação, expressão, e informação, sob qualquer forma, processo ou veículo[147].

Portanto, conforme se demonstrou, as Constituições brasileiras, ao longo do tempo, passaram a abordar o tema, a aprimorá-lo e a garantir a proteção ao direito de autor.

---

[145] BASTOS, Celso Ribeiro; MARTINS, Ives Gandra da S. **Comentários à Constituição do Brasil**: promulgada em 05.10.1988. São Paulo: Saraiva, 1988. p. 142.
[146] BRASIL. Constituição (1988). *Idem.*
[147] ARAÚJO, Edmir Netto de. *Op. cit.*, p. 18-19.

2.1.2 Legislação Infraconstitucional

Após a independência, foram criados no Brasil, através da Lei Imperial de 1827, as duas primeiras Faculdades de Direito, situadas em São Paulo e Olinda. A partir deste fato, ficou assegurado aos professores o direito sobre as suas obras. Vejamos:

> *Art. 7. Os lentes farão a escolha dos compêndios da sua profissão, ou os arranjarão, não existindo já feito, contanto que as doutrinas estejam de acordo com o sistema jurado pela nação. Esses compêndios, depois de aprovados pela Congregação, servirão interinamente, submetendo-se porém à aprovação da Assembléia Geral, e o governo fará imprimir e fornecer às escolas, competindo aos seus autores o privilégio exclusivo da obra por dez anos*[148].

Observa-se, a partir do disposto acima, que o Estado brasileiro conferiu ao autor, neste caso o professor, o direito exclusivo sobre a sua obra durante o período de dez anos.

Mais tarde, antes da Convenção de Berna de 1886, a legislação brasileira destacou-se por inserir o aspecto moral do direito de autor no texto do Código Criminal de 1830, em seu art. 261, que instituía o delito de contrafação e a punição com a perda dos exemplares:

> *Art. 261. Imprimir, gravar, litografar ou introduzir quaisquer escritos ou estampas que tiverem sido feitos, compostos ou traduzidos por cidadãos brasileiros, enquanto estes viverem, e dez anos de depois de sua morte, se deixarem herdeiros.*
>
> *Pena – Perda de todos os exemplares para o autor ou tradutor, ou seus herdeiros, ou na falta deles, do seu valor e outro, a de multa igual ao tresdobro do valor dos exemplares.*
>
> *Se os escritos ou estampas pertencerem corporações, a proibição de imprimir, gravar litografar ou introduzir durará somente por espaço de dez anos*[149].

---

[148] CABRAL, Plínio. **A nova lei de direitos autorais**. 2. ed. Porto Alegre: Sagra Luzzatto, 1999. p. 22.

[149] CABRAL, Plínio. **Revolução tecnológica e direito autoral**. Porto Alegre: Sagra Luzzatto, 1998. p. 36.

Este dispositivo foi pioneiro na América Latina e serviu como ponto de partida e exemplo para outros países. Entretanto, ao longo do tempo, através de leis e decretos, o Estado brasileiro procurou proporcionar ao autor o amparo legal para a defesa de suas obras[150].

O Código Penal de 1890, promulgado no período republicano, regulava a matéria em seu Capítulo V, sob o título *"Dos crimes contra a propriedade literária, artística, industrial e comercial"*. Esta lei previa algumas medidas para reprimir as violações ao direito de autor, equiparando os direitos deste, aos da propriedade, objeto de proteção penal (arts. 345-350)[151].

Mais tarde, com o Código Penal de 1940, a matéria foi inserida no capítulo do Título III, que trata dos Crimes contra a Propriedade Intelectual. Os crimes estão definidos nos arts. 184 e 186 do Código Penal, sendo que a redação foi alterada pela Lei 6.895, de 17.12.1980 sendo, por sua vez, alterada pela Lei 8.635, de 16.03.1993. Eis a redação atual:

> **Art. 184.** *Violar direito autoral:*
>
> *Pena: detenção de 3 (três) meses a 1 (um) ano, ou multa.*
>
> *§ 1º Se a violação consistir em reprodução, por qualquer meio, com intuito de lucro, de obra intelectual, no todo ou em parte, sem autorização expressa do autor ou de quem o represente, ou consistir na reprodução de fonograma ou deonofograma, sem a autorização do produtor ou de quem o represente.*
>
> *Penas – reclusão, de 1 (um) a 4 (quatro) anos e multa.*
>
> *§ 2º Na mesma pena do parágrafo anterior incorre quem vende, expõe à venda, aluga, introduz no País, adquire, oculta, empresta, troca ou tem em depósito, com intuito de lucro o original ou cópia de obra intelectual, fonograma ou vídeofonograma, produzidos ou reproduzidos com violação de direito autoral.*
>
> *§ 3º Em caso de condenação, ao prolatar a sentença, o juiz determinará a destruição da produção ou reprodução criminosa.*

---

[150] Cf. COSTA NETTO, José Carlos. **Direito autoral no Brasil**. São Paulo: FTD, 1998. p. 37.

[151] HAMMES, Bruno Jorge. *Op. cit.*, p. 23.

Art. 185. *Atribuir falsamente a alguém, mediante o uso de nome, pseudônimo ou sinal por ele adotado para designar seus trabalhos, a autoria de obra literária, científica ou artística.*

Pena – detenção, de 6 (seis) meses a 2 (dois) anos, e multa.

Art. 186. *Nos crimes previstos neste Capítulo somente se procede mediante queixa, salvo quando praticados em prejuízo de entidade de direito público, autarquia, empresa pública, sociedade de economia mista ou fundação instituída pelo poder público, e nos casos previstos nos §§1º e 2º do art. 184 desta Lei*[152].

Ainda, em 1898, a Lei 496, conhecida como Lei Medeiros de Albuquerque, foi a primeira a falar sobre o direito de autor no Brasil. Esta lei reconheceu o direito de autor às obras publicadas em países estrangeiros, qualquer que fosse a nacionalidade de seus autores[153], estendeu a duração da proteção de direitos de autor, bem como, vedou alterações não autorizadas, mesmo aquelas efetuadas em obras caídas em domínio público ou não abrangidas pela proteção legal, além de outras importantes inovações dentro do ordenamento jurídico brasileiro[154].

Contudo, antes do Código Civil de 1916, observou-se um vasto número de leis e decretos que aprovaram documentos e convenções internacionais, para vigência interna no contexto brasileiro, acerca da matéria[155]:

a) Declaração entre Brasil e Portugal, em 1889, que prevê a igualdade dos direitos nacionais e dos dois países em matéria de obras literárias e artísticas;

b) Decreto 10.353/89, que manda executar o ajuste entre o Brasil e Portugal sobre a propriedade das obras literárias e artísticas;

c) Decretos 2.393/10 e 9.190/11, que aprova e promulga a Convenção concluída no Rio de Janeiro, em 23.08.1906, relativa a

---

[152] BRASIL. Código Penal Brasileiro. Dec.-lei 2.848, promulgado em 07.12.1940.
[153] *Idem.*
[154] COSTA NETTO, José Carlos. *Op. cit.*, p. 37-38.
[155] Cf. *Idem.* p. 38-39.

Patentes de Invenção, Desenhos e Modelos Industriais, Marcas de Fábrica e Comércio de Propriedade Literária e Artística;

d) Lei 2.577/12, que torna extensiva a todas as obras científicas, literárias e artísticas editadas em países estrangeiros que tenham aderido às convenções internacionais sobre o assunto, ou assinado tratados com o Brasil, as disposições da Lei 496/89 (Medeiros de Albuquerque), salvo as do art. 13, e dá outras providências;

e) Lei 2.738/13, que autoriza o Governo, no art. 25, a aderir à Convenção Internacional de Berlim;

f) Decreto 2.881/14 e Decreto 11.588/15, que aprova e promulga as resoluções e convenções assinadas pelos delegados brasileiros na IV Conferência Internacional Americana, realizada em julho e agosto de 1910, em Buenos Aires; e

g) Decreto 2.966/15, que aprova a Convenção Literária, Científica e Artística entre o Brasil e a França, assinada no Rio de Janeiro em 15.12.1913.

Ademais, esta evolução legislativa exerceu grande influência no Código Civil brasileiro de 1916, que passou a regular a matéria nos arts. 649 a 673, sob o **título Da propriedade Literária, Científica e Artística**, arts. 1.346 a 1.358, **Da Edição**, e arts. 1.359 a 1.362, **Da Representação**, revogando, com isto, a Lei 496/98[156].

Os dispositivos do Código Civil de 1916 tiveram vigência até 1973, quando foram revogados pela Lei 5.988/73, que tratou especificamente do direito de autor e que esteve em vigência até a aprovação da Lei 9.610/98. Em 2002, com a aprovação da Lei 10.406, conhecida como o novo Código Civil, a matéria continuou a ser disciplinada pela Lei 9.610/98, não havendo qualquer inovação no atual Código Civil. Esta última Lei, que regula especificamente a matéria em estudo neste trabalho, será analisada posteriormente em outro subtítulo.

---

[156] Cf. HAMMES, Bruno Jorge. *Op. cit.*, p. 23.

Contudo, entre 1916 e 1998, à medida que a tecnologia e os meios de comunicação foram se aperfeiçoando, se desdobraram também as atividades do legislador.

José Carlos Costa Netto destaca os textos mais importantes que tiveram influência no contexto brasileiro[157]:

a) Decreto 47.900, de 02.01.1924, que define os direitos autorais e dá outras providências;

b) Decreto 5.492, de 16.07.1928, conhecido como "Lei Getúlio Vargas", que regula a organização das empresas de diversão e locação de serviços teatrais e tem como objetivo atualizar textos anteriores em sintonia com a evolução tecnológica;

c) Decreto 18.527, de 10.12.1932, que dá normalidade à execução dos serviços de radiocomunicação em todo o território nacional, previstos no Dec.-lei 20.047, de 27.05.1931;

d) Texto constitucional de 1934, que reafirmou os direitos de autor e o Código Penal (Dec.-lei 2.848, de 07.02.1940), em vigor até os dias atuais, que condensou a regulamentação da matéria em apenas três dispositivos, integrantes do Título III – Dos Crimes Contra a Propriedade Imaterial – Capítulo I – Dos Crimes Contra a Propriedade Intelectual, conforme demonstrado anteriormente;

e) Decreto 20.493, de 24.01.1946, que aprovou o Regulamento do Serviço de Censura e Diversões Públicas do Departamento Federal de Segurança Pública. Esse texto foi ampliado pelo Decreto 1.023, de 17.05.1962;

f) Constituição Federal de 1946, em seu art. 141, § 19, que assegurava o direito exclusivo de reprodução;

g) Lei 2.415, de 09.02.1955, que dispõe sobre a outorga de licença autoral para a realização de representações e execuções públicas e para transmissões pelo rádio ou televisão, dispondo, segundo José Carlos Costa Netto, que

---

[157] Cf. COSTA NETTO, José Carlos. *Op. cit.*, p. 39-41.

pertence ao autor o direito de outorgar licença, em todo o território nacional, para a realização de representações públicas e transmissões pelo rádio e pela televisão, direito esse que tanto pode ser exercido pelo autor pessoalmente quanto pelas associações legalmente constituídas para defesa de direitos autorais às quais for filiado[158];

h) Decreto 18.527, de 10.12.1928, que limitava-se à proteção e fiscalização do direito de autor exclusivamente ao Distrito Federal. Seus dispositivos foram alterados e revogados pelo Decreto 1.023/67, que estende aos Estados e Territórios a legislação em vigor no Distrito Federal;

i) Lei 4.944, de 06.05.1966, que dispõe sobre a proteção a artistas, produtores de fonogramas a organismos de radiodifusão, e que foi regulamentada pelo Decreto 61.123, de 18.08.1967;

j) O texto constitucional de 1967, art. 150, § 25, e a Emenda Constitucional 1, de 17.10.1969, que reafirmam o direito exclusivo de "utilização", e não somente reprodução, do autor sobre sua obra intelectual; e

k) Dec.-lei 980, de 20.10.1969, que dispõe sobre a cobrança do direito autoral nas exibições cinematográficas.

Essa é a legislação esparsa e não sistematizada que dispôs a respeito da proteção dos direitos de autor e conexos até a década de 70. Ainda, em 1967, a legislação brasileira referente ao direito de autor e aos direitos conexos começou a ser atualizada, resultando no Anteprojeto do Código do Direito do Autor e Direitos Conexos, constituído de 351 artigos, divididos em 16 títulos, que foi publicado no Diário Oficial da União em 16.06.1967. Contudo, diante da necessidade de revisão deste projeto e do impasse dos legisladores, o Governo brasileiro incumbiu uma comissão de juristas de elaborar um novo projeto tratando do tema. Pressionados pela urgência, os juristas reduziram o antigo projeto do Código a um projeto de lei, que teve sua redação final publica-

---

[158] COSTA NETTO, José Carlos. *Op. cit.*, p. 40.

da em 28.11.1973 no Diário do Congresso Nacional. Assim, surgiu a Lei 5.988, de 14.12.1973[159].

Com relação aos antecedentes da Lei 5.988/73, Edmir Netto Araújo destaca que:

> *A necessidade de disciplina uniforme e sistematizada da matéria levou o Governo Federal a nomear comissão de juristas, em 1967, que apresentou um anteprojeto de lei, com grande abrangência, coordenando e modernizando a legislação esparsa existente. O Governo, sintetizando a proposta e deixando alguma matéria para futura regulamentação, enviou (em 1973) projeto ao Congresso calcado em substitutivo mais resumido de autoria de Cândido Mota Filho, embora adotando a maioria das sugestões do primeiro anteprojeto, que transformou-se na Lei 5.988, de 14.12.1973, e que foi até recentemente, em nosso direito positivo, a norma central que regia a matéria relativa a direito de autor e conexos*[160].

Os 134 artigos da Lei 5.988/73 estavam divididos em nove títulos, conforme cita José Carlos Costa Netto:

> *1 – disposições preliminares;*
>
> *2 – das Obras Intelectuais (das obras intelectuais protegidas; da autoria das obras intelectuais);*
>
> *3 – dos Direitos do Autor (disposições preliminares, dos direitos morais do autor, dos direitos patrimoniais do autor e de sua duração, das limitações ao direito de autor);*
>
> *4 – da utilização de Obras Intelectuais (da edição, da representação e execução, da utilização de obra em arte plástica, de obra fotográfica, de fonograma, de obra cinematográfica, de obra publicada em diários ou periódicos, de obra pertencente ao domínio público);*
>
> *5 – dos Direitos Conexos (disposição preliminar, dos direitos de artistas, intérpretes ou executantes e dos produtores de fonogramas, dos*

---

[159] Cf. COSTA NETTO, José Carlos. *Op. cit.*, p. 41-42.
[160] ARAÚJO, Edmir Netto. *Op. cit.*, p. 18.

direitos das empresas de radiodifusão, do direito de arena, da duração);

6 – das associações de titulares de direitos de autor e direitos que lhe são conexos (disposição preliminar, das sanções civis e administrativas, da prescrição);

7 – do Conselho Nacional de Direito Autoral;

8 – das sanções à violação dos direitos do autor e direitos que lhe são conexos;

9 – disposições finais e transitórias[161].

A Lei de 1973, apesar das falhas e omissões, constituiu-se num grande marco na legislação brasileira, passando a tutelar os direitos de autor e conexos no Brasil de forma sistematizada, vindo, mais tarde, a ser revogada pela Lei 9.610/98, exceto seu art. 17 e §§ 1º e 2º, que tratam do registro de obra intelectual, conforme será destacado mais adiante.

Entretanto, o período de 1973 a 1998 foi marcado pela seguinte produção legislativa[162]:

a) a Lei 6.533, de 24.05.1978, que regulamentou as profissões de Artista e Técnico em Espetáculo de Diversões, introduzindo em nosso Direito a proibição de cessão e promessa de cessão de direitos autorais conexos decorrentes da prestação de serviços profissionais;

b) a Lei 6.800, de 25.06.1980, que alterou os arts. 83 e 117, sobre a utilização de fonograma e fiscalização, principalmente no que tange à reprodução e venda dessa modalidade de suporte material;

c) a Lei 6.895, de 17.12.1980, que deu nova redação aos arts. 184 e 186 do Código Penal, tornando as penas mais rigorosas e caracterizando, entre outras disposições, como crime de ação pública a violação de direito autoral, quando praticada em prejuízo de

---

[161] COSTA NETTO, José Carlos. *Op. cit.*, p. 42.
[162] Cf. *Idem.* p. 43-44.

entidade de direito público, sociedade de economia mista ou fundação instituída pelo Poder Público e, também, em outras utilizações não autorizadas de obra intelectual. Além da expressão genérica "obra intelectual", consignou, expressamente, "fonograma" e "videofonograma", tipificando a ação delituosa de reproduzi-los "sem autorização do produtor ou de quem o represente". Posteriormente foi modificada, novamente, a redação do mesmo art. 184, pela Lei 8.635, de 16.03.1993, incluindo o "aluguel", "empréstimo" ou "troca", com intuito de lucro, de obra intelectual, fonograma ou videofonograma, produzidos com violação de direito autoral, como forma de uso ilícito;

d) a Lei 7.123, de 12.09.1983, que revogou o artigo 93 da Lei 5.988/73, abolindo o sistema do domínio público remunerado, que era aplicado às utilizações de obra intelectual que tivessem fins lucrativos e cujos resultados consistiam na receita para atividades do Fundo de Direito Autoral;

e) a Lei 7.646, de 18.12.1987, que dispôs sobre a proteção da propriedade intelectual de programas de computador, sendo, mais tarde, revogada pela Lei 9.609/98;

f) a Constituição Federal de 1988, que tratou da proteção ao direito de Autor no art. 5°, incs. XXVII e XXVIII, conforme visto anteriormente;

g) a Lei 8.028, de 12.04.1990, que desativou o Conselho Nacional de Direito Autoral, criado através da Lei 5.988/73; e

h) a Lei 9.045, de 18.05.1995, que estabeleceu que, havendo concordância dos autores, as editoras deverão permitir que sobre as reproduções de obras feitas em caracteres *braille* não incida qualquer remuneração, uma vez realizadas por centros de produção *braille* credenciados e não haja finalidade lucrativa.

Além da legislação apontada, há de se destacar a legislação processual no tocante à proteção do direito de autor. Carlos Fernando Mathias de Souza ressalta que no Código de Processo Penal, os arts. 524 a 530, do Livro II (Dos processos em espécie), Título II (Dos processos especiais), Capítulo IV (Do processo e do julgamento contra os crimes contra a propriedade imaterial), tratam do direito instrumental referente à violação de direito autoral[163].

> **Art. 524.** *No processo e julgamento dos crimes contra a propriedade imaterial, observar-se-á o disposto nos Capítulos I e III do Título I deste Livro, com as modificações constantes dos artigos seguintes.*
>
> **Art. 525.** *No caso de haver o crime deixado vestígio, a queixa ou a denúncia não será recebida se não for instruída com o exame pericial dos objetos que constituam o corpo de delito.*
>
> **Art. 526.** *Sem a prova de direito à ação, não será recebida a queixa, nem ordenada qualquer diligência preliminarmente requerida pelo ofendido.*
>
> **Art. 527.** *A diligência de busca ou de apreensão será realizada por dois peritos nomeados pelo juiz, que verificarão a existência de fundamento para a apreensão, e quer esta se realize, quer não, o laudo pericial será apresentado dentro de 3 (três) dias após o encerramento da diligência.*
>
> **Parágrafo único.** *O requerente da diligência poderá impugnar o laudo contrário a apreensão, e o juiz ordenará que esta se efetue, se reconhecer a improcedência das razões aduzidas pelos peritos.*
>
> **Art. 528.** *Encerradas as diligências, os autos serão conclusos ao juiz para homologação do laudo.*
>
> **Art. 529.** *Nos crimes de ação privativa do ofendido, não será admitida queixa com fundamento em apreensão e em perícia, se decorrido o prazo de 30 (trinta) dias, após a homologação do laudo.*
>
> **Art. 530.** *Se ocorrer prisão em flagrante e o réu não for posto em liberdade, o prazo a que se refere o artigo anterior será de 8 (oito) dias*[164].

O Código de Processo Civil brasileiro trata do direito de autor, no tocante à busca e apreensão, nos arts. 839 a 842:

> **Art. 839.** *O juiz pode decretar a busca e apreensão de pessoas ou de coisas.*

---

[163] SOUZA, Carlos Fernando Mathias de. **Direito autoral**: legislação básica. Brasília/DF: Livraria e Editora Brasília Jurídica, 1998. p. 88-89.
[164] BRASIL. Código de Processo Penal Brasileiro. Dec.-lei 3.689, promulgado em 03.10.1941.

Art. 840. *Na petição inicial exporá o requerente as razões justificativas da medida e da ciência de estar a pessoa ou a coisa no lugar designado.*

Art. 841. *A justificação prévia far-se-á em segredo de justiça, se for indispensável. Provado quanto baste o alegado, expedir-se-á o mandado que conterá:*

I – a indicação da casa ou do lugar em que deve efetuar-se a diligência;

II – a descrição da pessoa ou da coisa procurada e o destino a lhe dar;

III – a assinatura do juiz, de quem emanar a ordem.

Art. 842. *O mandado será cumprido por 2 (dois) oficiais de justiça, um dos quais o lerá ao morador, intimando-o à abrir as portas.*

§ 1º Não atendidos, os oficiais de justiça arrombarão as portas externas, bem como as internas e quaisquer móveis onde presumam que esteja oculta a pessoa ou a coisa procurada.

§ 2º Os oficiais de justiça far-se-ão acompanhar de 2 (duas) testemunhas.

§ 3º Tratando-se de direito autoral ou direito conexo do artista, intérprete ou executante, produtores de fonograma e organismos de radiodifusão, o juiz designará, para acompanharem os oficiais de justiça, 2 (dois) peritos, aos quais incumbirá confirmar a ocorrência da violação, antes de ser efetivada a apreensão[165].

A partir dos dispositivos processuais apontados, os procedimentos ou instrumentos para a eficácia de um processo envolvendo controvérsia a respeito de direito de autor são assegurados, civil e criminalmente, pela legislação pátria.

Há de se acrescentar, ainda, outros mecanismos de ação, disponíveis no Código de Processo Civil, para a defesa dos direitos autorais, seja para a prevenção, reparo de lesões, seja para fazer cessar violação. Carlos Fernando Mathias de Souza destaca que estes mecanismos possuem natureza cautelar, ordinária ou executória:

---

[165] NERY JUNIOR, Nelson; NERY, Rosa Maria de Andrade. **Código de processo civil comentado e legislação extravagante**: atualizado até 07.07.2003. 7. ed. São Paulo: Editora Revista dos Tribunais, 2003. p. 1.101-1.102.

> *As cautelares podem ser requeridas, como se sabe, com pedido liminar. São elas inominadas ou nominadas. Dentre as medidas nominadas comuns cabem, em defesa de direito autoral, o seqüestro (CPC, arts. 822 e ss.); a extinção (CPC, arts. 844 e ss.); os protestos, as interpelações e as notificações (CPC, arts. 867 e ss.).*
>
> *Se o interesse do autor limitar-se à declaração de um direito, é cabível a ação declaratória (CPC, art. 4º, I e II e seu parágrafo único).*
>
> *Pode o titular de direitos autorais valer-se de procedimentos cominatórios, como os previstos nos arts. 632 a 645 do CPC (Da execução das obrigações de fazer e não fazer).*
>
> *Mas a ação, talvez mais importante em matéria autoral é a de reparação de danos*[166].

Como se observa, em matéria processual na legislação brasileira, está o autor amparado por diversos meios, cabendo-lhe o uso daquele que for mais pertinente ou compatível com o caso concreto.

Ademais, para finalizar a análise da legislação infraconstitucional, deixou-se a Lei 9.610/98, que regula os direitos de autor e conexos no Brasil, por último, devido à sua especificidade e aplicabilidade no contexto atual. Contudo, esta Lei será analisada no próximo subtítulo, em separado, por se tratar do principal diploma brasileiro que regula a matéria abordada neste trabalho.

2.1.3 A Lei 9.610/98

A Lei 9.610/98 é o que há de mais recente e abrangente em matéria de direito de autor e conexos no Brasil. Seu conteúdo inaugurou uma nova etapa na legislação brasileira, a partir de 1998, mantendo a essência da Lei 5.988/73 e inserindo alguns dos princípios constitucionais da CRFB/88[167]. Sendo assim, convém destacar

---

[166] SOUZA, Carlos Fernando Mathias de. *Op. cit.*, p. 90.
[167] Cf. BITTAR, Carlos Alberto. *Op. cit.*, p. 15.

seus principais dispositivos e mencionar a opinião doutrinária a respeito do que for analisado.

Primeiramente, a Lei 9.610/98 traz a denominação de direitos autorais, entendendo por estes os direitos de autor e os direitos conexos.

> *Art. 1º. Esta Lei regula os direitos autorais, entendendo-se sob esta denominação os direitos de autor e os que lhe são conexos*[168].

Por direito de autor, conceito já visto no item 1.2 do 1º capítulo, entende-se ser aquele *"que tem o autor de obra literária, científica ou artística, de ligar o seu nome às produções do seu espírito e de reproduzi-las, ou transmiti-las. Na primeira relação, é manifestação da personalidade do autor; na segunda, é de natureza real, econômica"*[169].

Sob outro ponto de vista, Carlos Alberto Bittar considera direito de autor, direitos de autor e direito autoral a mesma coisa, isto é, o *"ramo do Direito Privado que regula as relações jurídicas, advindas da criação e da utilização econômica de obras intelectuais estéticas e compreendidas na literatura, nas artes e nas ciências"*[170].

Na análise da doutrina, constata-se que, por várias vezes, são utilizados os termos direito autoral, direito de autor, direitos de autor ou autorais como sinônimos, não havendo diferenças a respeito da nomenclatura utilizada.

Já os direitos conexos foram tratados, pela primeira vez, na Convenção Internacional de Roma, em 1961. Contudo, antes desta data já se falava informalmente a respeito destes direitos[171].

---

[168] BRASIL. **Lei 9.610, de 19 de fevereiro de 1998**: altera, atualiza e consolida a legislação sobre direitos autorais e dá outras providências. Disponível em: <http://www.planalto.gov.br>. Acesso em: 25 jun. 2002.
[169] COSTA NETTO, José Carlos. *Op. cit.*, p. 50.
[170] BITTAR, Carlos Alberto. *Op. cit.*, p. 8.
[171] Cf. COSTA NETTO, José Carlos. *Op. cit.*, p. 174.

O jurista chileno Santiago L. Savala, citado por Costa Netto, ressalta que os direitos conexos *"se definem como direitos vizinhos ao direito de autor, porém independentes dele"*[172].

Bruno Jorge Hammes destaca que

> *A expressão* **direitos conexos** *refere-se a direitos que, de certa forma, estão ligados ao direito de autor. Tem-se mostrado fecunda a idéia de distinguir o direito de autor de outros direitos afins, semelhantes, conexos e não-idênticos. O direito de autor fica restrito a direitos que se originam da criação autêntica de obra. Os alemães falam em* **direitos parentes (verwandte Schutzrechte)** *ou direitos* **limítrofes (angrenzende Rechte)**. *Os franceses dizem* **direitos vizinhos (droits voisins)**. *A doutrina alemã inclui no termo de* **verwandte Schutzrechte** *tipos de natureza distinta, como direitos à obra fotográfica, direito sobre edições científicas, não o restringindo aos direitos do artista intérprete ou executante, do produtor de fonogramas e de empresas de radiodifusão*[173].

Carlos Alberto Bittar acrescenta que os Direitos conexos são aqueles reconhecidos a certas categorias que contribuem, de alguma forma, com a criação, produção ou difusão da obra intelectual[174].

A Lei 9.610/98 dispõe especificamente dos direitos conexos no Título V, composto por cinco capítulos. Contudo, para não fugir do objeto principal deste trabalho, os direitos conexos não serão analisados.

No art. 2º e seu parágrafo único, a Lei 9.610/98 assegura a proteção ao direito de autor estrangeiro. Vejamos:

> **Art. 2º.** *Os estrangeiros domiciliados no exterior gozarão da proteção assegurada nos acordos, convenções e tratados em vigor no Brasil.*

---

[172] SAVALA, Santiago L. **Derecho de autor y propriedad industrial**. Santiago: Editorial Jurídica de Chile, 1979. p. 31-32. *In*: COSTA NETTO, José Carlos. *Op. cit.*, p. 174.
[173] HAMMES, Bruno Jorge. *Op. cit.*, p. 228.
[174] Cf. BITTAR, Carlos Alberto. *Op. cit.*, p. 152.

Parágrafo único. *Aplica-se o disposto nesta Lei aos nacionais ou pessoas domiciliadas em país que assegure aos brasileiros ou pessoas domiciliadas no Brasil a reciprocidade na proteção aos direitos autorais ou equivalentes*[175].

Com relação a este dispositivo, há de se destacar que a Lei 5.988/73 estendia a mesma proteção aos apátridas, ou seja, "*aqueles que, em função de acidentes e incidentes internacionais, não tinham pátria*". A lei atual não abordou este aspecto, mas tratou da proteção autoral das obras de estrangeiros[176].

No tocante à proteção brasileira, é aplicada a Lei de Introdução ao Código Civil quando determina, em seu art. 12 que "*é competente a autoridade judiciária brasileira, quando for o réu domiciliado no Brasil ou aqui tiver de ser cumprida a obrigação*"[177].

Ainda, com relação ao art. 2º, convém destacar que a lei anterior exigia que os tratados e convenções fossem apenas ratificados pelo Brasil. Na lei atual, o dispositivo é mais específico, exigindo que as convenções e tratados estejam em vigor no Brasil.[178]

Plínio Cabral explica esta diferença entre as duas leis:

A diferença, pequena no texto, tem maior alcance. Uma lei em vigor significa uma lei de aplicabilidade constante. Os costumes, os precedentes, a jurisprudência, o trabalho dos jurisconsultos, podem fazer com que uma lei, embora existente, não vigore mais. Neste sentido, tanto o Código Civil como o Código Penal apresentam exemplos incontáveis de dispositivos que existem, são letra de lei, mas não vigoram. Além disso, tratados e convenções podem ser ratificados e ter sua vigência adiada por razões técnicas ou burocráticas[179].

---

[175] BRASIL. Lei 9.610, de 19.02.1998.
[176] Cf. CABRAL, Plínio. **A nova lei de direitos autorais**. 2. ed. Porto Alegre: Editora Sagra Luzzatto, 1999. p. 29.
[177] BRASIL. Lei de introdução ao Código Civil Brasileiro. Dec.-lei 4.657/42.
[178] Cf. CABRAL, Plínio. *Op. cit.*, p. 29.
[179] *Idem.* p. 29-30.

A Lei de 1998 traz uma série de conceitos em seu art. 5º e incisos, definindo claramente o que se entende por (I) publicação, (II) transmissão ou emissão, (III) retransmissão, (IV) distribuição, (V) comunicação ao público, (VI) reprodução, (VII) contrafação, (VIII) os tipos de obra, (IX) fonograma, (X) editor, (XI) produtor, (XII) radiodifusão, e (XIII) artistas intérpretes ou executantes.

O art. 5º da Lei 9.610/98 corresponde ao art. 4º da Lei anterior, acrescido de algumas modificações.

O inc. I deste dispositivo define a publicação como o *"oferecimento de obra literária, artística ou científica ao conhecimento do público, com o consentimento do autor, ou de qualquer outro titular de direito de autor, por qualquer forma ou processo"*. Segundo Plínio Cabral, este inciso corresponde ao estabelecido na Convenção de Berna. Acrescenta o autor que

> *A lei anterior falava em comunicação da obra ao público. A lei atual refere-se ao oferecimento das obras ao conhecimento do público, com o que temos um ato de disponibilidade muito mais amplo. Comunicação é um ato que se esgota em si mesmo. Feita a comunicação, conclui-se o processo, independente de qualquer reação. Já o oferecimento é uma disponibilidade que só se conclui com a ação reativa do público*[180].

No tocante à transmissão (inc. II), a Lei 9.610/98 é mais ampla, passando a incluir satélites, fios, cabos, meios óticos ou qualquer processo eletrônico magnético.

Com relação à retransmissão (inciso III), a Lei 5.988/73 a definia como *"a emissão, simultânea ou posterior, da transmissão de uma empresa de radiodifusão por outra"*. Já a Lei de 1998 traz outra definição, considerando retransmissão como "a emissão simultânea da transmissão de uma empresa por outra". Observa-se que, neste inciso, o legislador segue a Convenção de Roma, que trata do tema no art. 3º, letra "g":

---

[180] CABRAL, Plínio. *Op. cit.*, p. 37.

... retransmissão, a emissão simultânea de emissão de um organismo de radiodifusão, efetuada por outro organismo de radiodifusão[181].

Os incs. IV e V, pertinentes à distribuição e à comunicação ao público, são itens novos trazidos pela Lei 9.610/98. A distribuição, segundo a lei em destaque, é "*a colocação à disposição do público do original ou cópia de obras literárias, artísticas ou científicas, interpretações ou execuções fixadas e fonogramas, mediante a venda, locação ou qualquer outra forma de transferência de propriedade ou posse*"[182].

Para Plínio Cabral, "*o legislador quis preservar os diversos meios de comunicação, especialmente aqueles de que se valem artistas e intérpretes, tanto assim que exclui, taxativamente, a distribuição de exemplares*"[183].

O inc. VI trata da reprodução da obra, que na Lei de 1973 constituía-se na "*cópia de obra literária, científica ou artística, bem como de fonograma*"[184]. Entretanto, a Lei 9.610/98 ampliou o dispositivo, passando a definir, no inc. VI reprodução como:

A cópia de um ou vários exemplares de uma obra literária, artística ou científica ou de um fonograma, de qualquer forma tangível, incluindo qualquer armazenamento permanente ou temporário por meios eletrônicos ou qualquer outro meio de fixação que venha a ser desenvolvido[185].

Ao analisar este inciso, Plínio Cabral observa que

Mais uma vez o legislador olhou para o futuro, procurando assegurar os direitos de autor na reprodução por qualquer meio

---

[181] *Idem.* p. 39.
[182] BRASIL. Lei 9.610, de 19.02.1998.
[183] *Idem.* p. 40.
[184] BRASIL. Lei 5.988, de 15.12.1973.
[185] BRASIL. Lei 9.610, de 19.02.1998.

que venha a ser desenvolvido. Segue-se, no caso, a idéia hoje predominante nas legislações de quase todos os países, que procuram assegurar a vigência dos direitos de autor, mesmo em face de transformações tecnológicas profundas na fixação, comunicação e distribuição das obras de criação[186].

Na seqüência, o inc. VII do art. 5º menciona a contrafação, sendo esta considerada "a reprodução não autorizada".

Segundo Aurélio Wander Bastos, a contrafação pode ser definida como

Qualquer violação à propriedade (direito) intelectual, inclusive à propriedade industrial, constituindo basicamente uma reprodução não autorizada. Indica o ato fraudulento que visa imitar ou falsificar algo, como a usurpação dolosa de obra artística, literária ou científica, marca de produto ou serviço, desenho industrial ou privilégio de invenção ou modelo de utilidade. Tratando-se de usurpação dos direitos de autor de obra literária, artística ou científica, diz-se Contrafação da obra, que pode se revestir da forma de publicação abusiva, ou seja, reprodução não autorizada. [...] Contrafação é o nome genérico dado aos atos praticados por terceiros que violem o uso exclusivo, adquirido com o registro de marca, patente (ou direito de autor)[187].

O inc. VIII dispõe dos diferentes tipos de obras e suas definições: a) em co-autoria, b) anônima, c) pseudônima, d) inédita, e) póstuma, f) originária, g) derivada, h) coletiva, e i) audiovisual.

Com relação à co-autoria, observa-se uma mudança na Lei atual. Plínio Cabral comenta a respeito:

A Lei 5.988 utilizava o termo "obra em colaboração" para defini-la como aquela que é "produzida em comum". Além da impropriedade da palavra "colaboração", **produzir** *não é sinô-*

---

[186] CABRAL, Plínio. *Op. cit.*, p. 40.
[187] BASTOS, Aurélio Wander. *Op. cit.*, p. 59

nimo de **criar**. *Ao contrário: no meio editorial produção significa o conjunto de atividades práticas que cercam a feitura industrial do livro, do fonograma, do audiovisual. É um trabalho técnico.*

A Lei 9.610 refere-se à co-autoria como a obra criada em comum, o que é mais preciso e correto. Insere-se no contexto da Convenção de Berna que protege a criação da obra de arte e não a atividade técnica[188].

Outro tipo de obra que sofreu mudança na conceituação foi a audiovisual, considerada como videograma na Lei anterior, que a definia como a *"fixação de imagem e som em suporte material"*.

O termo utilizado atualmente, obra audiovisual, abrange, segundo Plínio Cabral, cinema, televisão ou qualquer meio que dê a impressão de movimento[189]. Ademais, a alínea "i" do inc. VII define a obra audiovisual como

A que resulta da fixação de imagens com ou sem som, que tenha a finalidade de criar, por meio de sua reprodução, a impressão de movimento, independentemente dos processos de sua captação, do suporte usado inicial ou posteriormente para fixá-lo, bem como dos meios utilizados para sua veiculação.

Plínio Cabral interpreta este dispositivo dizendo que

O exame desse texto é interessante, porque ele é amplo. Abrange toda obra criada para transmitir movimento, tenha ou não som. Esta é uma tendência mundial.

[...]

O processo de captação é irrelevante. Pode ser uma filmadora antiga, câmera moderna, digital ou não, mesmo que essa cap-

---

[188] *Idem*, p. 41-42.
[189] Cf. CABRAL, Plínio. *Op. cit.*, p. 42.

tação venha a ser transformada mais tarde. Não importam, ainda, os meios de transmissão. Pode ser um velho projetor ou pode, ainda, ser moderno computador transformando sinais enviados via internet. O direito autoral está protegido[190].

O texto da Lei de 1973 também foi impreciso e incompleto ao definir o fonograma como a *"fixação, exclusivamente sonora, em suporte material"*. Hoje, conforme a atual Lei, o fonograma é definido, de forma precisa e completa, como *"toda fixação de sons de uma execução ou interpretação ou de outros sons, ou de uma representação de sons que não seja uma fixação incluída em uma obra audiovisual"*.

O editor, tratado no inc. X, era considerado um gráfico, protegido pelos privilégios reais, até 1710 com o advento do Estatuto da Rainha Ana. Com o passar dos anos, o editor foi assumindo a figura do velho tipógrafo, tendo como tarefas básicas a edição e fabricação de livros[191].

A Lei 5.988/73 definia o editor como *"a pessoa física ou jurídica que adquire o direito exclusivo de reprodução gráfica da obra"*. Em contrapartida, a Lei 9.610/98 ampliou essa definição, considerando o editor *"a pessoa física ou jurídica à qual se atribui o direito exclusivo de reprodução da obra e o dever de divulgá-la, nos limites previstos no contrato de edição"*.

Quanto à pessoa do editor, seja ela física ou jurídica, não houve modificações no dispositivo da nova Lei. Considerando o direito exclusivo de reprodução da obra, Plínio Cabral comenta que *"A reprodução não é apenas gráfica: trata-se da reprodução em geral, portanto, através de qualquer forma ou meio, existente ou que venha a existir, já que esta antevisão do futuro infere-se do conjunto da lei"*[192].

---

[190] *Idem*, p. 42-43.
[191] *Ibidem*, p. 44.
[192] CABRAL, Plínio. *Op. cit.*, p. 45.

A parte final do inc. X trata do dever de divulgar a obra obedecendo aos limites previstos no contrato de edição. Como se pode ver, o importante é que a obra seja reproduzida e divulgada. O meio não importa.

No inc. XI, o legislador trata do produtor, definido como a *"pessoa física ou jurídica que toma a iniciativa e tem a responsabilidade econômica da primeira fixação do fonograma ou da obra audiovisual, qualquer que seja a natureza do suporte utilizado"*.

No tocante à radiodifusão, prevista no inc. XII, a Lei 9.610/98 abandonou o critério anterior, que considerava a radiodifusão uma empresa e passou a considerá-la um sistema, conforme se demonstra[193]:

> **Radiodifusão** – *transmissão sem fio, inclusive por satélites, de sons ou imagens e sons ou das representações desses, para recepção ao público e a transmissão de sinais codificados, quando os meios de decodificação sejam oferecidos ao público pelo organismo de radiodifusão ou com seu consentimento*[194].

Para encerrar o art. 5º, o legislador traz, no inc. XIII, a conceituação de artistas intérpretes ou executantes, considerando-os *"todos os atores, cantores, músicos, bailarinos ou outras pessoas que representem um papel, cantem, recitem, declamem, interpretem ou executem em qualquer forma obras literárias ou artísticas ou expressões do folclore"*[195].

A Lei anterior falava apenas em artista. No entanto, a Lei de 1998 considerou os artistas intérpretes ou executantes, conceitos bastante distintos.

O art. 7º da Lei 9.610/98 trata das obras protegidas. Este dispositivo corresponde ao art. 6º da Lei 5.988/73.

---

[193] *Idem*, p. 45.
[194] BRASIL. Lei 9.610, de 19.02.1998.
[195] *Idem.*

Art. 7º. *São obras intelectuais protegidas as criações do espírito, expressas por qualquer meio ou fixadas em qualquer suporte, tangível ou intangível, conhecido ou que se invente no futuro, [...]*[196].

Conforme o *caput* do artigo acima, constata-se que a nova Lei, de forma mais ampla e completa, protege as criações do espírito, ou seja, a obra criativa não se confunde com a invenção técnica, pois esta última recebe outra proteção legal. Além disso, o meio pelo qual a obra venha a ser fixada é irrelevante, isto é, o texto pode ser colocado num disco, em CD Rom, banco de dados ou numa biblioteca virtual para ser acessado pela internet, pois, sendo uma criação do espírito, estará protegida pela lei de direitos autorais[197].

Os incisos do art. 7º indicam, de forma exemplificativa, as obras protegidas.

O inc. I aponta "*os textos de obras literárias, artísticas ou científicas*". Na Lei anterior, referia-se apenas a livros. Já a atual Lei trouxe uma modificação importante, ou seja, o conceito de livro passou a ser mais amplo, admitindo-se qualquer criação intelectual fixada em qualquer meio, conforme disposto no *caput* do art. 7º[198].

Os incs. II a VI referem-se à proteção das seguintes expressões criativas: "*conferências, alocuções, sermões e outras obras da mesma natureza*" (II), "*obras dramáticas e dramático-musicais*" (III), "*obras cinematográficas e pantonímicas, cuja execução cênica se fixe por escrito ou por outra qualquer forma*" (IV), "*composições musicais, tenham ou não letra*" (V), e "*obras audiovisuais, sonorizadas ou não, inclusive as cinematográficas*" (VI).

No tocante à proteção de fotografias, inc. VII, a legislação brasileira não impõe condições especiais, destacando proteção às "*obras fotográficas e às produzidas por qualquer processo análogo ao da fotografia*".

---

[196] BRASIL. Lei 9.610, de 19.02.1998.
[197] Cf. CABRAL, Plínio. *Op. cit.*, p. 49.
[198] *Idem*, p. 50.

Plínio Cabral acrescenta ainda que a matéria comporta, devido à sua natureza, *"o direito à imagem da pessoa fotografada, tratado no art.79 que se refere justamente à utilização da fotografia"*[199].

Os incs. VIII a XI contemplam a proteção às obras de desenho, pintura, gravura, escultura, litografia, arte cinética, ilustrações, cartas geográficas e outras obras da mesma natureza; projetos, esboços; obras plásticas concernentes à geografia, engenharia, topografia, arquitetura, paisagismo, cenografia, ciência; adaptações, traduções e outras transformações de obras originais, apresentadas como criação intelectual nova.

Os programas de computador, inseridos no inc. XII, também são objeto de proteção, considerados também como obras de criação. Contudo, esta proteção é objeto de legislação específica, ou seja, a Lei 9.609/98 que, segundo Plínio Cabral, poderia constituir-se num capítulo da Lei de Direitos Autorais[200].

Para finalizar a análise dos incisos do art. 7º, também são protegidas as coletâneas, compilações, dicionários, base de dados, enciclopédias e outras obras. O direito de autor protege a obra num todo e os autores que a criaram ou, de alguma forma, contribuíram com seu trabalho.

O art. 8º da Lei 9.610/98 menciona taxativamente o que não é protegido pelo direito de autor, isto é: I – as idéias, procedimentos normativos, sistemas, métodos, projetos ou conceitos matemáticos como tais; II – os esquemas, planos ou regras para realizar atos mentais, jogos ou negócios; III – os formulários em branco para serem preenchidos por qualquer tipo de informação, científica ou não, e suas instruções; IV – os textos de tratados ou convenções, leis, decretos, regulamentos, decisões judiciais e demais atos oficiais; V – as informações de uso comum tais como calendários, agendas, cadastros ou legendas; VI – os nomes e títulos isolados; e VII – o aproveitamento industrial ou comercial das idéias contidas nas obras.

---

[199] CABRAL, Plínio. *Op. cit.*, p. 54.
[200] Cf. *Idem*, p. 56.

A Lei 5.988/73, no art. 11, abrangia poucos itens, mencionando apenas os *"tratados ou convenções, decretos, regulamentos, decisões judiciais e demais atos oficiais"*. A Lei atual, como se constata acima, é mais completa e restritiva.

> *As idéias não são objeto de proteção. Isto é um conceito universalmente aceito. A lei protege a manifestação concreta do pensamento criador, aquele que se concretiza numa base qualquer, que possa ser vista, ouvida, sentida e, sobretudo, apropriada como bem móvel.*
>
> *Mas é evidente que a lei refere-se a obra de arte e que tenha tais características ou, ainda, o empenho intelectual na produção de algo original. A originalidade é importante. Daí por que não se pode proteger, como obra de arte, um simples formulário ou, mesmo, um papel em branco para ser preenchido.*
>
> *O ponto básico do direito de autor é a obra de arte como tal considerada*[201].

Plínio Cabral, em sua análise, ainda acrescenta que qualquer produto pode receber um tratamento criativo, gerando direitos autorais. Para tanto, cita o exemplo de leis, decretos, decisões judiciais, pois a lei não os protege. Contudo, quando o autor confere-lhes um tratamento especial, seja organizando, colocando um título, índice, notas, comentários etc., cria uma obra nova que a lei protegerá[202].

Mais à frente, os arts. 11 a 17 da Lei 9.610/98 trazem a definição de autor e co-autor, buscando identificar quem é o criador ou titular da obra intelectual.

> **Art. 11.** *Autor é a pessoa física criadora de obra literária, artística ou científica.*
>
> **Parágrafo único.** *A proteção concedida ao autor poderá aplicar-se às pessoas jurídicas nos casos previstos nesta lei.*

---

[201] CABRAL, Plínio. *Op. cit.*, p. 61.
[202] Cf. *Idem*, p. 62.

***Art. 12.** Para se identificar como autor, poderá o criador da obra literária, artística ou científica usar de seu nome civil, completo ou abreviado até por suas iniciais, de pseudônimo ou qualquer outro sinal convencional.*

***Art. 13.** Considera-se autor da obra intelectual, não havendo prova em contrário, aquele que, por uma das modalidades de identificação referidas no artigo anterior, tiver, em conformidade com o uso, indicada ou anunciada essa qualidade na sua utilização.*

***Art. 14.** É titular de direitos de autor quem adapta, traduz, arranja ou orquestra obra caída no domínio público, não podendo opor-se a outra adaptação, arranjo, orquestração ou tradução, salvo se for cópia da sua*[203].

Segundo os dispositivos acima, somente a pessoa física pode criar uma obra intelectual, visto que a pessoa jurídica somente pode ser titular de direitos de autor. A pessoa jurídica é considerada uma ficção desprovida de vontade própria, sensibilidade e criatividade, existindo para praticar atos necessários à vida industrial e comercial[204].

Bruno Jorge Hammes explica que

Uma coisa é ser proprietário de uma obra, e outra é ser seu autor ou ser titular do direito de autor.

[...]

*O art. 11 da nova lei considera autora a pessoa física, mas admite que a proteção concedida ao autor poderá aplicar-se às pessoas jurídicas nos casos previstos nessa lei. É autor (a lei diz **titular de direitos de autor**) quem adapta, traduz, arranja ou orquestra obra caída no domínio público, não podendo opor-se a outra adaptação, arranjo, orquestração ou tradução, salvo se for cópia da sua (art.14). Ao organizador cabe a titularidade dos direitos patrimoniais sobre o conjunto da obra coletiva (arts. 17, §2º e art. 5º, VIII, "h")*[205].

---

[203] BRASIL. Lei 9.610, de 19.02.1998.
[204] Cf. CABRAL, Plínio. *Op. cit.*, p. 65.
[205] HAMMES, Bruno Jorge. *Op. cit.*, p. 134.

Na Lei 5.988/73 existia a obra sob encomenda ou aquela realizada em função de contrato de trabalho, o que gerava discussões acerca de quem era o autor destas obras. A corrente majoritária, composta pelos países cujo ordenamento jurídico segue as concepções romanas, reconhece na pessoa física a capacidade para criar a obra de arte e engenho. Contudo, nos países de tradição anglo-saxônica, considera-se o encomendante da obra e a pessoa jurídica os titulares originários do direito de autor. É o que acontece nos Estados Unidos[206].

Mas a Lei 9.610/98 excluiu a figura da obra sob encomenda ou criada a partir de um contrato de trabalho, tornando o autor, exclusivamente, titular originário dos direitos sobre a obra que criou[207].

O entendimento de que o titular originário do direito de autor é o criador da obra intelectual, ou seja, a pessoa física, é pacífico na doutrina brasileira. Neste sentido, diz Carlos Alberto Bittar: *"De nossa parte, parece-nos irrefutável essa orientação: se se construiu todo um sistema para a proteção dos autores, o qual repousa na criação da obra – e só esse fato pode definir a sua paternidade –, não se justifica se possa originariamente conferir o direito a quem dela não tenha participado"*[208].

Complementa José Carlos Costa Netto:

Ao direito de autor interessa não a posição social ou a condição financeira, não a inteligência ou a erudição literária, artística ou científica, mas sim, a criatividade.

E esse é atributo indissociável da pessoa humana e não depende, necessariamente, de seu grau de acesso mesmo ao acervo cultural de obras anteriores, do mesmo gênero que a sua, ou a recursos sofisticados de ordem material ou técnica. O requisito

---

[206] Cf. CABRAL, Plínio. *Op. cit.*, p. 66.
[207] *Idem.*
[208] BITTAR, Carlos Alberto Bittar. **Direito de autor na obra feita sob encomenda**. São Paulo: Revista dos Tribunais, 1977. p. 81.

essencial da criação intelectual é a originalidade. Somente o seu atingimento trará à pessoa que a encontrou a condição de autor de obra intelectual[209].

Sendo assim, aquele que cria a obra intelectual é considerado o autor e titular originário do direito de autor. Aquele que organiza a obra, adapta, edita, traduz etc., é considerado o titular derivado do direito de autor, ou seja, o titular dos direitos patrimoniais, quando os adquire através da transferência de direitos. Neste caso, também incluem-se a pessoa jurídica e aqueles que adquirem estes direitos por vínculo sucessório[210].

No tocante à co-autoria, os art. 15 a 17 da Lei 9.610/98 dispõem:

> ***Art. 15.*** *A co-autoria da obra é atribuída àqueles em cujo nome, pseudônimo ou sinal convencional for utilizada.*
>
> *§ 1º Não se considera co-autor quem simplesmente auxiliou o autor na produção da obra literária, artística ou científica, revendo-a, atualizando-a, bem como fiscalizando ou dirigindo sua edição ou apresentação por qualquer meio.*
>
> *§ 2º Ao co-autor, cuja contribuição possa ser utilizada separadamente, são asseguradas todas as faculdades inerentes à sua criação como obra individual, vedada, porém, a utilização que possa acarretar prejuízo à exploração da obra comum.*
>
> ***Art. 16.*** *São co-autores da obra audiovisual o autor do assunto ou argumento literário, musical ou litero-musical e o diretor.*
>
> ***Parágrafo único.*** *Consideram-se co-autores de desenhos animados os que criam os desenhos utilizados na obra audiovisual.*
>
> ***Art. 17.*** *É assegurada a proteção às participações individuais em obras coletivas.*
>
> *§ 1º Qualquer dos participantes, no exercício de seus direitos morais, poderá proibir que se indique ou anuncie seu nome na obra coletiva, sem prejuízo do direito de haver a remuneração contratada.*

---

[209] COSTA NETTO, José Carlos. *Op. cit.*, p. 60.
[210] Cf. BITTAR, Carlos Alberto Bittar. **Direito de autor**. p. 33-34.

> *§ 2º Cabe ao organizador a titularidade dos direitos patrimoniais sobre o conjunto da obra coletiva.*
>
> *§ 3º O contrato com o organizador especificará a contribuição do participante, o prazo para entrega ou realização, a remuneração e demais condições para sua execução*[211].

A Lei 5.988/73 chamava de cooperação o que tratamos hoje por co-autoria. O co-autor é um autor colaborador ou associado de uma obra[212]. Já a obra em co-autoria é aquela realizada em comum, por dois ou mais autores, conjugando simultaneamente os esforços para chegar a um resultado, isto é, a criação intelectual[213].

Analisando os dispositivos da Lei 9.610/98, referentes à co-autoria, Bruno Jorge Hammes destaca que o art. 15 apresenta uma ambigüidade. Assim questiona: *"É co-autor por que seu nome etc. é assim utilizado? Ou é co-autor porque criou juntamente com outra pessoa? A última parece caracterizar a co-autoria"*. Prossegue o autor dizendo que aquele que apenas auxiliou o autor na produção da obra, revendo-a, atualizando-a, fiscalizando ou dirigindo a sua edição ou apresentação por qualquer meio, não é co-autor[214].

Outra situação a destacar é a participação em parte de uma grande obra, como, por exemplo, um dicionário, coletâneas ou enciclopédias. Neste tipo de obra, o autor é o coordenador ou organizador, e os autores de trabalhos selecionados não se tornam co-autores do trabalho[215].

O cônjuge, ainda que o regime de bens no casamento seja o da comunhão universal, não é co-autor e não há comunicabilidade dos direitos de autor, salvo na existência de pacto antenupcial. E se houver pacto, não há co-autoria[216].

---

[211] BRASIL. Lei 9.610, de 19.02.1998.
[212] Cf. HAMMES, Bruno Jorge. *Op. cit.*, p. 135.
[213] Cf. BITTAR, Carlos Alberto. *Op. cit.*, p. 36-37.
[214] HAMMES, Bruno Jorge. *Op. cit.*, p. 135.
[215] Cf. *Idem*, p. 135-136.
[216] *Ibidem*, p. 136.

Para Plínio Cabral, "*a co-autoria gera um sistema de propriedade naturalmente diferenciado*", pois a obra produzida por dois ou mais autores pode ser divisível ou indivisível. Se for divisível, o co-autor pode aproveitá-la separadamente, desde que não prejudique a exploração da obra comum, ou seja, não poderá colocar à venda a sua parte se ainda estiver no mercado, exceto se houver acordo entre os interessados permitindo este ato. Sendo indivisível, exercem seus direitos em comum acordo[217].

No que diz respeito às obras coletivas, cabe ao organizador a titularidade dos direitos patrimoniais, sendo estes exercidos sobre a obra como um todo. O contrato é firmado entre o editor ou produtor e o organizador, fato que não exclui os direitos dos outros participantes, conforme destacado no art. 17 da Lei 9.610/98, que podem firmar um contrato com o organizador[218].

Portanto, no que concerne ao autor e à co-autoria, deve-se saber que o autor é aquele está ligado direta e exclusivamente à criação da obra, enquanto que o co-autor é aquele que colabora simultaneamente com o autor para chegar a um resultado final, ou seja, a obra intelectual.

Mais adiante, a Lei 9.610/98 traz nos seus arts. 18 a 21, o conteúdo pertinente ao registro de d ireito de autor, que será melhor analisado no 3º capítulo deste trabalho.

Nos arts. 22 a 40, do Título III, a Lei 9.610 trata dos direitos do autor, englobando os direitos morais e patrimoniais[219].

O art.22 destaca que "*pertencem ao autor os direitos morais e patrimoniais sobre a obra que criou*". Observa-se, a partir daí, a existência de prerrogativas relacionadas aos vínculos morais e patrimoniais do titular da obra[220].

---

[217] Cf. CABRAL, Plínio. *Op. cit.*, p. 71-72.
[218] *Idem*, p. 72.
[219] Serão destacados apenas os dispositivos gerais referentes aos direitos morais e patrimoniais do autor, tendo em vista que a análise de particularidades previstas na Lei caracterizaria uma fuga do objeto de estudo.
[220] Cf. BITTAR, Carlos Alberto. *Op. cit.*, p. 45.

Carlos Alberto Bittar distingue estes vínculos:

> [...] *os direitos de cunho moral se relacionam à defesa da personalidade do criador, consistindo em verdadeiros óbices a qualquer ação de terceiros com respeito à sua criação; já os direitos de ordem patrimonial se referem à utilização econômica da obra, representando os meios pelos quais o autor dela pode retirar proventos pecuniários.*
>
> *Os direitos morais são reconhecidos em função do esforço e do resultado criativo, a saber, da operação psicológica, com a qual se materializa, a partir do nascimento da obra, verdadeira externação da personalidade do autor. Os direitos patrimoniais advêm, como resultado da utilização econômica da obra, da decisão do autor de comunicá-la ao público e sob os modos que melhor atendam ao seu interesse*[221].

Além disso, estes direitos possuem características fundamentais, tais como: a pessoalidade, perpetuidade, inalienabilidade, irrenunciabilidade, imprescritibilidade e impenhorabilidade. A princípio, são direitos de natureza pessoal, inserindo-se nessa categoria os direitos de ordem personalíssima; são perpétuos ou perenes, não se extinguindo jamais; são inalienáveis, proibidos de ingressar no comércio jurídico, mesmo se o quiser o criador, pois deles não pode dispor; são irrenunciáveis, pois estes direitos não cessam; são imprescritíveis, comportando, pois, exigência por via judicial a qualquer tempo; e, por último, são inembargáveis, não suportando constrição judicial[222].

O art. 24 traz a relação dos direitos morais do autor, podendo ser resumidos nos direitos de paternidade (I – ligar o nome à obra), nominação (II – dar nome à obra), integridade (II, III, IV e V – introduzir alterações na obra, conservá-la inédita ou modificá-la), retirada de circulação e outros (VI – retirar de circulação ou suspender utilização autorizada; acesso a exemplar único e raro da obra)[223].

---

[221] *Idem*, p. 46.
[222] Cf. *Ibidem*. p. 48.
[223] Cf. BITTAR, Carlos Alberto. *Op. cit.*, p. 48.

Esta relação trazida nos incisos do art. 24 não é taxativa, apenas sintetiza os objetivos centrais do direito de autor, bem como, o direito ao respeito à personalidade do autor e à intangibilidade de sua obra[224].

Ademais, na opinião de Plínio Cabral, os direitos morais do autor não nascem com a personalidade, e sim, com a elaboração da obra. Estes direitos fazem parte do seu criador, nascendo quando a obra é fixada num suporte material[225].

Um aspecto interessante dos direitos morais é que os mesmos não podem ser objeto de contrato, ou seja, *"qualquer estipulação contratual tendo em vista os direitos morais é nula de pleno direito"*[226].

Além disso, dentro dos direitos morais do autor, há o direito de arrependimento, que estava previsto na Lei 5.988/73, assegurando ao autor o direito de "retirá-la de circulação, ou de lhe suspender qualquer forma de utilização", resguardando o direito de terceiros. Não obstante, a Lei atual também assegura este direito, mas seu exercício ficou mais difícil e condicionado à prova, podendo o autor exercê-lo *"quando a circulação ou utilização implicarem afronta à sua reputação e imagem"*[227].

Os arts. 25 e 26 tratam de aspectos dos direitos morais do autor aplicados a casos específicos, isto é, à obra audiovisual e aos projetos arquitetônicos, não havendo necessidade de análise para não fugir do tema deste trabalho.

O art. 27 menciona duas características da natureza dos direitos morais: a inalienabilidade e a irrenunciabilidade, já destacadas anteriormente.

No que concerne aos direitos patrimoniais, o art. 28 ressalta:

---

[224] *Idem*, p. 49.
[225] Cf. CABRAL, Plínio. *Op. cit.*, p. 77.
[226] *Idem*, p. 78.
[227] *Ibidem*, p. 79.

> **Art. 28.** *Cabe ao autor o direito exclusivo de utilizar, fruir e dispor da obra literária, artística ou científica*[228].

Carlos Alberto Bittar define os direitos patrimoniais como aqueles *"referentes à utilização econômica da obra, por todos os processos técnicos possíveis"*[229].

No entanto, qualquer uso econômico da obra somente será legítimo se tiver a autorização do autor para sua realização, conforme dispõe o art. 29:

> **Art. 29.** *Depende de autorização prévia e expressa do autor a utilização da obra, por quaisquer modalidades, tais como: [...]*

O dispositivo acima traz dez incisos, mais alíneas, enumerando os direitos patrimoniais do autor, que podem ser resumidos na faculdade de o autor usar ou autorizar a utilização de obra, no todo ou em parte; dipor desse direito a qualquer título; transmitir os direitos a outrem, total ou parcialmente, entre vivos ou por sucessão[230].

Segundo Plínio Cabral, a Lei 5.988/73 não fazia referência à forma de autorização, mas a Lei atual diz que ela deve ser prévia e expressa. Portanto, presume-se que esta autorização seja por escrito[231].

A propósito, Carlos Alberto Bittar cita as características básicas dos direitos patrimoniais:

> *O cunho real ou patrimonial (da relação direta com a obra); o caráter de bem móvel (art. 3º), exatamente para efeito de disposição pelos meios possíveis; a alienabilidade, para permitir o*

---

[228] BRASIL. Lei 9.610, de 19.02.1998.
[229] BITTAR, Carlos Alberto. *Op. cit.*, p. 49.
[230] Cf. *Idem*, p. 50.
[231] CABRAL, Plínio. *Op. cit.*, p. 85.

seu ingresso no comércio jurídico (arts. 29 e 49), transmitindo-se por via contratual ou sucessória; a temporaneidade, ou seja, limitação no tempo (arts. 41 e ss. e 96), que confere ao Direito de Autor conotação especial dentre os direitos privados, ao lado das outras particularidades apontadas; a penhorabilidade, ou seja, a possibilidade de sofrer constrição judicial, em face da condição de direitos disponíveis, salvo o disposto no art. 76; a prescritibilidade, ou seja, a perda da ação por inércia, no lapso de tempo legal, que será, aplicando-se o princípio de que inexistente norma especial a respeito valer-se-á o aplicador daquela comum ou geral, o da lei civil comum (arts. 205 e 206 do novo Código Civil), em face do veto sofrido pelo art. 111 da Lei 9.610/98, que deixou em aberto o Capítulo III do Título VII que trata da prescrição da ação.

Ademais, os direitos patrimoniais são independentes entre si (princípio da divisibilidade dos direitos patrimonais, art. 31), podendo cada qual ser utilizado à vontade do autor e negociado com pessoas diferentes [...][232].

Para Plínio Cabral, o direito patrimonial do autor está diretamente ligado ao conceito de propriedade, constituindo-se num direito real. Mas essa propriedade é material, configurada em algo palpável, e, ao mesmo tempo, incorpórea[233].

A respeito da propriedade, Orlando Gomes ensina que a propriedade é um direito complexo que consiste num feixe de direitos consubstanciados nas faculdades de usar, gozar, dispor e reivindicar a coisa que lhe serve de objeto. Levando-se em conta os poderes do titular, a propriedade constitui-se no mais amplo direito de utilização econômica das coisas, direta ou indiretamente. O proprietário tem a faculdade de servir-se da coisa, de lhe perceber os frutos e produtos, e lhe dar a destinação que lhe aprouver[234].

Na seqüência, ainda sobre os direitos patrimoniais, o art. 30 dispõe:

---

[232] BITTAR, Carlos Alberto. *Op. cit.*, p. 50.
[233] Cf. CABRAL, Plínio. *Op. cit.*, p. 84.
[234] Cf. GOMES, Orlando. **Direitos reais**. 8. ed. Rio de Janeiro: Forense, 1983. p. 84-85.

> **Art. 30.** *No exercício do direito de reprodução, o titular dos direitos autorais poderá colocar à disposição do público a obra, na forma, local e pelo tempo que desejar, a título oneroso ou gratuito.*
>
> *§ 1º O direito de exclusividade de reprodução não será aplicável quando ela for temporária e apenas tiver o propósito de tornar a obra, fonograma ou interpretação perceptível em meio eletrônico ou quando for de natureza transitória e incidental, desde que ocorra no curso do uso devidamente autorizado da obra, pelo titular.*
>
> *§ 2º Em qualquer modalidade de reprodução, a quantidade de exemplares será informada e controlada, cabendo a quem reproduzir a obra a responsabilidade de manter os registros que permitam, ao autor, a fiscalização do aproveitamento econômico da exploração*[235].

Este dispositivo trata do exercício dos direitos autorais nos casos de reprodução, garantindo ao autor o direito de dispor de sua obra para reprodução. E nos parágrafos, encontram-se as exceções que visam flexibilizar o uso da reprodução em casos especiais.

Na opinião de Plínio Cabral, o § 2º alerta àquele que reproduz obras protegidas que a reprodução da obra depende de autorização do autor, que há o dever de informar e controlar as quantidades de cópias, e que existe a responsabilidade de manter registros favorecendo a fiscalização do autor no que tange ao aproveitamento econômico da exploração[236].

Continuando, o autor exemplifica:

> *Uma empresa ou instituição que se dedique à cópia de obras protegidas só poderá fazê-lo dentro dos limites que a lei estipula, isto é, basicamente, tendo autorização do autor e mantendo registro de controle das cópias efetuadas. Este registro é indispensável para o recolhimento dos direitos autorais*[237].

---

[235] BRASIL. Lei 9.610, de 19.02.1998.
[236] Cf. CABRAL, Plínio. *Op. cit.*, p. 91.
[237] CABRAL, Plínio. *Op. cit.*, p. 91.

A Lei 5.988/73 não previa o aspecto mencionado acima, o que permitiu a violação constante dos direitos autorais, que mais tarde foi inserido na Lei 9.610/98.

Há, ainda, os casos de licença ou cessão de direitos em que deve haver autorização do autor e delimitação das condições de uso da obra. Se, na exploração da obra intelectual, forem ultrapassados os limites contratados, caracterizar-se-á um inadimplemento contratual somado à prática de ato ilícito pela inexistência da autorização para uso extracontratual, razão pela qual as condições de uso e a remuneração do autor a título de direitos patrimoniais devam constar adequadamente no contrato de licenciamento ou no instrumento de cessão[238].

A reprodução de obra, que ainda não tenha caído em domínio público, não pode acontecer sem que haja permissão do autor. É o que diz o art. 33:

> *Art. 33.* Ninguém pode reproduzir obra que não pertença ao domínio público, a pretexto de anotá-la, comentá-la ou melhorá-la, sem permissão do autor.
>
> *Parágrafo único.* Os comentários ou anotações poderão ser publicados separadamente[239].

Este dispositivo é uma seqüência dos direitos patrimoniais do autor, visando proibir os abusos que ocorrem no uso de comentários, principalmente, em livros didáticos.

Plínio Cabral explica que "*o comentarista, ou crítico, pode publicar suas anotações em separado, mas não pode apropriar-se de um direito que não lhe pertence, reproduzindo obra alheia*"[240].

---

[238] Cf. COSTA NETTO, José Carlos. *Op. cit.*, p. 79.
[239] BRASIL. Lei 9.610, de 19.02.1998.
[240] CABRAL, Plínio. *Op. cit.*, p. 94.

Assim como os direitos morais, os direitos patrimoniais, entre cônjuges, não se comunicam, exceto na existência de pacto antenupcial prevendo este caso. É a letra do art. 39:

> *Art. 39. Os direitos patrimoniais do autor, excetuados os rendimentos resultantes de sua exploração, não se comunicam, salvo pacto antenupcial em contrário*[241].

A aquisição originária do patrimônio autoral se dá pela ação pessoal do autor, não podendo ser adquirida na constância do casamento pela ação comum dos cônjuges, exceto no caso de co-autoria. Então, sendo o ato criador uma particularidade pessoal ou atributo individual, não há que se falar, havendo inexistência de pacto antenupcial, na comunicabilidade dos direitos patrimoniais do autor. Entretanto, os rendimentos que resultam da exploração da criação resultam do comércio e nada têm a ver com o ato criador, se comunicam[242].

No tocante à duração da proteção dos direitos patrimoniais, a Lei 9.610/98 prevê um prazo de setenta anos contados a partir de 1º de janeiro do ano subseqüente ao falecimento do autor.

> *Art. 41. Os direitos patrimoniais do autor perduram por setenta anos contados de 1º de janeiro do ano subseqüente ao de seu falecimento, obedecida a ordem sucessória da lei civil.*
>
> *[...]*
>
> *Art. 45. Além das obras em relação às quais decorreu o prazo de proteção aos direitos patrimoniais, pertencem ao domínio público:*
>
> *I – as de autores falecidos que não tenham deixado sucessores;*
>
> *II – as de autor desconhecido, ressalvada a proteção legal aos conhecimentos étnicos e tradicionais*[243].

---

[241] BRASIL. Lei 9.610, de 19.02.1998.
[242] CABRAL, Plínio. *Op. cit.*, p. 94 e 107.
[243] BRASIL. Lei 9.610, de 19.02.1998.

No Estatuto da Rainha Anna, o direito de exploração da obra intelectual era concedido aos autores por 14 anos, prorrogáveis por mais 14. E na época de instalação dos cursos jurídicos no Brasil, esse direito era concedido aos professores, sobre suas aulas, pelo período de 10 anos[244].

A Convenção de Berna, em seu art. 7º, itens 1 e 6, declara:

A proteção concedida pela presente convenção se estenderá durante a vida do autor e cinqüenta anos depois de sua morte.

[...]

Os países da União têm a faculdade de conceder prazos de proteção maiores do que os previstos nos parágrafos precedentes[245].

E a Lei 5.988/73 previa em seu art. 42, que "*os direitos patrimoniais do autor perduram por toda a sua vida*", e filhos, pais e cônjuges gozavam destes direitos também por toda a vida. Contudo, os demais herdeiros só poderiam usufruir destes direitos por 60 anos, a partir da morte do autor[246].

Já a Lei 9.610/98 fixou em 70 anos, após a morte do autor, o prazo para exploração dos direitos patrimoniais, não fixando qualquer ordem de sucessão e remetendo à lei civil a resolução desta questão. Além disso, a redação do art. 41 merece uma emenda, tendo em vista que, em nenhum momento, a Lei se refere à duração dos direitos enquanto o autor for vivo, ao contrário do que declarava a lei anterior[247].

Portanto, como visto anteriormente, a exploração dos direitos patrimoniais do autor, após a sua morte, obedece a um limite

---

[244] Cf. CABRAL, Plínio. *Op. cit.*, p. 111.
[245] OMPI. **Convenção de Berna para a proteção das obras literárias e artísticas.** Disponível em: <http://www.wipo.int/clea/docs/es/wo/wo001es.htm>. Acesso em: 25 jun. 2002.
[246] Cf. CABRAL, Plínio. *Op. cit.*, p. 114.
[247] *Idem*, p. 113.

fixado na lei, e, esgotado o prazo, a obra cai em domínio público, podendo ser explorada livremente.

No entanto, quando a obra cai em domínio público, não há que se falar em direitos morais, pois estes são inalienáveis, irrenunciáveis e imprescritíveis. A obra em domínio público não pode ser alterada, nem mesmo pelos sucessores do autor[248].

Sendo assim, cabe ao Estado resguardar a obra, que passa a constituir o patrimônio cultural da nação. E a disponibilidade pública, dependendo do uso que lhe for dado, pode gerar direitos autorais, a exemplo do que dispõe o art. 14 da Lei 9.610/98: *"é titular de direitos de autor quem adapta, traduz, arranja ou orquestra obra caída em domínio público"*. Assim, se alguém der características próprias a um trabalho que caiu em domínio público, originará proteção legal[249].

Interessante é que na legislação de países como a Argentina, Bolívia, Hungria, Itália, México, Uruguai e outros países, o domínio público é remunerado. No Brasil, isto ocorria na vigência da Lei 5.988/73, mas o dispositivo que previa esta remuneração foi revogado em 1983. Na lei atual, não é permitida a remuneração pela utilização de obra caída em domínio público, considerando que isto restringe a sua utilização e viola a própria finalidade do instituto[250].

A Lei 9.610/98 dispõe de um capítulo referente às limitações aos direitos autorais, tratando de *"exceções ao princípio segundo o qual ninguém pode reproduzir, comunicar ao público ou utilizar de qualquer outra forma uma obra de que não seja autor"*[251].

Esclarece Bruno Jorge Hammes:

---

[248] *Ibidem*, p. 117.
[249] *Ibidem*, p. 118.
[250] *Ibidem*.
[251] UNESCO. *Op. cit.*, p. 50.

> *De modo geral, o autor tem interesse em que sua obra seja conhecida e adquirida. Conseqüentemente, o autor não pode encastelar-se em seus direitos exclusivos.*
>
> *[...]*
>
> *As limitações estabelecidas permitem a utilização sem necessidade de qualquer autorização e de qualquer remuneração aos autores. Há, contudo, os casos em que a utilização independe de autorização, mas exige um pagamento adequado*[252].

Na Lei 9.610/98, os dispositivos que tratam das limitações dos direitos autorais informam quais os casos em que a reprodução, citação, utilização ou representação de uma obra não se constituem em ofensa ao direito de autor.

O art. 46 dispõe das limitações mais importantes:

> ***Art. 46.*** *Não constitui ofensa aos direitos autorais:*
>
> *I – a reprodução:*
>
> *a) na imprensa diária ou periódica, de notícia ou de artigo informativo, publicado em diários ou periódicos, com a menção do nome do autor, se assinados, e da publicação de onde foram transcritos;*
>
> *b) em diários ou periódicos, de discursos pronunciados em reuniões públicas de qualquer natureza;*
>
> *c) de retratos, ou de outra forma de representação da imagem, feitos sob encomenda, quando realizada pelo proprietário do objeto encomendado, não havendo a oposição da pessoa neles representada ou de seus herdeiros;*
>
> *d) de obras literárias, artísticas ou científicas, para uso exclusivo de deficientes visuais, sempre que a reprodução, sem fins comerciais, seja feita mediante o sistema Braille ou outro procedimento em qualquer suporte para esses destinatários;*
>
> *II – a reprodução, em um só exemplar de pequenos trechos, para uso privado do copista, desde que feita por este, sem intuito de lucro;*
>
> *III – a citação em livros, jornais, revistas ou qualquer outro meio de comunicação, de passagens de qualquer obra, para fins de estudo,*

---

[252] HAMMES, Bruno Jorge. *Op. cit.*, p. 92.

crítica ou polêmica, na medida justificada para o fim a atingir, indicando-se o nome do autor e a origem da obra;

IV – o apanhado de lições em estabelecimentos de ensino por aqueles a quem elas se dirigem, vedada sua publicação, integral ou parcial, sem autorização prévia e expressa de quem as ministrou;

V – a utilização de obras literárias, artísticas ou científicas, fonogramas e transmissão de rádio e televisão em estabelecimentos comerciais, exclusivamente para demonstração à clientela, desde que esses estabelecimentos comercializem os suportes ou equipamentos que permitam a sua utilização;

VI – a representação teatral e a execução musical, quando realizadas no recesso familiar ou, para fins exclusivamente didáticos, nos estabelecimentos de ensino, não havendo em qualquer caso intuito de lucro;

VII – a utilização de obras literárias, artísticas ou científicas para produzir prova judiciária ou administrativa;

VIII – a reprodução, em quaisquer obras, de pequenos trechos de obras preexistentes, de qualquer natureza, ou de obra integral, quando de artes plásticas, sempre que a reprodução em si não seja o objetivo principal da obra nova e que não prejudique a exploração normal da obra reproduzida nem cause um prejuízo injustificado aos legítimos interesses dos autores[253]*.*

Como se observa, a reprodução de notícia ou artigo na imprensa diária ou periódica, isto é, a transcrição de notícias, é permitida, desde que a fonte seja citada e que o aproveitamento da atividade alheia não seja integral. O mesmo ocorre com discursos pronunciados em reuniões públicas, que podem ser reproduzidos, também, em diários ou periódicos[254].

A alínea "c", do artigo em questão, é um tanto equivocada, pois trata de obra feita sob encomenda, e esta não foi regulamentada pela Lei 9.610/98. *"Este item portanto, trata de um assunto inexistente no texto legal... Seja como for, é livre a divulgação de retratos, quando feita pelo proprietário da obra e desde que não exista oposição da pessoa do retratado"*[255].

---

[253] BRASIL. Lei 9.610, de 19.02.1998.
[254] Cf. CABRAL, Plínio. *Op. cit.*, p. 121
[255] *Idem*, p. 122

A alínea seguinte contempla os deficientes visuais, declarando a liberdade de reprodução de obras em braille ou em outro procedimento em qualquer suporte para estes destinatários, desde que não tenha fins comerciais.

O inc. II trata da permissão de reprodução de pequenos trechos de um só exemplar, desde que seja para uso privado do copista e sem intuito de lucro.

A Lei 5.988/73, no art. 49, II, dizia:

> **Art. 49.** *Não constitui ofensa aos direitos do autor:*
>
> *[...]*
>
> *II – A reprodução, em um só exemplar, de qualquer obra, contando que não se destine à utilização com intuito de lucro*[256].

Segundo Plínio Cabral, a interpretação desse artigo resultou numa vasta indústria de reproduções de livros, chegando à estatística de que são tiradas 20 bilhões de cópias ilegais anualmente, só no Brasil[257].

Acrescenta o autor que *"em 1994 a Câmara Brasileira do Livro estimou os prejuízos provocados pela reprodução ilegal de livros em 200 milhões de dólares"*[258].

A respeito disso, tratou a Convenção de Berna em seu art. 9º, item 2:

> *Reserva-se às legislações dos países da União a faculdade de permitir a reprodução de ditas obras em determinados casos especiais, desde que essa reprodução não atente contra a exploração normal da obra e nem cause um prejuízo injustificado aos interesses legítimos do autor*[259].

---

[256] BRASIL. Lei 5.988, de 15.12.1973.
[257] Cf. CABRAL, Plínio. *Op. cit.*, p. 122.
[258] CABRAL, Plínio. *Op. cit.*, p. 123.
[259] OMPI. **Convenção de Berna para a proteção de obras literárias e artísticas**. Disponível em: <http://www.wipo.int >. Acesso em: 19 mai. 2003.

A Lei 9.610/98, através da redação do art. 46, II, modificou o enfoque anterior, concluindo que: a) é permitida a reprodução em um só exemplar, ou seja, é proibido copiar trechos de livros em vários exemplares ou colocá-los à disposição pública em grandes quantidades; b) esses trechos devem ser pequenos, não se pode copiar o livro inteiro e nem a metade; c) deve ser para uso privado daquele que o copiou, jamais para estoque e venda; e d) a cópia deve ser feita pelo copista, e se o mesmo não manipula máquinas copiadoras, não pode haver pagamento em retribuição, pois implicaria lucro e prática de comércio[260].

O inc. III, do art. 46, trata da citação de passagens de qualquer obra, desde que tenha fins de estudo, crítica ou polêmica, que este uso justifique um fim a atingir e que seja indicado o nome do autor e a origem da obra.

A Lei 5.988/73 não previa este dispositivo, o que ocasionou uma série de abusos e transformou "*aquilo que deveria ser uma simples citação em verdadeiras transcrições da obra*"[261].

O inc. IV refere-se à permissão de se fazer um apanhado de aulas, sendo que a publicação depende de autorização expressa do professor que a ministrou, tendo em vista que ele será o autor do material.

A utilização da obra intelectual, independente de sua natureza, para demonstração à clientela de estabelecimento comercial, é também permitida, conforme inc. V, desde que o estabelecimento comercialize suportes ou equipamentos que permitam a sua utilização.

Também não violam os direitos autorais a realização de representação teatral ou execução musical em recinto familiar ou em estabelecimento de ensino, para fins didáticos, desde que não haja intuito de lucro, conforme dispõe o inc. VI.

O inc. VII trata da permissão de utilização de obras de qualquer natureza na produção de provas judiciária ou administrativa.

---

[260] Cf. CABRAL, Plínio. *Op. cit.*, p. 124-125.
[261] *Idem*, p. 126.

E o último inciso do art. 46, inc. VIII, trata da permissão de reprodução de pequenos trechos de obras preexistentes, de qualquer natureza, ou de obra integral, no caso de artes plásticas, quando a reprodução em si não seja o objetivo principal da obra nova e que não prejudique a exploração da obra reproduzida e nem cause prejuízo aos interesses dos autores.

Interpreta Plínio Cabral:

> *A importância desse item reside no fato de que certas obras, especialmente didáticas, pela sua natureza, muitas vezes requerem a reprodução de trechos de obras preexistentes ou, ainda, de obras de artes plásticas integrais. É claro que dificilmente se poderá transcrever parte de uma obra de artes plásticas.*
>
> *A premissa básica dessa liberdade legal é que a transcrição da obra preexistente não constitua o objetivo em si da obra. Não pode substituir a obra transcrita de tal forma que "cause um prejuízo injustificado aos legítimos interesses dos autores".*
>
> *[...]*
>
> *A regra aplicada é simples: retirando-se da obra nova o texto ou a ilustração ele deverá continuar existindo, tendo lógica, princípio, meio e fim. O material utilizado deve, portanto, ser absolutamente acessório. Retirado, não afeta a integridade da obra nova*[262].

A transferência dos direitos de autor é abordada nos art. 49 a 52 da Lei 9.610/98.

> ***Art. 49.*** *Os direitos de autor poderão ser total ou parcialmente transferidos a terceiros, por ele ou por seus sucessores, a título universal ou singular, pessoalmente ou por meio de representantes com poderes especiais, por meio de licenciamento, concessão, cessão ou por outros meios admitidos em Direito, obedecidas as seguintes limitações:*
>
> *I – a transmissão total compreende todos os direitos de autor, salvo os de natureza moral e os expressamente excluídos por lei;*

---

[262] CABRAL, Plínio. *Op. cit.*, p. 127.

II – somente se admitirá transmissão total e definitiva dos direitos mediante estipulação contratual escrita;

III – na hipótese de não haver estipulação contratual escrita, o prazo máximo será de cinco anos;

IV – a cessão será válida unicamente para o país em que se firmou o contrato, salvo estipulação em contrário;

V – a cessão só se operará para modalidades de utilização já existentes à data do contrato;

VI – não havendo especificações quanto à modalidade de utilização, o contrato será interpretado restritivamente, entendendo-se como limitada apenas a uma que seja aquela indispensável ao cumprimento da finalidade do contrato.

Art. 50. *A cessão total ou parcial dos direitos de autor, que se fará sempre por escrito, presume-se onerosa.*

§ 1º Poderá a cessão ser averbada à margem do registro a que se refere o art. 19 desta Lei, ou, não estando a obra registrada, poderá o instrumento ser registrado em Cartório de Títulos e Documentos.

§ 2º Constarão do instrumento de cessão como elementos essenciais seu objeto e as condições de exercício do direito quanto a tempo, lugar e preço.

Art. 51. *A cessão dos direitos de autor sobre obras futuras abrangerá, no máximo, o período de cinco anos.*

Parágrafo único. *O prazo será reduzido a cinco anos sempre que indeterminado ou superior, diminuindo-se, na devida proporção, o preço estipulado.*

Art. 52. *A omissão do nome do autor, ou de co-autor, na divulgação da obra não presume o anonimato ou a cessão de seus direitos*[263].

A partir do dispositivo em destaque, observa-se que o legislador menciona diferentes meios de transferência do direito de autor, seja ela por licenciamento, concessão, cessão ou por outros meios admitidos em direito.

Entretanto, a lei não aborda estas formas de transferência, limitando-se, somente, a definir condições para o ato, referindo-se à cessão.

---

[263] BRASIL. Lei 9.610, de 19.02.1998.

A cessão, segundo Aurélio Buarque de Holanda Ferreira, "*é o ato de ceder, isto é, transferir (a outrem) direitos, posse ou propriedade de alguma coisa; pôr algo à disposição de alguém; renunciar; desistir*"[264].

Complementa Plínio Cabral:

> *[...] na cessão, o autor despoja-se de seus direitos sobre uma propriedade que pode continuar a existir indefinidamente e, inclusive, assumir um valor futuro, extraordinário. O cessionário adquire o direito de explorar a obra economicamente de forma absoluta e definitiva. Mas, nem por isso, ele se investe nos direitos e na condição do próprio autor que continua na posse de suas prerrogativas morais. Pode, por exemplo, arrepender-se da obra e até retirá-la de circulação ou emendá-la. Trata-se, realmente, de um negócio **sui generis**[265].*

Os incisos do art. 49 expressam algumas regras: a) a exclusão dos direitos morais na transferência do direito de autor; b) o contrato deve ser escrito, pois a lei exige a permissão prévia e expressa do autor; c) se não tiver contrato escrito, a transferência tem a duração de apenas 5 anos; d) deve haver especificação dos países para os quais valerá a cessão, caso contrário, só terá validade onde se firmou o contrato; e) a cessão só valerá para as modalidades de comunicação existentes na data de assinatura do contrato e não, para meios que venham a ser descobertos no futuro; e f) no contrato deve haver especificação da modalidade em que a obra será fixada e divulgada; se não, valerá apenas para a forma indispensável ao seu cumprimento[266].

O art. 50 dispõe que "*a cessão total ou parcial dos direitos de autor, que se fará sempre por escrito, presume-se onerosa*". Contudo, não se exclui aqui a gratuidade que, existindo, deve ser colocada entre as cláusulas contratuais.

---

[264] HOLANDA, Aurélio Buarque de. *Op. cit.*, p. 383.
[265] CABRAL, Plínio. *Op. cit.*, p. 132.
[266] Cf. CABRAL, Plínio. *Op. cit.*, p. 134.

A obra futura também é regulamentada no art. 51 da Lei 9.610/98: "*A cessão dos direitos de autor sobre obras futuras abrangerá, no máximo, o período de cinco anos*". O autor pode vender obra futura, ou seja, dispor de um bem que ainda não possui, contudo, há limitação de tempo.

Na seqüência, a Lei 9.610/98 trata da utilização de obras (Título IV), direitos conexos (Título V) e associações de titulares de direito de autor e conexos (Título VI). Entretanto, por não constituírem o objeto de estudo deste trabalho, não serão analisados.

Resta destacar, então, para finalizar a análise da lei brasileira, as sanções civis previstas nos casos de violações dos direitos autorais (Título VII).

O capítulo I, do Título VII, inicia com o art. 101:

> **Art. 101.** *As sanções civis de que trata este Capítulo aplicam-se sem prejuízo das penas cabíveis*[267].

Constata-se, a partir do destaque acima, que a sanção civil jamais obstou a sanção penal.

O art. 102 confere ao titular da obra o uso de medida cautelar para resguardar seus direitos. Diz o artigo:

> **Art. 102.** *O titular cuja obra seja fraudulentamente reproduzida, divulgada ou de qualquer forma utilizada, poderá requerer a apreensão dos exemplares reproduzidos ou a suspensão da divulgação, sem prejuízo da indenização cabível*[268].

Plínio Cabral interpreta este dispositivo e destaca que a Lei 9.610/98 é mais ampla ao fazer referência ao titular do direito, conceito que tem abrangência maior, pois a Lei 5.988/73 conferia

---

[267] BRASIL. Lei 9.610, de 19.02.1998.
[268] *Idem.*

este direito somente ao autor, limitando o direito de ação. Então, o titular do direito pode agir diretamente, seja ele ou não, o autor da obra[269].

Além disso, a apreensão da obra é uma medida cautelar, que não impede a indenização cabível para ressarcir os danos morais e patrimoniais causados[270].

Prevê o art. 103 e seu parágrafo único:

> *Art. 103. Quem editar obra literária, artística ou científica, sem autorização do titular, perderá para este os exemplares que se apreenderem e pagar-lhe-á o preço dos que tiver vendido.*
>
> *Parágrafo único. Não se conhecendo o número de exemplares que constituem a edição fraudulenta, pagará o transgressor o valor de três mil exemplares, além dos apreendidos.*

O artigo não deixa dúvidas de que, se a edição da obra não tiver autorização do titular, os exemplares serão apreendidos e deverá haver o pagamento do preço daqueles que tiverem sido vendidos. E se não tiver conhecimento do número de exemplares vendidos, o transgressor pagará o valor do preço de capa, isto é, o preço pelo qual é comercializado, de 3 mil exemplares, além dos apreendidos[271].

O art. 104 estabelece a responsabilidade solidária daquele que colabora com o contrafator:

> *Art. 104. Quem vender, expuser a venda, ocultar, adquirir, distribuir, tiver em depósito ou utilizar obra ou fonograma reproduzidos com fraude, com a finalidade de vender, obter ganho, vantagem, proveito, lucro direto ou indireto, para si ou para outrem, será solidariamente responsável com o contrafator, nos termos dos artigos precedentes, respondendo como contrafatores o importador e o distribuidor em caso de reprodução no exterior[272].*

---

[269] Cf. CABRAL, Plínio. *Op. cit.*, p. 232.
[270] *Idem*, p. 233.
[271] *Ibidem*, p. 235.
[272] BRASIL. Lei 9.610, de 19.02.1998.

A respeito do dispositivo acima, Plínio Cabral menciona que "*É interessante notar que a leu atual é mais rigorosa, pois inclui, no quadro dos responsáveis pelo delito, o adquirente do produto fraudulento, o qual passa à condição de cúmplice. Trata-se de providência justíssima, pois sem o comprador do objeto fraudado não haveria êxito na ação delituosa do vendedor*"[273].

A suspensão ou interrupção de transmissões ou retransmissões, bem como a comunicação ao público, de obras realizadas com violação aos direitos de seus titulares é resguardada no art. 105 da Lei 9.610/98:

> **Art. 105.** *A transmissão e a retransmissão, por qualquer meio ou processo, e a comunicação ao público de obras artísticas, literárias e científicas, de interpretações e de fonogramas, realizadas mediante violação aos direitos de seus titulares, deverão ser imediatamente suspensas ou interrompidas pela autoridade judicial competente, sem prejuízo da multa diária pelo descumprimento e das demais indenizações cabíveis, independentemente das sanções penais aplicáveis; caso se comprove que o infrator é reincidente na violação aos direitos dos titulares de direitos de autor e conexos, o valor da multa poderá ser aumentado até o dobro*[274].

A suspensão ou interrupção é feita sem prejuízo da multa diária e demais indenizações cabíveis, com o intuito de pôr fim à lesão. Incluem-se, também, nesse dispositivo, a internet e as fontes de acesso remoto via computador[275].

O art. 106 trata do destino a ser dado ao material ilícito e aos equipamentos utilizados na prática do crime:

> **Art. 106.** *A sentença condenatória poderá determinar a destruição de todos os exemplares ilícitos, bem como as matrizes, moldes, negativos e demais elementos utilizados para praticar o ilícito civil, assim como*

---

[273] CABRAL, Plínio. *Op. cit.*, p. 238.
[274] BRASIL. Lei 9.610, de 19.02.1998.
[275] Cf. *Idem*, p. 238.

> *a perda de máquinas, equipamentos e insumos destinados a tal fim ou, servindo eles unicamente para o fim ilícito, sua destruição*[276].

Esse artigo visa impedir o crime e sua repetição. Embora tenha havido discussões acerca da constitucionalidade deste dispositivo, o mesmo encontra respaldo legal e moral a partir das medidas adotadas para reprimir crimes, tornando-se um elemento para restabelecer o equilíbrio social rompido pela violação da lei[277].

Acrescenta Plínio Cabral:

> *Na medida em que se repara a lesão sofrida, o equilíbrio social é restabelecido e implantam-se os princípios éticos que deve conduzir e nortear toda comunidade que queira viver e sobreviver como tal.*
>
> *A pena repara o dano causado e inibe novos delitos, o que justifica plenamente a destruição dos instrumentos utilizados para fins ilícitos. Deixá-los nas mãos do criminoso é facilitar-lhe a reincidência*[278].

Cumulativamente ao disposto no art. 106, existe a responsabilidade pelas perdas e danos ocasionados. É o que dizem o art. 107 e seus incisos:

> **Art. 107.** *Independentemente da perda dos equipamentos utilizados, responderá por perdas e danos, nunca inferiores ao valor que resultaria da aplicação do disposto no art. 103 e seu parágrafo único, quem:*
>
> *I – alterar, suprimir, modificar ou inutilizar, de qualquer maneira, dispositivos técnicos introduzidos nos exemplares das obras e produções protegidas para evitar ou restringir sua cópia;*
>
> *II – alterar, suprimir ou inutilizar, de qualquer maneira, os sinais codificados destinados a restringir a comunicação ao público de obras, produções ou emissões protegidas ou a evitar a sua cópia;*

---

[276] BRASIL. Lei 9.610, de 19.02.1998.
[277] Cf. CABRAL, Plínio. *Op. cit.*, p. 240.
[278] *Idem*, p. 241.

III – suprimir ou alterar, sem autorização, qualquer informação sobre a gestão de direitos;

IV – distribuir, importar para distribuição, emitir, comunicar ou puser à disposição do público, sem autorização, obras, interpretações ou execuções, exemplares de interpretações fixadas em fonogramas e emissões, sabendo que a informação sobre a gestão de direitos, sinais codificados e dispositivos técnicos foram suprimidos ou alterados sem autorização[279].

O art. 107 considera crime as alterações, supressões, modificações e inutilizações de dispositivos técnicos inseridos em exemplares de obras e produções protegidas para evitar ou restringir sua cópia, bem como, os sinais codificados que se destinam a controlar e quantificar a comunicação de obras protegidas.

A respeito disso, Plínio Cabral comenta:

Computadores e suas redes que formam a internet, satélites, provedores, produtores de multimídia, utilizam-se de instrumentos de alta tecnologia através dos quais é possível controlar e dimensionar qualquer comunicação, inclusive estabelecendo códigos de acesso. Impedir ou violar esse controle, seus códigos e sistemas, é crime em todo o mundo. A legislação brasileira incorpora-se aos novos conceitos impostos pela revolução tecnológica[280].

O inc. III trata da supressão ou alteração de informações sobre gestão de direitos, o que inclui também os dados técnicos sobre a obra e sua fonte de origem, bem assim, como distribuir ou, de qualquer forma, colocar à disposição do público obras ou interpretações fixadas em fonogramas[281].

A lei regulamenta de forma clara que os dispositivos de controle e codificação são invioláveis e protegidos. Assim, o legis-

---

[279] BRASIL. Lei 9.610, de 19.02.1998.
[280] *Idem*, p. 241-242.
[281] Cf. CABRAL, Plínio. *Op. cit.*, p. 242.

lador não deixou qualquer dúvida em face dos novos meios de comunicação[282].

O art. 108 trata da identificação do autor e do intérprete quando seu nome, pseudônimo ou sinal convencional não é indicado ou anunciado:

> *Art. 108. Quem, na utilização, por qualquer modalidade, de obra intelectual, deixar de indicar ou de anunciar, como tal, o nome, pseudônimo ou sinal convencional do autor e do intérprete, além de responder por danos morais, está obrigado a divulgar-lhes a identidade da seguinte forma:*
>
> *I – tratando-se de empresa de radiodifusão, no mesmo horário em que tiver ocorrido a infração, por três dias consecutivos;*
>
> *II – tratando-se de publicação gráfica ou fonográfica, mediante inclusão de errata nos exemplares ainda não distribuídos, sem prejuízo de comunicação, com destaque, por três vezes consecutivas em jornal de grande circulação, dos domicílios do autor, do intérprete e do editor ou produtor;*
>
> *III – tratando-se de outra forma de utilização, por intermédio da imprensa, na forma a que se refere o inciso anterior*[283].

Segundo Plínio Cabral, o art. 108 preserva a identificação do autor e do intérprete, fazendo com que o infrator responda por danos morais. Complementa:

> *A identificação do autor faz parte da razão de ser do criador que tem o direito de apresentar-se ao mundo como julgar conveniente ou, até mesmo, esconder ou proteger sua identidade. Isto inclui-se, taxativamente, no elenco de seus direitos morais [...]. O autor pode, a qualquer tempo, reivindicar a paternidade, a autoria, de sua obra.*
>
> *[...]*

---

[282] *Idem*, p. 243.
[283] BRASIL. Lei 9.610, de 19.02.1998.

> Quem omitir essa autoria, além de responder pelos danos morais que causar, fica obrigado a divulgar a identidade do autor de forma absolutamente clara, conforme indica o art. 108[284].

O art. 109 regulamenta a execução pública:

> **Art. 109.** A execução pública feita em desacordo com os arts. 68, 97, 98 e 99 desta Lei sujeitará os responsáveis a multa de vinte vezes o valor que deveria ser originariamente pago[285].

Esses artigos mencionados no texto acima referem-se à definição de representação pública, bem como, tratam da autorização do autor ou titular dos direitos e do papel das associações gestoras de seus direitos. Em caso de exibição em desacordo com o que prescreve a Lei, a multa tem o valor de vinte vezes o valor do direito a ser pago.

Por fim, para encerrar o estudo da legislação brasileira, o art. 110 diz respeito à responsabilidade solidária entre diretores, gerentes, empresários, arrendatários e os organizadores de espetáculos e audições públicas:

> **Art. 110.** Pela violação de direitos autorais nos espetáculos e audições públicas, realizados nos locais ou estabelecimentos a que alude o art. 68, seus proprietários, diretores, gerentes, empresários e arrendatários respondem solidariamente com os organizadores dos espetáculos[286].

Assim, a associação à qual o autor está filiado, pode responsabilizar os responsáveis elencados no artigo acima. Desta forma, evita-se a impunidade e fuga de responsabilidade, tendo em vista a multiplicidade de participantes no evento[287].

---

[284] CABRAL, Plínio. *Op. cit.*, p. 245.
[285] BRASIL. Lei 9.610, de 19.02.1998.
[286] *Idem.*
[287] Cf. CABRAL, Plínio. *Op. cit.*, p. 246.

2.2 O DIREITO DE AUTOR NA ARGENTINA

Continuando a análise da legislação sobre direito de autor nos Estados-partes do Mercosul, esse ponto visa destacar a legislação argentina pertinente ao tema, principalmente as previsões constitucionais e a Lei 11.723/33.

2.2.1 As Constituições Argentinas

A Constituição da Nação Argentina de 1860, sancionada pelo Congresso Geral Constituinte em 01.05.1853 e reformada parcialmente pela Convenção Nacional *ad hoc* de 25.09.1860, prevê, no capítulo reservado às declarações, direitos e garantias, a proteção exclusiva ao direito de autor[288]:

> *Art. 17. [...] Todo autor ou inventor é proprietário exclusivo de sua obra, invenção ou descobrimento, pelo tempo que lhe determinar a lei*[289].

Essa Constituição passou por reformas parciais em seu texto nos anos de 1860, 1866, 1898 e 1957. Em 1949 o texto constitucional foi modificado de maneira substancial, tendo em vista que essa reforma teve vigência até 01.05.1956, data na qual o governo militar a deixou sem efeito mediante um decreto de legitimidade duvidosa. Mais tarde, em 1966 e 1976, outros governos militares se atribuíram poderes constituintes, impondo normas que consideraram de maior hierarquia que a Constituição Nacional. Contudo, essas normas ficaram sem efeito a cada vez que o sistema democrático era reimplantado. Em 1972 houve indício de mais uma

---

[288] GOLDSTEIN, Mabel R. *Op. cit.*, p. 16.
[289] "*Art. 17. [...] Todo autor o inventor es propietario exclusivo de su obra, invento o descubrimiento, por el término que le acuerde la ley*". ARGENTINA. **Constitución de la Nación Argentina**: sacionada el 1 de mayo de 1853. Disponível em: <www.georgetown.edu/pdba/Constitutions/Argentia/argen.html>. Acesso em: 30 jan. 2004.

reforma constitucional por parte de outro governo militar, mas não prosperou[290].

Entretanto, no que tange ao direito de autor, não houve modificações no texto constitucional.

Em 1994, através da Lei 24.309, estabeleceu-se a necessidade de uma nova reforma constitucional, convocando-se uma Convenção Constituinte que, em 22 de agosto daquele ano, sancionou as últimas reformas da norma básica. Nesta reforma, acrescentaram-se vários artigos e se incorporaram como texto da Constituição alguns tratados internacionais cujos princípios são inquestionáveis e marcam um novo modelo de sistema jurídico[291].

A Constituição da Nação Argentina, datada de 22.08.1994, continua estabelecendo o mesmo que a anterior:

> *Art. 17. [...] Todo autor ou inventor é proprietário exclusivo de sua obra, invenção ou descobrimento, pelo tempo que lhe determinar a lei*[292].

No entanto, no art. 75, inc. 19, a Constituição prevê a competência do Congresso para legislar em matéria de direito de autor:

> *Art. 75. Compete ao Congresso:*
>
> *[...]*
>
> *[...] Ditar leis que protejam a identidade e pluralidade cultural, a livre criação e circulação das obras do autor, o patrimônio artístico e os espaços culturais e audiovisuais*[293].

---

[290] Cf. GOLDSTEIN, Mabel R. *Op. cit.*, p. 16.
[291] *Idem.*
[292] "*Art. 17. [...] Todo autor o inventor es propietario exclusivo de su obra, invento o descubrimiento, por el término que le acuerde la ley*". ARGENTINA. **Constitución de la Nación Argentina**: sacionada el 22 de agosto de 1994. Disponível em: <www.georgetown.edu/pdba/Constitutions/Argentia/argen94.html>. Acesso em: 30 jan. 2004.

Em toda a sua história, como se observou, a Argentina teve duas Constituições que mantiveram o mesmo texto prevendo a proteção ao direito de autor.

2.2.2 A Lei 11.723/33

Além da proteção constitucional, a legislação argentina conta com a Lei 11.723 de 28.09.1933, que foi posteriormente modificada em alguns aspectos pela Lei 25.036, de 11.11.1998.

O art. 1º da Lei 11.723/33, reformado pela Lei 25.036/98, determina o objeto de proteção da lei autoral:

> *Artículo 1º*. *A los efectos de la presente Ley, las obras científicas, literarias y artísticas comprenden los escritos de toda naturaleza y extensión, entre ellos los programas de computación fuente y objeto; las compilaciones de datos o de otros materiales; las obras dramáticas, composiciones musicales, dramático-musicales; las cinematográficas, coreográficas y pantomímicas; las obras de dibujo, pintura, escultura, arquitectura; modelos y obras de arte o ciencia aplicadas al comercio o a la industria; los impresos, planos y mapas; los plásticos, fotografías, grabados y fonogramas, en fin, toda producción científica, literaria, artística o didáctica sea cual fuere el procedimiento de reproducción.*
>
> *La protección del derecho de autor abarcará la expresión de ideas, procedimientos, métodos de operación y conceptos mate-máticos pero no esas ideas, procedimientos, métodos y conceptos en sí*[294].

O artigo em questão diz que as obras científicas, literárias e artísticas compreendem os escritos de qualquer natureza e exten-

---

[293] "*Artículo 75. Corresponde al Congreso: [...] 19. [...] Dictar leyes que protejan la identidad y pluralidad cultural, la libre creación y circulación de las obras del autor; el patrimonio artístico y los espacios culturales y audiovisuales*". ARGENTINA. **Constitución de la Nación Argentina**: sacionada el 22 de agosto de 1994. Disponível em: <www.georgetown.edu/pdba/Constitutions/Argentia/argen94.html>. Acesso em: 30 jan. 2004.

[294] ARGENTINA. Lei 11.723: Propiedad Intelectual. Promulgación: 28 de setiembre de 1933. Disponível em: <http://vlex.com/ar/cn/legislacion/civil/3>. Acesso em: 30 jan. 2004.

são, fazendo referência àqueles que protege, incluindo a expressão de idéias, procedimentos, métodos de operação e conceitos matemáticos.

A referência feita no artigo "*a toda produção científica, literária, artística ou didática, seja qual for o procedimento de reprodução*", segundo Mabel R. Goldstein, admite a incorporação de qualquer outra obra intelectual não indicada explicitamente ou que pudesse criar-se no futuro. Acrescenta a autora que "*a enumeração do citado art. 1º da Lei 11.723 é geral, mas não taxativa, pois entram em seu âmbito todas as obras intelectuais que constituam uma criação pessoal e original do espírito*"[295].

O art. 2º abrange o conteúdo do direito de propriedade sobre a obra intelectual, destacando as prerrogativas que possui o autor:

> **Art. 2°.** *El derecho de propiedad de una obra científica, literaria o artística, comprende para su autor la facultad de disponer de ella, de publicarla, de ejecutarla, de representarla, y exponerla en público, de enajenarla, de traducirla, de adaptarla o de autorizar su traducción y de reproducirla en cualquier forma*[296].

O direito de propriedade do autor, conforme destaque acima, compreende as prerrogativas de disposição, publicação, execução, representação, exposição ao público, alienação, tradução, adaptação ou autorização de tradução e reprodução em qualquer forma.

Assim como o autor, o editor de obra anônima ou pseudônima também é protegido na lei:

> **Art. 3°.** *Al editor de una obra anónima o seudónima corresponderán con relación a ella los derechos y las obligaciones del autor, quien podrá recabarlos para sí justificando su personalidad. Los autores*

---

[295] GOLDSTEIN, Mabel R. *Op. cit.*, p. 243-244.
[296] ARGENTINA. **Lei 11.723**: Propiedad Intelectual.

que empleen seudónimos podrán registrarlos adquiriendo la propiedad de los mismos[297].

A partir deste dispositivo, surge um autor fictício que é o editor da obra pseudônima ou anônima, que usufrui dos direitos morais e patrimoniais de criador através de mandato legal. Assim, completa Mabel R. Goldstein:

> *Trata-se de obras anônimas realizadas por pessoas físicas porque as anônimas produzidas por pessoas jurídicas se regem pela disposição que fazem destas últimas seus representantes legais.*
>
> *No caso de obras pseudônimas, a relação do editor com o autor de produz a partir da representação ou mandato tácito que organiza a lei até o momento em que o autor real se identifique expressamente, porque, na eventualidade, o editor deve ajustar sua conduta à norma legal ou poderia ser sujeito passivo de uma reclamação se sua atuação for contra a lei*[298].

Ao tratar dos titulares do direito de propriedade intelectual, diz o art. 4º:

Art. 4°. *Son titulares del derecho de propiedad intelectual:*

a) El autor de la obra;

b) Sus herederos o derechohabientes;

---

[297] *Idem.*

[298] "*Se trata de las obras anónimas realizadas por personas físicas porque las anónimas producidas por personas jurídicas se rigen por la disposición que hacen de estas últimas sus representantes legales. En el caso de las obras seudónimas, la relación del editor con el autor se produce a partir de la representación o mandato tácito que organiza la ley hasta el momento en que el autor real se identifique expresamente por lo que, en la eventualidad, el editor debe ajustar su conducta a la normativa legal o podría ser sujeito pasivo de una reclamación si su actuación fuera contra la ley*". GOLDSTEIN, Mabel R. *Op. cit.*, p. 266-267.

c) *Los que con permiso del autor la traducen, refunden, adaptan, modifican o transportan sobre la nueva obra intelectual resultante;*

d) *Las personas físicas o jurídicas cuyos dependientes contratados para elaborar un programa de computación hubiesen producido un programa de computación en el desempeño de sus funciones laborales, salvo estipulación en contrario*[299].

Para Mabel R. Goldstein, deve ser considerado titular do direito de autor quem está facultado para o exercício do mesmo, incluindo-se o próprio criador ou seus herdeiros ou sucessores. *"A palavra autor deve ser entendida no sentido da pessoa física que inspira e encarna a obra, sem prejuízo de sua execução material por um terceiro"*[300].

No tocante à duração da vigência do direito de autor, o art. 5º declara:

Art. 5º. *La propiedad intelectual sobre sus obras corresponde a los autores durante su vida y a sus herederos o derecho habientes hasta setenta años contados a partir del 1 de Enero del año siguiente al de la muerte del autor.*

En los casos de obras en colaboración, este término comenzará a contarse desde el 1 de Enero del año siguiente al de la muerte del último colaborador. Para las obras póstumas, el término de setenta años empezará a correr a partir del 1 de Enero del año siguiente al de la muerte del autor.

En caso de que un autor falleciere sin dejar herederos, y se declarase vacante su herencia, los derechos que a aquél correspondiesen sobre sus obras pasarán al Estado por todo el término de Ley, sin perjuicio de los derechos de terceros[301].

Interpretando o artigo acima, pode-se constatar que o direito do autor sobre sua obra permanece por toda a sua vida e, após

---

[299] ARGENTINA. Lei 11.723: Propiedad Intelectual.

[300] *"La palabra autor debe ser entendida en el sentido de la persona física que inspira y encarna la obra, sin perjuicio de su ejecución material por un tercero"*. GOLDSTEIN, Mabel R. *Op. cit.*, p.261.

[301] ARGENTINA. Lei 11.723: Propiedad Intelectual.

a sua morte, transmite-se aos herdeiros e sucessor por setenta anos contados a partir de 1º de janeiro do ano seguinte ao de seu falecimento. A mesma regra se aplica às obras póstumas. Entretanto, nas obras em colaboração, o prazo de setenta anos começa a ter vigência a partir da morte do último colaborador.

Não havendo herdeiros, a herança será declarada vacante, e os direitos transmitem-se ao Estado, sem prejuízo dos direitos de terceiros.

Diz Mabel R. Goldstein que *"[...] o principal fator que se tem em conta ao estabelecer o prazo máximo de proteção desses direitos de monopólio consiste na recompensa da criatividade em função do tempo empregado, do talento e dos gastos que incidiram"*[302].

Antes do Dec.-lei 12.063/57, o prazo de duração da proteção dos direitos de autor na Argentina era de trinta anos após a morte do autor. A ampliação se deu com este Decreto, passando o prazo para cinquenta anos, que objetivou se adequar às legislações estrangeiras e convenções internacionais da época. No entanto, a Lei 24.870 modificou o prazo e o elevou para setenta anos, tendo como fundamento, novamente, a obtenção de reciprocidade nos prazos de outras legislações estrangeiras[303].

O art. 6º prescreve:

Los herederos o derechohabientes no podrán oponerse a que terceros reediten las obras del causante cuando dejen transcurrir más de diez años sin disponer su publicación.

Tampoco podrán oponerse los herederos o derechohabientes a que terceros traduzcan las obras del causante después de diez años de su fallecimiento.

---

[302] *"[...] el principal factor que se tiene en cuenta al establecer el plazo máximo de protección de esos derechos de monopolio consiste en que la recompensa de la criatividad debería estar en función del tiempo empleado, el talento y los gastos en que se ha incurrido"*. GOLDSTEIN, Mabel R. *Op. cit.*, p. 283.
[303] Cf. GOLDSTEIN, Mabel R. *Op. cit.*, p. 284.

> *En estos casos, si entre el tercero editor y los herederos o derechohabientes no hubiera acuerdo sobre las condiciones de impresión o la retribución pecuniaria, ambas serán fijadas por árbitros*[304].

Na análise deste artigo, observa-se que os herdeiros ou sucessores não poderão opor-se aos terceiros que reeditem as obras daquele que deixar transcorrer mais de dez anos sem publicá-la. Ensina Mabel Goldstein que a sanção para os herdeiros ou sucessores do autor que não haja posto em circulação a obra durante dez anos não é a perda do direito patrimonial, visto que o consentimento ou autorização para colocar a obra em circulação vem da lei. Além do que, se lhes é reconhecido o direito econômico, devem manifestar um critério único para a comercialização da obra, e na falta deste acordo entre as partes, recorre-se à arbitragem[305].

Mais adiante, traz o art. 9º que não há direito de publicar sem que haja permissão dos autores ou sucessores:

> ***Art. 9°.*** *Nadie tiene derecho a publicar, sin permiso de los autores o de sus derechohabientes, una producción científica, literaria, artística o musical que se haya anotado o copiado durante su lectura, ejecución o exposición públicas o privadas.*
>
> *Quien haya recibido de los autores o de sus derecho-habientes de un programa de computación una licencia para usarlo, podrá reproducir una única copia de salvaguardia de los ejemplares originales del mismo.*
>
> *Dicha copia deberá estar debidamente identificada, con indicación del licenciado que realizó la copia y la fecha de la misma. La copia de salvaguardia no podrá ser utilizada para otra finalidad que la de reemplazar el ejemplar original del programa de computación licenciado si ese original se pierde o deviene inútil para su utilización*[306].

Destaca o artigo acima que, sem a permissão do autor ou sucessor, não é permitido publicar obra intelectual que tenha sido

---

[304] ARGENTINA. Lei 11.723: Propiedad Intelectual.
[305] Cf. GOLDSTEIN, Mabel R. *Op. cit.*, p. 292.
[306] ARGENTINA. Lei 11.723: Propiedad Intelectual.

lida, executada ou exposta publica ou privadamente. No caso de programa de computador, havendo licença para seu uso, somente poderá ser reproduzida uma cópia de proteção dos exemplares originais. Acrescente-se a isto, a identificação do licenciado que realizou a cópia do programa e a finalidade desta cópia, não permitindo outro tipo uso[307].

Os arts. 13 a 15 abrangem as obras intelectuais e a proteção aos autores estrangeiros:

> *Art. 13. Todas las disposiciones de esta Ley, salvo las del artículo 57, son igualmente aplicables a las obras científicas, artísticas y literarias, publicadas en países extranjeros, sea cual fuere la nacionalidad de sus autores, siempre que pertenezcan a naciones que reconozcan el derecho de propiedad intelectual.*
>
> *Art. 14. Para asegurar la protección de la Ley argentina, el autor de una obra extranjera sólo necesita acreditar el cumplimiento de las formalidades establecidas para su protección por las Leyes del país en que se haya hecho la publicación, salvo lo dispuesto en el artículo 23, sobre contratos de traducción.*
>
> *Art. 15. La protección que la Ley argentina acuerda a los autores extranjeros, no se extenderá a un período mayor que el reconocido por las Leyes del país donde se hubiere publicado la obra. Si tales Leyes acuerdan una protección mayor, regirán los términos de la presente Ley*[308].

Observa-se, a partir do destaque acima, que os autores estrangeiros gozam da reciprocidade entre países, adquirindo proteção, seja qual for a sua nacionalidade, sempre que pertencerem a uma Nação que reconheça a propriedade intelectual.

Para tanto, basta que o autor cumpra as formalidades necessárias e exigidas pela lei do país em que deseja publicar sua obra. Na Argentina, a duração da proteção aos autores estrangeiros é a mesma que para os nacionais.

---

[307] Cf. GOLDSTEIN, Mabel R. *Op. cit.*, p. 290.
[308] ARGENTINA. Lei 11.723: Propiedad Intelectual.

Na seqüência, a lei argentina trata de regulamentar, nos arts. 16 a 26, o instituto da colaboração, igualando os direitos dos colaboradores aos direitos do autor e acrescentando a estes os direitos conexos. A partir do art. 27 até o art. 29, a lei trata de disposições especiais referentes à publicação de discursos políticos ou literários, de reportagens, colaborações anônimas etc. que, por não constituírem complemento ao objeto de estudo neste trabalho, não serão analisados.

O art. 30 trata da inscrição de publicações periódicas no Registro Nacional da Propriedade Intelectual, tema que será destacado e analisado no próximo capítulo. Entretanto, os arts. 31 a 35 tratam da publicação de fotografias e obras cinematográficas, cujo tema também foge do objeto deste trabalho.

O art. 36 trata de especificar os direitos exclusivos dos autores de obras literárias, dramáticas, dramático-musicais ou musicais:

> Art. 36. *Los autores de obras literarias, dramáticas, dramático-musicales y musicales, gozan del derecho exclusivo de autorizar:*
>
> *a) La recitación, la representación y la ejecución pública de sus obras;*
>
> *b) La difusión pública por cualquier medio de la recitación, la representación y la ejecución de sus obras.*
>
> *Sin embargo, será lícita y estará exenta del pago de derechos de autor y de los intérpretes que establece el artículo 56, la representación, la ejecución y la recitación de obras literarias o artísticas ya publicadas, en actos públicos organizados por establecimientos de enseñanzas, vinculados en el cumplimiento de sus fines educativos, planes y programas de estudio, siempre que el espectáculo no sea difundido fuera del lugar donde se realice y la concurrencia y la actuación de los intérpretes sea gratuita.*
>
> *También gozarán de la exención del pago del derecho de autor a que se refiere el párrafo anterior, la ejecución o interpretación de piezas musicales en los conciertos, audiciones y actuaciones públicas a cargo de las orquestas, bandas, fanfarrias, coros y demás organismos musicales pertenecientes a instituciones del Estado Nacional, de las provincias o de las municipalidades, siempre que la concurrencia de público a los mismos sea gratuita*[309].

---

[309] ARGENTINA. Lei 11.723: Propiedad Intelectual.

Como se observa, qualquer tipo de representação ou execução pública da obra intelectual deve ter a autorização do autor. Por sua vez, quando se tratar de execuções públicas organizadas por estabelecimentos de ensino, com fins educativos, haverá isenção do pagamento de direitos autorais, desde que a apresentação não seja difundida fora do lugar onde se realizou e a atuação dos intérpretes seja gratuita.

Além disso, prevê o art. 36 que a isenção do pagamento de direitos de autor também se estende às interpretações de peças musicais em concertos e atuações públicas, desde que o acesso do público seja gratuito.

Os arts. 37 a 50 tratam da edição e representação, cujo tema não se insere no estudo em questão, não sendo, portanto, analisados.

Os arts. 51 a 54 tratam da negociação econômica do direito de autor:

Art. 51. El autor o sus derechohabientes pueden enajenar o ceder total o parcialmente su obra. Esta enajenación es válida sólo durante el término establecido por la Ley y confiere a su adquirente el derecho a su aprovechamiento económico sin poder alterar su título, forma y contenido.

Art. 52. Aunque el autor enajenare la propiedad de su obra, conserva sobre ella el derecho a exigir la fidelidad de su texto y título, en las impresiones, copias o reproducciones, como asimismo la mención de su nombre o seudónimo como autor.

Art. 53. La enajenación o cesión de una obra literaria, científica o musical, sea total o parcial, debe inscribirse en el Registro Nacional de Propiedad Intelectual, sin cuyo requisito no tendrá validez.

Art. 54. La enajenación o cesión de una obra pictórica, escultórica, fotográfica o de artes análogas, salvo pacto en contrario, no lleva implícito el derecho de reproducción que permanece reservado al autor o sus derechohabientes. [...][310].

---

[310] *Idem.*

O art. 51 dispõe acerca das possibilidades que têm o autor e os titulares de direitos no tocante à venda ou cessão de toda a obra ou parte dela, por prazo limitado ou ilimitado, para uma zona geográfica ou várias regiões do mundo, para o idioma original ou vários idiomas, conservando a obra como foi criada ou transformando-a[311].

No art. 52 é destacado o aspecto moral do direito de autor, caracterizado por ser intransferível, inalienável e irrenunciável, tendo em vista que é um direito personalíssimo. Mesmo que aliene sua obra, o direito moral permanece intacto. Já o aspecto patrimonial pode ser negociável, por ato entre vivos, através da venda ou cessão, doação, empréstimo etc., ou após a morte mediante herança, legado ou qualquer disposição testamentária. Além disso, nos casos de dissolução conjugal por divórcio, a criação intelectual é considerada um bem próprio do autor, permitindo a divisão somente dos frutos ou rendas[312].

Segundo o art. 53, a alienação ou cessão de uma obra intelectual deve ser inscrita no Registro Nacional de Propriedade Intelectual para que tenha validez. Então, para a transmissão de direitos, o sistema jurídico requer o preenchimento desta formalidade, sem a qual o ato não terá validade. Ademais, o ato de registro não constitui o direito, apenas funciona como meio de proteção do criador e de sua obra, podendo ser oponível frente à terceiros[313].

O art. 54 ressalta que a alienação ou cessão de obra de pintura, escultura ou fotográfica, não leva implícito o direito de reprodução, que permanece com o autor e seus sucessores. Na seqüência, o art. 55 trata da exploração econômica de programas de computador e o art. 56 trata da regulamentação dos direitos dos intérpretes, que não são objeto deste trabalho, não sendo, portanto, analisados.

---

[311] Cf. GOLDSTEIN, Mabel R. *Op. cit.*, p. 303.
[312] *Idem.*
[313] *Ibidem.*

Os arts. 57 a 68 tratam do registro de propriedade intelectual, que será analisado especificamente no próximo capítulo.

Assim como a lei brasileira, a Lei 11.723 dedica uma parte dos dispositivos às sanções e medidas preventivas à violação do direito de autor.

Diz o art. 71:

> *Art. 71. Será reprimido con la pena establecida por el artículo 172 del Código Penal, el que de cualquier manera y en cualquier forma defraude los derechos de propiedad intelectual que reconoce esta Ley*[314].

Interpretando o art. 71 constata-se que aquele que fraudar os direitos de propriedade intelectual, de qualquer forma, será reprimido com a pena do art.172 do Código Penal argentino, ou seja, prisão de um mês a seis anos[315].

Os casos especiais de fraude aos direitos de propriedade intelectual estão previstos no art. 72 :

> *Art. 72. Sin perjuicio de la disposición general del artículo precedente, se consideran casos especiales de defraudación y sufrirán la pena que él establece, además del secuestro de la edición ilícita:*
>
> *a) El que edite, venda o reproduzca por cualquier medio o instrumento, una obra inédita o publicada sin autorización de su autor o derechohabientes;*
>
> *b) El que falsifique obras intelectuales, entendiéndose como tal la edición de una obra ya editada, ostentando falsamente el nombre del editor autorizado al efecto;*

---

[314] ARGENTINA. Lei 11.723: Propiedad Intelectual.
[315] "*Art. 172 do Código Penal Argentino – Será reprimido con prisión de un mes a seis años, el que defraudare a otro con nombre supuesto, calidad simulada, falsos títulos, influencia mentida, abuso de confianza o aparentando bienes, crédito, comisión, empresa o negación o valiéndose de cualquier otro ardid o engaño*". ARGENTINA. **Código Penal Argentino**. Disponível em: <http://www.lexpenal.com.ar>. Acesso em: 30 jan. 2004.

c) *El que edite, venda o reproduzca una obra suprimiendo o cambiando el nombre del autor, el título de la misma o alterando dolosamente su texto;*

d) *El que edite o reproduzca mayor número de los ejemplares debidamente autorizados*[316].

O art. 72 apresenta os casos especiais de violação, cuja pena obedece ao disposto no art. 71, acrescido do seqüestro da edição ilícita.

A sanção vale para quem: a) edita, vende ou reproduz por qualquer meio ou instrumento uma obra inédita ou publicada sem autorização do autor ou sucessores; b) falsifica obras intelectuais, editando obra já editada e ostentando falsamente o nome do editor autorizado; c) edita, vende ou reproduz uma obra suprimindo ou trocando o nome do autor, o título da mesma ou alterando dolosamente seu texto; e d) edita ou reproduz os exemplares em número maior do que o autorizado.

Há, também, outros casos em que a prisão varia de um mês a seis anos:

Art. 72 bis. *Será reprimido con prisión de un mes a seis años:*

a) *El con fin de lucro reproduzca un fonograma sin autorización por escrito de su productor o del licenciado del productor;*

b) *El que con el mismo fin facilite la reproducción ilícita mediante el alquiler de discos fonográficos u otros soportes materiales;*

c) *El que reproduzca copias no autorizadas por encargo de terceros mediante un precio;*

d) *El que almacene o exhiba copias ilícitas y no pueda acreditar su origen mediante la factura que lo vincule comercialmente con un productor legítimo;*

e) *El que importe las copias ilegales con miras a su distribución al público.*

[...][317].

---

[316] ARGENTINA. Lei 11.723: Propiedad Intelectual.

Esse dispositivo acrescenta outros casos em que a sanção será a pena de prisão de um mês a seis anos: a) a reprodução de fonograma, com finalidade lucrativa, sem autorização escrita do produtor ou licenciado; b) a facilitação de reprodução ilícita mediante o aluguel de discos fonográficos ou outros suportes materiais; c) a reprodução de cópias não autorizadas por encargo de terceiros, mediante um preço; d) o armazenamento ou exibição de cópias ilícitas, que não possa comprovar sua origem mediante a nota que vincula o comerciante ao produto de origem; e e) a importação de cópias ilegais com vistas a sua distribuição ao público.

O art. 73 trata da sanção destinada à violação de direitos conexos:

> *Art. 73. Será reprimido con prisión de un mes a un año o con multa de MIL PESOS como mínimo y TREINTA MIL PESOS como máximo destinada al fondo de fomento creado por esta ley:*
>
> *a) El que representare o hiciere representar públicamente obras teatrales o literarias sin autorización de sus autores o derechohabientes;*
>
> *b) El que ejecutare o hiciere ejecutar públicamente obras musicales sin autorización de sus autores o derechohabientes.*
>
> *Art. 74. Será reprimido con prisión de un mes a un año o multa de MIL PESOS como mínimo y TREINTA MIL PESOS como máximo destinada al fondo de fomento creado por esta Ley, el que atribuyéndose indebidamente la calidad de autor, derecho habiente o la representación de quien tuviere derecho, hiciere suspender una representación o ejecución pública lícita*[318].

Dentre as violações em destaque, estão a representação pública de obras teatrais ou literárias e a execução pública de obras musicais, sem a autorização de seus autores ou sucessores.

A sanção prevista varia entre a prisão, de um mês a um ano, ou multa de mil pesos até trinta mil pesos. Sendo que, também

---

[317] ARGENTINA. Lei 11.723: Propiedad Intelectual.
[318] *Idem.*

está sujeito a esta sanção, aquele que atribuir a si próprio a qualidade de autor, sucessor ou a representação de quem tiver direito, e usar essa qualidade para suspender uma representação ou execução pública lícita.

Os arts. 75 a 78 tratam dos procedimentos aplicáveis ao processo criminal, bem como os arts. 80 a 82 tratam do procedimento civil aplicável ao processo por violação aos direitos de propriedade intelectual.

As medidas preventivas, aplicáveis pelo Juiz, estão determinadas no art. 79:

> **Art. 79.** *Los jueces podrán, previa fianza, de los interesados, decretar preventivamente la suspensión de un espectáculo teatral, cinematográfico, filarmónico u otro análogo; el embargo de las obras denunciadas, así como el embargo del producto que se haya percibido por todo lo anteriormente indicado y toda medida que sirva para proteger eficazmente los derechos que ampare esta Ley.*
>
> *Ninguna formalidad se ordena para aclarar los derechos del autor o de sus causahabientes. En caso contestación, los derechos estarán sujetos a los medios de prueba establecidos por las Leyes vigentes*[319].

Dentre as medidas preventivas, o juiz pode designar a suspensão de um espetáculo e o embargo do produto originado deste, assim como, todas as medidas eficazmente cabíveis para proteger os direitos amparados pela Lei 11.723.

Para finalizar, o art. 83 regulamenta o procedimento de denúncias feitas no Registro Nacional de Propriedade Intelectual, e a lei termina com suas disposições transitórias, dos arts. 84 ao 89.

Conforme se demonstrou, a partir da análise da legislação argentina, a Lei 11.723 regula a propriedade intelectual, não existindo lei específica que trate somente do direito de autor, fato que contribuiu para a análise dos dispositivos esparsos nesta lei.

---

[319] ARGENTINA. Lei 11.723: Propiedad Intelectual.

2.3 A PROTEÇÃO AUTORAL NO PARAGUAI

Continuando a análise da legislação constitucional e infraconstitucional de cada Estado-membro do Mercosul, estudar-se-á nos próximos subtítulos os dispositivos pertinentes ao direito de autor, e relacionados com a proposta desse trabalho, encontrados na legislação da República do Paraguai.

2.3.1 As Constituições do Paraguai

A Constituição da República do Paraguai de 1870 reconheceu, de forma expressa, o direito de autor em seu art. 19, *in fine*, Capítulo II, entre os Direitos e Garantias:

> *Art. 19, in fine:* Todo autor o inventor es propietario exclusivo de su obra, invento o descobrimento por el término que acuerda la ley[320].

Segundo Fremiort Ortiz Pierpaoli, *"este dispositivo teve como antecedente a Constituição da República Argentina, de 01.05.1853, que teve como fonte a Constituição Americana de 1787, que consagra o mesmo princípio"*[321].

Mais adiante, a Constituição de 10.07.1940 legislando sobre Direitos, Obrigações e Garantias, dispõe na segunda parte do art. 24:

> *Art. 24, 2ª parte:* Todo autor o inventor es propietario de su obra, invento o descubrimiento por el término que le acuerda la ley[322].

Mantém-se o mesmo texto da Constituição de 1870, que após 11 anos, em 10.07.1951, é regulamentado pela Lei 94/51, que

---

[320] Cf. ORTIZ PIERPAOLI, Fremiort. *Op. cit.*, p. 22.
[321] *Idem.*
[322] *Ibidem.*

protege as obras literárias, científicas e artísticas, além de criar o registro público de direitos intelectuais[323].

A Lei 94/51 era composta por 74 artigos que regulavam os direitos de autor e direitos conexos. Essa lei teve vigência até 1998, quando foi substituída pela Lei 1.328/98, que atualmente se encontra em vigência no Paraguai e que será estudada mais adiante.

Em 25.08.1967, é sancionada pela Convenção Nacional Constituinte a nova Constituição da República do Paraguai, promulgada pelo Poder Executivo na mesma data, que traz dentro de seu Capítulo V, "Direitos, Garantias e Obrigações", no art. 58:

> *Artículo 58.* Todo autor, inventor o investigador, es propietario exclusivo de su obra, invento o descubrimiento cientifico por el plazo que le acuerda la ley[324].

O dispositivo acima tratou de manter vigente o princípio que reconhece e protege os direitos intelectuais desde a Constituição de 1940, além de manter atualizada a matéria pertinente ao direito de autor e conexos[325].

Constata-se que o Paraguai não deixou o autor desamparado constitucionalmente, fornecendo a este o direito exclusivo de propriedade sobre sua obra, observados os limites da lei.

Este dispositivo esteve em vigência por 25 anos, até a promulgação da Constituição da República do Paraguai em 20.06.1992.

Nesta Constituição, em vigência até os dias atuais, a proteção ao direito de autor foi inserida no art. 110:

---

[323] *Ibidem*, p. 22.
[324] PARAGUAI. Constituição da República do Paraguai: promulgada em 25.08.1967. Disponível em: <http://www.georgetown.edu/pdba/Constitutions/Paraguay>. Acesso em 30 jan. 2004.
[325] Cf. ORTIZ, Fremiort Pierpaoli. *Op. cit.*, p. 24.

Artículo 110. De los derechos de autor y propiedad intelectual

Todo autor, inventor, productor o comerciante gozará de la propiedad exclusiva de su obra, invención, marca o nombre comercial, con arreglo a la ley.

Observa-se que, pela primeira vez falou-se em proteção exclusiva ao autor, inventor e ao produtor ou comerciante, incluindo também as marcas e nomes comerciais. Contudo, o artigo da nova Constituição permanece abrangendo os mesmos direitos.

2.3.2 A Lei 1.328/98

A Lei 1.328/98, aprovada pela Câmara de Deputados em 24.06.1998, pelo Senado em 27.08.1998 e sancionada pelo Executivo em 15.10.1998, regulamenta, atualmente, o direito de autor e direitos conexos no Paraguai.

Composta por 187 artigos, divididos em 17 títulos, pode ser considerada, ao lado da lei brasileira, como uma das mais completas no que tange à regulamentação do direito de autor.

O Título I trata das disposições gerais, trazendo no art. 1º o objeto da presente lei:

Artículo 1. Las disposiciones de la presente ley tienen por objeto la protección de los autores y demás titulares de derechos sobre las obras literarias o artísticas, de los titulares de derechos conexos al derecho de autor y otros derechos intelectuales[326].

O art. 2º traz 47 definições de expressões contidas na lei, abrangendo o conceito de autor e artista, os tipos de obras, repro-

---

[326] PARAGUAI. Lei 1.328: De derecho de autor y derechos conexos. Sancionada em 15.10.1998. Disponível em: <http://www.sice.oas.org/int_prop/nat_leg/Paraguay/L132898in.asp>. Acesso em: 29 jul. 2002.

dução, edição, transmissão, titularidade e outras expressões pertinentes[327].

O Título II destaca o objeto do direito de autor na lei paraguaia, a começar pelo art. 3º:

> ***Artículo 3.*** *La protección del derecho de autor recae sobre todas las obras del ingenio, de carácter creador, en el ámbito literario o artístico, cualquiera sea su género, forma de expresión, mérito o finalidad, la nacionalidad o el domicilio del autor o del titular del respectivo derecho, o el lugar de la publicación de la obra.*
>
> *Los derechos reconocidos en esta ley son independientes de la propiedad del objeto material en el cual está incorporada la obra, independientes del método de fijación inicial o subsecuente y su goce o ejercicio no estará supeditado al requisito del registro o al cumplimiento de cualquier otra formalidad.*
>
> *Las obras protegidas bajo esta ley pueden calificar, igualmente, por otros regímenes de protección de propiedad intelectual, tales como patentes, marcas, datos reservados sobre procesos industriales u otro sistema análogo, siempre que las obras o tales componentes merezcan dicha protección bajo las respectivas normas*[328].

Como se observa, a lei paraguaia protege todas as obras intelectuais, de caráter criativo, tanto no âmbito literário quanto no artístico, seja qual for o gênero, forma de expressão, mérito, finalidade, nacionalidade ou domicílio do autor ou titular, ou o lugar de publicação da obra.

Ademais, os direitos reconhecidos na Lei independem da propriedade do objeto material sob o qual está incorporada a obra, nem mesmo seu exercício está condicionado à existência do registro ou cumprimento de qualquer formalidade. Este aspecto será melhor tratado no próximo capítulo.

---

[327] Por se tratar de um artigo muito extenso e apenas trazer conceitos que já foram destacados ao longo deste trabalho, não há necessidade de análise.
[328] PARAGUAI. Lei 1.328: De derecho de autor y derechos conexos.

Além disso, a Lei 1.328/98, neste mesmo dispositivo em análise, se reserva a proteger obras ou componentes referentes a patentes, marcas, segredos industriais etc.

No art. 4º encontram-se quinze especificações de obras protegidas pela lei paraguaia, dentre elas, as obras escritas, orais, audiovisuais, composições musicais, obras dramáticas, radiofônicas, fotográficas, programas de computador, obras de arte etc.

O art. 5º faz menção à proteção dos direitos conexos:

> *Artículo 5.* Sin perjuicio de los derechos que subsistan sobre la obra originaria y de la correspondiente autorización, serán también objeto de protección las traducciones, adaptaciones, transformaciones o arreglos de obras preexistentes[329].

Assim, traduções, adaptações, transformações ou arranjos de obras preexistentes também estão protegidas pela lei autoral.

Mas a proteção também se estende aos títulos de obra, quando originais, e as formas de expressões das idéias do autor, seja descrita, explicada, ilustrada etc. É o que confirmam os arts. 6º e 7º:

> *Artículo 6.* El título de una obra, cuando sea original, quedará protegido como parte de ella.
>
> *Artículo 7.* Estará protegida exclusivamente la forma de expresión mediante la cual las ideas del actor son descritas, explicadas, ilustradas o incorporadas a las obras[330].

O art. 8º menciona tudo aquilo que não é objeto de proteção do direito de autor:

> *Artículo 8.* No serán objeto de protección por el derecho de autor:

---

[329] PARAGUAI. Lei 1.328: De derecho de autor y derechos conexos.
[330] *Idem.*

> *1. las ideas contenidas en las obras literarias o artísticas, los procedimientos, métodos de operación o conceptos matemáticos en sí, o el contenido ideológico o técnico de las obras científicas, ni su aprovechamiento industrial o comercial;*
>
> *2. los textos oficiales de carácter legislativo, administrativo o judicial, ni sus traducciones, sin perjuicio de la obligación de respetar los textos y citar la fuente;*
>
> *3. las noticias del día; y,*
>
> *4. los simples hechos o datos*[331].

No dispositivo acima, pode-se constatar que idéias, procedimentos, métodos de operação, conceitos matemáticos, o conteúdo ideológico ou técnico de obras científicas, bem como seu aproveitamento industrial ou comercial, somados aos textos oficiais, suas traduções, notícias do dia e dados simples, não são objetos protegidos pela lei paraguaia, tendo em vista que são coisas de uso e acesso público, exceto as idéias.

O Título III, ao cuidar dos titulares do direito de autor, destaca em seus arts. 9º ao 14:

> *Artículo 9. El autor es el titular originario de los derechos exclusivos sobre la obra, de orden moral y patrimonial, reconocidos por la presente ley.*
>
> *Sin embargo, de la protección que esta ley reconoce al autor se podrán beneficiar otras personas físicas, así como el Estado, las entidades de derecho público y demás personas jurídicas, en los casos expresamente previstos en ella.*
>
> *Artículo 10. Se presume autor, salvo prueba en contrario, a la persona física que aparezca indicada como tal en la obra, mediante su nombre, firma o signo que lo identifique.*
>
> *Cuando la obra se divulgue en forma anónima o bajo seudónimo, el ejercicio de los derechos corresponderá a la persona física o jurídica que la divulgue con el consentimiento del autor, mientras éste no revele su identidad y justifique su calidad de tal, caso en que quedarán a salvo los derechos ya adquiridos por terceros.*

---

[331] *Ibidem.*

Artículo 11. El autor de la obra derivada es el titular de los derechos sobre su aporte, sin perjuicio de la protección de los autores de las obras originarias empleadas para realizarla.

Artículo 12. Los coautores de una obra creada en colaboración serán conjuntamente los titulares originarios de los derechos morales y patrimoniales sobre la misma, y deberán ejercer sus derechos, de ser posible, de común acuerdo.

Sin embargo, cuando la participación de cada uno de los coautores pertenezca a géneros distintos, cada uno de ellos podrá, salvo pacto en contrario, explotar separadamente su contribución personal, siempre que no perjudique la explotación de la obra común.

Artículo 13. En la obra colectiva se presume, salvo prueba en contrario, que los autores han cedido en forma ilimitada y exclusiva la titularidad de los derechos patrimoniales a la persona física o jurídica que la publica o divulga con su propio nombre, quien queda igualmente facultado para ejercer los derechos morales sobre la obra.

Artículo 14. Salvo lo dispuesto en los Artículos 13, 62 y 69 de esta ley, en las obras creadas en cumplimiento de una relación laboral o en ejecución de un contrato por encargo, la titularidad de los derechos que puedan ser transferidos se regirá por lo pactado entre las partes.

A falta de estipulación contractual expresa, se presumirá que los derechos patrimoniales sobre la obra han sido cedidos al patrono o al comitente, según los casos, en la medida necesaria para sus actividades habituales en la época de la creación, lo que implica, igualmente, que el empleador o el comitente, según corresponda, cuenta con la autorización para divulgar la obra y ejercer los derechos morales en cuanto sea necesario para la explotación de la misma[332].

Da análise dos dispositivos em questão, se observa que, na lei paraguaia, o autor é o titular originário da obra, tendo em vista ser o criador da mesma, adquirindo, portanto, os direitos exclusivos sobre a obra, ou seja, os direitos morais e patrimoniais reconhecidos na lei.

Mas, a lei também reconhece a proteção a outros titulares, em casos distintos, tais como pessoas físicas, o Estado, entidades de Direito Público e outras pessoas jurídicas.

---

[332] PARAGUAI. Lei 1.328: De derecho de autor y derechos conexos.

O autor, segundo o disposto no art. 10, é a pessoa física mencionada na obra como tal, isto é, identificado por seu nome, firma ou símbolo. No caso de obra anônima ou pseudônima, o exercício dos direitos é legitimado a quem divulgou a obra, com o consentimento do autor, enquanto este não revelar sua identidade e justificar sua qualidade de autor.

Conforme o art. 11, o autor de obra derivada, isto é, em co-autoria, também possui seus direitos resguardados, sem prejuízo da obra originária.

Quando a obra for em colaboração, segundo o art. 12, os co-autores serão considerados os titulares originários dos direitos morais e patrimoniais da obra, exercendo-os em comum acordo. Se a participação de cada co-autor for em separado, cada um usufruirá separadamente de sua contribuição pessoal, desde que não prejudique a exploração comum.

O art. 13 analisa a obra coletiva, onde se presume que os autores cederam a titularidade da mesma, de forma ilimitada e exclusiva, à pessoa física ou jurídica que se compromete de divulgá-la com seu próprio nome. Com isto, o titular recebe também os direitos patrimoniais e lhe é facultado o exercício dos direitos morais.

O art. 14 faz referência às obras sob encomenda ou resultantes de um contrato de trabalho. Nestes casos, a titularidade dos direitos pode ser transferida, desde que pactuada entre as partes. Na falta de pacto escrito, os direitos patrimoniais são cedidos ao patrono ou comitente da obra para os casos necessários às atividades habituais, bem como é dada uma autorização para divulgação da obra e para o exercício dos direitos morais quando necessários à exploração da mesma.

O Título IV trata do conteúdo do direito de autor. A Lei 1.328/98 considera, em seus arts. 15 e 16:

Artículo 15. El autor de una obra tiene por el sólo hecho de la creación la titularidad originaria de un derecho oponible a todos, el cual comprende los derechos de orden moral y patrimonial determinados en la presente ley.

La enajenación del soporte material que contiene la obra, no implica ninguna cesión de derechos en favor del adquirente, salvo estipulación contractual expresa o disposición legal en contrario.

Artículo 16. *El derecho de autor sobre las traducciones y demás obras indicadas en el Artículo 51 puede existir aun cuando las obras originarias estén en el dominio público, pero no entraña ningún derecho exclusivo sobre dichas creaciones originales, de manera que el autor de la obra derivada no puede oponerse a que otros traduzcan, adapten, modifiquen o compendien las mismas obras, siempre que sean trabajos originales distintos del suyo*[333].

Conforme o disposto no art. 15, aquele que cria a obra intelectual possui a titularidade originária dos direitos de ordem moral e patrimonial, que são oponíveis *erga omnes*.

Havendo alienação do suporte material da obra, não há cessão de direitos em favor do adquirente, salvo estipulação contratual expressa ou disposição legal em contrário. Como exemplo pode-se citar o pintor famoso que vende a sua obra numa exposição, ou seja, aquele que adquirir a obra de arte não adquire os direitos morais sobre a mesma, estes são do criador da obra.

No caso de traduções e obras em colaboração, o art. 16 prescreve que os direitos sobre estas podem existir mesmo quando as obras originárias estejam em domínio público. Contudo, o autor da obra derivada não poderá se opor a terceiros que a traduzam, adaptem ou modifiquem se esta for um trabalho originalmente distinto do seu.

Os direitos morais do autor são tratados no Capítulo II do Título IV, a começar pelo art. 17:

Artículo 17. *Los derechos morales reconocidos por la presente ley, son perpetuos, inalienables, inembargables, irrenunciables, e imprescriptibles.*

---

[333] PARAGUAI. Lei 1.328: De derecho de autor y derechos conexos.

> *A la muerte del autor, los derechos morales serán ejercidos por sus herederos, durante el tiempo a que se refieren los Artículos 48 al 51, salvo disposición legal en contrario*[334].

Seguindo a mesma linha de outras legislações analisadas neste trabalho, é estabelecido na lei paraguaia que os direitos morais são a) inalienáveis, ou seja, *"toda a cessão de direitos intelectuais só transfere o direito econômico ou pecuniário da criação, os direitos morais se conservam"*; b) irrenunciáveis, isto é, *"por existir um vínculo entre o autor e sua obra, este não pode renunciar seu direito moral"*; c) imprescritíveis, *"porque não pode ser adquirido nem perdido por meio da prescrição"*; e d) inembargáveis, isto é, *"não pode ser objeto de restrição por nenhuma medida de execução por parte de credores"*[335]. Falecendo o autor, seus direitos morais serão exercidos por seus herdeiros, salvo disposição em contrário.

O art. 18 considera direitos morais:

> ***Artículo 18.*** *Son derechos morales:*
>
> *1. el derecho de divulgación;*
>
> *2. el derecho de paternidad;*
>
> *3. el derecho de integridad; y,*
>
> *4. el derecho de retiro de la obra del comercio*[336].

O direito de divulgação é a faculdade que o autor possui de manter a sua obra inédita ou autorizar seu acesso total ou parcial ao público, de forma a divulgá-la. O conteúdo, segundo o art. 19, não pode ser conhecido sem autorização do autor. É o que diz o art. 19:

> ***Artículo 19.*** *Por el derecho de divulgación, corresponde al autor la facultad de resolver sobre mantener inédita la obra o de autorizar su*

---

[334] *Idem.*
[335] ORTIZ, Fremiort Pierpaoli. *Op. cit.*, p. 59.
[336] *Idem.*

acceso total o parcial al público y, en su caso, la forma de hacer dicha divulgación. Nadie puede dar a conocer sin el consentimiento de su autor el contenido esencial de la obra, antes de que aquél lo haya hecho o la misma se haya divulgado[337].

Explica o art. 20 o que é o direito de paternidade:

Artículo 20. Por el derecho de paternidad, el autor tiene el derecho de ser reconocido como tal, determinando que la obra lleve las indicaciones correspondientes, y de resolver si la divulgación ha de hacerse con su nombre, bajo seudónimo o signo, o en forma anónima[338].

Do dispositivo acima, verifica-se que o direito de paternidade é o direito de reconhecimento do autor, quando a obra leva suas indicações e é divulgada com seu nome, pseudônimo, símbolo ou na forma anônima.

O direito de integridade, destacado no art. 21, garante ao autor o direito de opor-se a terceiros contra a deformação, modificação ou alteração da obra, toda vez que haja prejuízo a sua honra ou reputação como autor.

Artículo 21. Por el derecho de integridad, el autor tiene, incluso frente al adquirente del objeto material que contiene la obra, la facultad de oponerse a toda deformación, modificación o alteración de la misma que cause perjuicio a su honor o su reputación como autor[339].

O art. 22 dispõe sobre o direito de retenção da obra, podendo o autor suspender qualquer forma de utilização indevida da mesma, por razões morais. Estas razões são apreciadas pelo juiz, que poderá fixar uma indenização prévia a terceiros pelos danos e prejuízos que ocasionarem ao autor.

---

[337] *Ibidem.*
[338] PARAGUAI. **Lei 1.328**: De derecho de autor y derechos conexos.
[339] *Idem.*

> *Artículo 22. Por el derecho de retiro de la obra del comercio, el autor tiene el derecho de suspender cualquier forma de utilización de la obra, siempre que existan graves razones morales apreciadas por el juez, indemnizando previamente a terceros los daños y perjuicios que pudiere ocasionar.*
>
> *Si el autor decide reemprender la explotación de la obra, deberá ofrecer preferentemente los correspondientes derechos al anterior titular, en condiciones razonablemente similares a las originales.*
>
> *El derecho establecido en el presente artículo se extingue a la muerte del autor y no será aplicable a las obras colectivas, a las creadas en el cumplimiento de una relación de trabajo o en ejecución de un contrato de obra por encargo*[340].

Prescreve o art. 23 que, se as obras caírem em domínio público, os direitos de paternidade e integridade das obras corresponderão indistintamente aos herdeiros, à Direção Nacional de Direito de Autor, a entidades de gestão coletiva e a qualquer pessoa que tenha algum interesse legítimo sobre a obra.

> *Artículo 23. El ejercicio de los derechos de paternidad e integridad de las obras que hayan pasado al dominio público corresponderá indistintamente a los herederos, a la Dirección Nacional del Derecho de Autor, a la entidad de gestión colectiva pertinente y a cualquier persona que acredite un interés legítimo sobre la obra respectiva*[341].

Os direitos patrimoniais estão destacados no Capítulo III do Título IV.

> *Artículo 24. El autor goza del derecho exclusivo de explotar su obra bajo cualquier forma o procedimiento, y de obtener por ello beneficios, salvo en los casos de excepción legal expresa.*
>
> *Durante la vida del autor serán inembargables las tres cuartas partes de la remuneración que la explotación de la obra pueda producir*[342].

---

[340] PARAGUAI. Lei 1.328: De derecho de autor y derechos conexos.
[341] *Idem.*
[342] *Ibidem.*

O art. 24 destaca que o autor tem o direito exclusivo de explorar sua obra e obter os benefícios pertinentes, sendo que, durante a sua vida, serão inembargáveis ¾ da remuneração que produzir com a exploração da obra. Nota-se com este dispositivo que o autor tem seu direito patrimonial resguardado pela lei e ¾ dos rendimentos assegurados para si próprio.

Para Fremiort Ortiz Pierpaoli, os direitos patrimoniais têm as seguintes características: a) é exclusivo, ou seja, somente o autor possui a faculdade de dispor da forma de exploração de sua obra, da melhor forma que lhe for conveniente, e de aproveitar os benefícios possíveis; b) é temporal, isto é, a duração do exercício deste direito está limitada no tempo; c) é disponível, tendo em vista que pode ser cedido pelo autor em favor de terceiros, a título gratuito ou oneroso; mas cumprido o prazo, o autor recupera a plenitude de seus direitos sobre a obra; d) é renunciável, ou seja, o autor pode renunciar expressamente à exploração econômica de sua obra em favor da coletividade, mas não pode renunciar o direito moral; e e) é embargável, ou seja, o produto econômico que representa a obra pode ser embargado por credores.[343]

O art. 25 ressalta o conteúdo do direito patrimonial:

Artículo 25. El derecho patrimonial comprende, especialmente, el exclusivo de realizar, autorizar o prohibir:

1. la reproducción de la obra por cualquier forma o procedimiento;

2. la comunicación pública de la obra por cualquier medio;

3. la distribución pública de ejemplares de la obra;

4. la importación al territorio nacional de copias de la obra;

5. la traducción, adaptación, arreglo u otra transformación de la obra; y,

6. cualquier otra forma de utilización de la obra que no esté contemplada en la ley como excepción al derecho patrimonial, siendo la lista que antecede meramente enunciativa y no taxativa[344].

---

[343] Cf. ORTIZ, Fremiort Pierpaoli. *Op. cit.*, p. 75-76.
[344] *Idem.*

Observa-se, na relação do art. 25, que o autor pode realizar, autorizar ou proibir a reprodução da obra, a comunicação e distribuição pública, a importação de cópias da obra ao território nacional, a tradução, adaptação ou transformação da mesma ou decidir sobre qualquer outra forma de exploração não contemplada na lei.

A reprodução de obra é tratada no art. 26:

> **Artículo 26.** *La reproducción comprende cualquier forma de fijación u obtención de una o más copias de la obra, especialmente por imprenta u otro procedimiento de las artes gráficas o plásticas, el registro reprográfico, electrónico, fonográfico, almacenamiento en forma digital ram, audiovisual en cualquier medio y/o formato conocido o por conocerse. El derecho exclusivo de reproducción abarca tanto la reproducción permanente como la reproducción temporánea que ocurre en el proceso de transmisión digital o cualquier otra transmisión de la obra.*
>
> *La anterior enunciación es simplemente ejemplificativa*[345].

Conforme destaque acima, a reprodução compreende a obtenção de cópias da obra, ou pela imprensa ou por outros meios, e engloba a reprodução permanente ou temporária.

O art. 27 apresenta uma lista dos meios utilizados para a comunicação pública da obra e os arts. 28 e 29 tratam da distribuição e importação de exemplares de obras que, devido à sua extensão e pouca identidade com a proposta desse trabalho, não serão analisados.

As traduções, adaptações ou transformações da obra, incluindo a dublagem, deverão ter a autorização expressa do autor, é o que diz o art. 30:

> **Artículo 30.** *El autor tiene el derecho exclusivo de hacer o autorizar las traducciones, así como las adaptaciones, arreglos y otras transformaciones de su obra, inclusive el doblaje y el subtitulado*[346].

---

[345] Ibidem.

No art. 31, aquele que possua um exemplar único ou raro de uma obra, poderá ser requisitado pelo autor, quando necessário para o exercício de seus direitos morais ou patrimoniais, ficando este último responsável pelos gastos do acesso à obra. Confirma o dispositivo:

> *Artículo 31.* El autor podrá exigir al poseedor del ejemplar único o raro de la obra el acceso al mismo en la forma que mejor convenga a los intereses de ambos, y siempre que ello sea necesario para el ejercicio de sus derechos morales o patrimoniales, quedando obligado a cubrir todo tipo de gasto que ocasione dicho acceso[347].

O art. 32 dispõe que toda reprodução, comunicação, distribuição, importação ou qualquer outra modalidade de exploração da obra, sem o consentimento do autor ou seus sucessores, serão ilícitas.

> *Artículo 32.* Siempre que la ley no disponga otra cosa expresamente, será ilícita toda reproducción, comunicación, distribución, importación o cualquier otra modalidad de explotación de la obra, en forma total o parcial, que se realice sin el consentimiento del autor o, cuando corresponda, de sus derechohabientes[348].

Por fim, encerrando os direitos patrimoniais, o art. 33 destaca:

> *Artículo 33.* Ninguna autoridad ni persona física o moral podrá autorizar la utilización de una obra o cualquier otra producción protegida por esta ley, o prestar su apoyo a dicha utilización, si el usuario no cuenta con la autorización previa y expresa del titular del respectivo derecho, salvo en los casos de excepción previstos por la ley. En caso de incumplimiento, será solidariamente responsable[349].

---

[346] PARAGUAI. Lei 1.328: De derecho de autor y derechos conexos.
[347] *Idem.*
[348] *Ibidem.*
[349] *Ibidem.*

Portanto, além dos outros direitos patrimoniais e suas limitações expostas anteriormente, a utilização de obra protegida pela lei não poderá ser autorizada por nenhuma autoridade nem pessoa física sem haver o consentimento prévio e expresso do titular do direito.

Os arts. 34 a 36 destacam a remuneração compensatória aos titulares de direitos sobre obras publicadas por meio de videogramas ou fonogramas. Trata-se de remuneração para compensar a reprodução de obra para uso pessoal por meio de aparatos técnicos. Essa remuneração se determina em função do que se utiliza para realizar a reprodução.

No Título V são destacadas as limitações ao direito de exploração e a duração desses direitos.

Para Fremiort Ortiz Pierpaoli, "*os direitos intelectuais estão sujeitos a certas limitações, protegendo determinados interesses e permitindo, deste modo, a utilização da obra sem necessidade de contar com o consentimento do autor*"[350].

Acrescenta o autor acima que

> *Estas limitações se dividem em dois grupos: a) quando estas limitações se encontram na mesma lei de direito de autor, porque também abarcam direitos conexos, fundados em razões de interesses culturais ou informativos e b) quando estas restrições são derivadas de exigências de ordem pública, como as que impõe a polícia e a de controle do Estado sobre determinados aspectos da área intelectual*[351].

---

[350] "*[...] los derechos intelectuales, están sujeitos a ciertas limitaciones, protegiendo determinados intereses, permitiendo de este modo, en algunos casos, la utilización de la obra, sin necesidad de contar con el consentimiento del mismo*". ORTIZ PIERPAOLI, Fremiort. *Op. cit.*, p. 84.

[351] "*Estas limitaciones se dividen en dos grupos: a) quando estas limitaciones se encuentran en la misma ley de derecho de autor, porque también abarcan los derechos conexos, fundados en dos razones de intereses culturales o informativos y b) quando estas restricciones son derivadas de exigencias del orden público, como las que impone la policia y la del control del Estado sobre determinados aspectos de la tarea intelectual*". Idem.

O art. 38 destaca os casos em que a obra pode ser divulgada sem autorização do autor e sem pagamento de remuneração:

> *Artículo 38.* Las obras del ingenio protegidas por la presente ley podrán ser comunicadas lícitamente, sin necesidad de la autorización del autor ni el pago de remuneración alguna, en los casos siguientes:
>
> *1.* cuando se realicen en un ámbito exclusivamente doméstico, siempre que no exista un interés lucrativo, directo o indirecto;
>
> *2.* las efectuadas con fines de utilidad pública en el curso de actos oficiales o ceremonias religiosas, de pequeños trozos musicales o de partes de obras de música, siempre que el público pueda asistir a ellos gratuitamente;
>
> *3.* cuando se traten de copias únicas y personales que con fines exclusivamente didácticos utilicen los docentes en establecimientos de enseñanza;
>
> *4.* las que se realicen dentro de establecimientos de comercio, sólo para fines demostrativos a la clientela, de equipos receptores, reproductores u otros similares o para la venta de los soportes sonoros o audiovisuales que contienen las obras; y,
>
> *5.* las realizadas como indispensables para llevar a cabo una prueba judicial o administrativa[352].

Nota-se que não há violação do direito de autor nos casos de reprodução doméstica, sem fins lucrativos, quando tiver finalidade pública em atos oficiais, cerimônia religiosa, pequenos trechos musicais, e o público a eles assistir gratuitamente; quando se tratar de cópias únicas e pessoais, com finalidade didática, e utilizadas em estabelecimento de ensino; quando a divulgação é feita dentro de estabelecimento comercial para fins demonstrativos à clientela, através de aparelhos receptores, reprodutores ou similares; e, por fim, quando a obra for indispensável para servir de prova judicial ou administrativa.

O art. 39 aborda os casos em que são permitidas reproduções, sem autorização do autor e sem pagamento de remuneração, de obras já divulgadas:

---

[352] PARAGUAI. Lei 1.328: De derecho de autor y derechos conexos.

Artículo 39. *Respecto de las obras ya divulgadas, es permitida sin autorización del autor ni pago de remuneración:*

1. la reproducción por medios reprográficos, para la enseñanza o la realización de exámenes en instituciones educativas, siempre que no haya fines de lucro y en la medida justificada por el objetivo perseguido, de artículos o de breves extractos de obras lícitamente publicadas, a condición de que tal utilización se haga conforme a los usos honrados;

2. la reproducción individual de una obra por bibliotecas o archivos públicos que no tengan fines de lucro, cuando el ejemplar se encuentre en su colección permanente, para preservar dicho ejemplar y sustituirlo en caso de extravío, destrucción o inutilización; o para sustituir en la colección permanente de otra biblioteca o archivo un ejemplar que se haya extraviado, destruido o inutilizado, siempre que no resulte posible adquirir tal ejemplar en plazo y condiciones razonables;

3. la reproducción de una obra para actuaciones judiciales o administrativas, en la medida justificada por el fin que se persiga;

4. la reproducción de una obra de arte expuesta permanentemente en las calles, plazas u otros lugares públicos, o de la fachada exterior de los edificios, realizada por medio de un arte diverso al empleado para la elaboración del original, siempre que se indique el nombre del autor si se conociere, el título de la obra si lo tuviere y el lugar donde se encuentra;

5. el préstamo al público del ejemplar lícito de una obra expresada por escrito, por una biblioteca o archivo cuyas actividades no tengan directa o indirectamente fines de lucro;

6. la reproducción de las obras mediante el sistema Braille u otro procedimiento específico, para uso exclusivo de invidentes, siempre que la misma no persiga un fin lucrativo o que las copias no sean objeto de utilización a título oneroso;

7. cuando la obra constituya un signo, emblema, o distintivo de partidos políticos, asociaciones y/o entidades civiles sin fines de lucro.

Las reproducciones admitidas en este artículo serán permitidas en tanto no atenten contra la explotación normal de la obra ni causen un perjuicio injustificado a los intereses legítimos del autor[353].

Constata-se, a partir do dispositivo acima, que o requisito fundamental para haver esta permissão é que a reprodução não te-

---

[353] PARAGUAI. Lei 1.328: De derecho de autor y derechos conexos.

nha fins lucrativos, isto é, não envolva atividade comercial e que tenha uso individual, didático, como prova judicial ou administrativa ou uso público, desde que este não pague pelo acesso.

Os arts. 40 e 41 regulamentam o uso de citações:

Artículo 40. Se permite realizar, sin autorización del autor ni pago de remuneración, citas de obras lícitamente divulgadas, con la obligación de indicar el nombre del autor y la fuente, y a condición de que tales citas se hagan conforme a los usos honrados y en la medida justificada por el fin que se persiga.

Artículo 41. Es lícita también, sin autorización ni pago de remuneración, siempre que se indique el nombre del autor y la fuente, y que la reproducción o divulgación no haya sido objeto de reserva expresa:

1. la reproducción y distribución por la prensa, o la transmisión por cualquier medio, de artículos de actualidad sobre cuestiones económicas, sociales, artísticas, políticas o religiosas, publicados en medios de comunicación social, o divulgados a través de la radiodifusión, sin perjuicio del derecho exclusivo del autor a publicarlos en forma separada, individualmente o como colección;

2. la difusión, con ocasión de las informaciones relativas a acontecimientos de actualidad por medios sonoros o audiovisuales, de imágenes o sonidos de las obras vistas u oídas en el curso de tales acontecimientos, en la medida justificada por el fin de la información;

3. la difusión por la prensa o la transmisión por cualquier medio, a título de información de actualidad, de los discursos, disertaciones, alocuciones, sermones y otras obras de carácter similar pronunciadas en público, y los discursos pronunciados durante actuaciones judiciales, en la medida en que lo justifiquen los fines de información que se persiguen, y sin perjuicio del derecho que conservan los autores de las obras difundidas para publicarlas individualmente o en forma de colección; y,

4. la emisión por radiodifusión o la transmisión por cable o cualquier otro medio, conocido o por conocerse, de la imagen de una obra arquitectónica, de una obra de las bellas artes, de una fotografía o de una obra de arte aplicada, que se encuentren situadas permanentemente en un lugar abierto al público[354].

---

[354] *Idem.*

Sendo assim, como ocorre também em outras legislações já analisadas nesse trabalho, a citação não requer autorização do autor, contudo, deve estar acompanhada do nome do autor e da fonte.

Os arts. 42 e 43 referem-se às transmissões, retransmissões ou gravações realizadas por organismos de radiodifusão, citando os casos em que há necessidade ou não, de autorização do autor.

> *Artículo 42. Cualquier organismo de radiodifusión podrá, sin autorización del autor ni pago de una remuneración especial, realizar grabaciones efímeras con sus propios equipos y para la utilización por una sola vez, en sus propias emisiones de radiodifusión, de una obra sobre la cual tengan el derecho de radiodifundir. Dicha grabación deberá ser destruida en un plazo de tres meses, a menos que se haya convenido con el autor uno mayor. Sin embargo, tal grabación podrá conservarse en archivos oficiales, también sin autorización del autor, cuando la misma tenga un carácter documental excepcional.*
>
> *Artículo 43. Es lícito, sin autorización del autor ni pago de remuneración especial, que un organismo de radiodifusión retransmita o transmita públicamente por cable una obra originalmente radiodifundida por él, con el consentimiento del autor, siempre que tal retransmisión o transmisión pública sea simultánea con la radiodifusión original y que la obra se emita por radiodifusión o transmisión pública sin alteraciones*[355]*.*

O art. 44 traz referência às obras que necessitam do pagamento de remuneração para o uso pessoal do copista e algumas exceções:

> *Artículo 44. Es lícita la copia para uso exclusivamente personal de obras publicadas en forma gráfica, o en grabaciones sonoras o audiovisuales, siempre que se haya satisfecho la remuneración compensatoria a que se refiere el Capítulo IV del Título IV de la presente ley. Sin embargo, las reproducciones permitidas en este artículo no se extienden:*
>
> *1. a la de una obra de arquitectura en forma de edificio o de cualquier otra construcción;*

---

[355] *Idem.*

2. a la reproducción integral de un libro, de una obra musical en forma gráfica, o del original o de una copia de las bellas artes, hecha y firmada por el autor; y,

3. a una base o compilación de datos[356].

As obras publicadas em forma gráfica, gravações sonoras ou audiovisuais, para serem reproduzidas para uso pessoal, necessitam de pagamento ou remuneração. Mas há exceções, pois não poderão ser reproduzidas, da mesma forma, as obras de arquitetura, um livro inteiro, uma obra musical em forma gráfica ou uma base de compilação de dados.

O art. 45 acrescenta ao disposto acima que as exceções são interpretadas restritivamente e não poderão ser aplicadas a casos contrários aos usos previstos.

Artículo 45. Las excepciones establecidas en los artículos precedentes, serán de interpretación restrictiva y no podrán aplicarse a casos que sean contrarios a los usos honrados[357].

O art. 46 traz referências à exploração de programas de computador, cujo tema não será analisado por não fazer parte do objeto de estudo nesse trabalho.

A duração dos direitos de autor é abordada no Capítulo II do Título V, mais precisamente nos arts. 47 ao 53.

Diz o art. 47:

Artículo 47. El derecho patrimonial durará toda la vida del autor y setenta años después de su fallecimiento, y se transmitirá por causa de muerte de acuerdo a las disposiciones del Código Civil.

En las obras en colaboración, el período de protección se contará desde la muerte del último coautor[358].

---

[356] PARAGUAI. Lei 1.328: De derecho de autor y derechos conexos.
[357] *Idem.*
[358] *Ibidem.*

Conforme o destaque acima, a lei paraguaia garante a duração do direito patrimonial por toda a vida do autor mais o período de 70 anos após o seu falecimento.

Nas obras em colaboração, o prazo começa a correr a partir da morte do último co-autor. O mesmo prazo vale para as obras anônimas ou pseudônimas, contado a partir do ano de sua divulgação, segundo o art. 48:

> **Artículo 48.** *En las obras anónimas y seudónimas, el plazo de duración será de sesenta años a partir del año de su divulgación, salvo que antes de cumplido dicho lapso el autor revele su identidad, en cuyo caso se aplicará lo dispuesto en el artículo anterior*[359].

Havendo revelação da identidade do autor, segue-se o prescrito no art. 47.

A contagem do prazo muda no tocante às obras coletivas, audiovisuais, radiofônicas e programas de computador.:

> **Artículo 49.** *En las obras colectivas, los programas de ordenador, las obras audiovisuales y las radiofónicas, el derecho patrimonial se extinguirá a los sesenta años de su primera publicación o, en su defecto, al de su terminación. Esta limitación no afectará el derecho patrimonial de cada uno de los coautores de las obras audiovisuales y radiofónicas respecto de su contribución personal, a los efectos previstos en el segundo párrafo del Artículo 12, ni el goce y el ejercicio de los derechos morales sobre su aporte*[360].

Assim, o prazo de 70 anos começa a contar a partir da primeira publicação. No caso dos programas de computador, se apresentar defeito, extingue-se o prazo com o seu término. Entretanto, esta determinação não afeta o direito patrimonial dos co-autores de obras audiovisuais e radiofônicas, nem mesmo o exercício de seus direitos morais.

---

[359] PARAGUAI. Lei 1.328: De derecho de autor y derechos conexos.
[360] *Idem.*

O cálculo do prazo de duração é explicado no art. 50:

Artículo 50. Los plazos establecidos en el presente capítulo se calcularán desde el día uno de enero del año siguiente al de la muerte del autor o, en su caso, al de la divulgación, publicación o terminación de la obra[361].

É padrão, entre as legislações até o presente momento analisadas, a forma como é fixada a contagem de prazo. Conta-se o prazo a partir de 1º de janeiro do ano seguinte à morte do autor, da divulgação, publicação ou término da obra.

Não existindo sucessores ou herdeiros do autor da obra em colaboração, com o seu falecimento, seus direitos serão acrescidos aos direitos dos demais co-autores. É o que diz o art. 51:

Artículo 51. Cuando uno de los autores de una obra en colaboración falleciera sin dejar herederos, sus derechos acrecerán los derechos de los demás coautores[362].

O art. 52 trata de definir obras póstumas:

Artículo 52. Se consideran obras póstumas las que no han sido divulgadas durante la vida del autor o las que habiendo sido divulgadas, el autor a su fallecimiento, las haya dejado modificadas o corregidas de tal manera que puedan ser consideradas obras nuevas[363].

Por fim, o art. 53 destaca:

Artículo 53. Los sucesores no podrán oponerse a que terceros reediten o traduzcan la obra del causante si transcurridos veinte años

---

[361] *Ibidem.*
[362] PARAGUAI. Lei 1.328: De derecho de autor y derechos conexos.
[363] *Idem.*

> *de la muerte del mismo, se hubieren negado a dicha publicación con abuso de su derecho y el juez así lo acordase a instancia del que pretenda la reedición o traducción. Dichos terceros deberán abonar a los sucesores del autor la remuneración correspondiente, fijada de común acuerdo entre las partes, o en su defecto, por resolución judicial*[364].

Os sucessores não podem se opor aos terceiros que reeditem ou traduzam a obra do autor se já transcorreu o prazo de 20 anos da morte do mesmo. No entanto, é devida uma remuneração aos sucessores do autor, fixada por acordo entre as partes ou por sentença judicial.

O Título VI trata do domínio público nos arts. 54 a 56:

> **Artículo 54.** *El vencimiento de los plazos previstos en esta ley implica la extinción del derecho patrimonial y determina el pase de la obra al dominio público.*
>
> **Artículo 55.** *La utilización de las obras en dominio público deberá respetar siempre la paternidad del autor y la integridad de la creación, y su explotación obligará al pago de una remuneración conforme a las tarifas que fije la Dirección Nacional de Derecho de Autor, la cual no podrá superar el arancel establecido para las obras que se encuentran en el dominio privado.*
>
> *Esta remuneración será destinada exclusivamente a un fondo de fomento y difusión de las diversas manifestaciones culturales a ser creado por ley especial.*
>
> **Artículo 56.** *Las traducciones, adaptaciones, arreglos y otras modificaciones de las obras en dominio público estarán sujetos a lo dispuesto en el Artículo 16 de esta ley*[365].

Observa-se, a partir dos dispositivos destacados, que o direito patrimonial se extingue com o término dos prazos destacados anteriormente e, com isto, a obra passa ao domínio público.

---

[364] *Ibidem.*
[365] *Ibidem.*

Ademais, na obra caída em domínio público deve-se respeitar a paternidade do autor e a integridade da criação, além de haver pagamento de remuneração por sua exploração.

Os arts. 57 a 151, distribuídos nos Títulos VII (disposições especiais para certos tipos de obras), VIII (proteção ao folclore), IX (contratos de transmissão e exploração por terceiros), X (direitos conexos), XI (gestão coletiva de obras), e XII (participação do Estado no âmbito administrativo) não serão analisados neste trabalho, pois não se enquadram no objeto em estudo.

Os arts. 152 e 153 tratam do Registro do direito de autor e direitos conexos. Estes serão estudados no Capítulo III deste trabalho, tendo em vista sua importância na conclusão deste estudo.

Os Títulos XIII e XIV cuidam, respectivamente, das ações judiciais e dos procedimentos no processo administrativo, civil e penal referentes à violação de direitos do autor e conexos.

No que tange à proteção administrativa, os arts. 154 a 156 prescrevem:

Artículo 154. Las autoridades administrativas competentes no autorizarán la realización de comunicaciones públicas y se abstendrán de expedir los respectivos permisos de funcionamiento, si el responsable de la comunicación, o del respectivo establecimiento, no acredita la autorización escrita de los titulares de derechos sobre las obras o producciones objeto de la comunicación, o de la entidad de gestión que administre el repertorio correspondiente.

La falta de permiso por la autoridad constituirá infracción administrativa, que será sancionada con la suspensión de la comunicación pública, sea por iniciativa de la propia autoridad, o bien por la autoridad policial, a pedido de los titulares de los derechos sobre las obras o producciones, o de las entidades que los representen.

La suspensión se aplicará sin perjuicio de la multa que establezca el organismo con potestad para imponerla.

Artículo 155. Cuando se realicen utilizaciones públicas de obras, producciones y demás bienes intelectuales protegidos, que no requieran permiso de las autoridades estatales para efectuarlas, pero que formando parte de los derechos de explotación reconocidos por esta ley no cuenten con el consentimiento escrito de los respectivos titula-

> *res, o de la entidad de gestión que los represente, éstos podrán requerir la suspensión de la comunicación a la autoridad administrativa o policial competente.*
>
> ***Artículo 156.*** *A los efectos de la suspensión prevista en los artículos anteriores, no se requerirá de garantía real ni personal, cuando la medida sea solicitada por cualquiera de las entidades de gestión autorizadas para funcionar de conformidad con la presente ley*[366].

Resumidamente, pode-se dizer que as autoridades administrativas competentes não podem autorizar nenhum procedimento sem que haja a autorização escrita dos titulares de direitos sobre a obra, produção ou objeto de divulgação.

Não havendo permissão da autoridade administrativa, e ocorrendo a exploração da obra, configurar-se-á a infração administrativa, suspender-se-á a execução pública da obra e aplicar-se-á uma multa pela infração cometida.

Havendo permissão da autoridade administrativa, mas não, por parte dos titulares dos direitos sobre a exploração da obra, a divulgação poderá ser suspensa pela autoridade administrativa ou policial competente.

Referentemente às ações e procedimentos civis, destacam-se alguns dispositivos importantes:

> ***Artículo 158.*** *Los titulares de cualesquiera de los derechos reconocidos en esta ley, sus representantes o las entidades de gestión colectiva, sin perjuicio de otras acciones que les correspondan, podrán pedir el cese de la actividad ilícita del infractor y exigir la indemnización de los daños materiales y morales causados por la violación o la recuperación de las utilidades obtenidas por el infractor en la comisión del hecho ilícito, y el pago de las costas procesales.*
>
> *La indemnización por los daños y perjuicios materiales comprenderá, no sólo el monto que debería haberse percibido por el otorgamiento de la autorización, sino también un recargo mínimo equivalente al 100% (Cien por ciento) de dicho monto, salvo que se probase por la parte lesionada la existencia de un perjuicio superior, tomándose en*

---

[366] PARAGUAI. Lei 1.328: De derecho de autor y derechos conexos.

consideración las ganancias obtenidas por el infractor en la comisión del hecho ilícito[367].

Conforme prescrito acima, dentre os procedimentos e ações mais importantes, no âmbito civil, para resguardar os direitos de autor, estão as ações de indenização por danos materiais e morais ocasionados pela violação ou recuperação de vantagens obtidas pelo infrator. Além disso, a lei civil também garante ações para fazer cessar a atividade ilícita do infrator.

A finalidade desse tipo de ação é destacada no art. 159:

> **Artículo 159.** *El cese de la actividad ilícita podrá comprender:*
>
> *1. la suspensión de la actividad infractora;*
>
> *2. la prohibición al infractor de reanudarla;*
>
> *3. el retiro del comercio de los ejemplares ilícitos y su destrucción;*
>
> *4. la inutilización de los moldes, planchas, matrices, negativos y demás elementos destinados exclusivamente a la reproducción de ejemplares ilícitos y, en caso necesario, la destrucción de tales instrumentos; y,*
>
> *5. la remoción de los aparatos utilizados en la comunicación pública no autorizada.*
>
> *El juez podrá ordenar igualmente la publicación de la parte declarativa de la sentencia condenatoria, a costa del infractor, en uno o varios periódicos*[368].

Os arts. 160 a 164 tratam de medidas cautelares para evitar-se o cometimento de infrações ou a repetição de infração já realizada:

> **Artículo 160.** *El juez, a instancia de la Dirección Nacional del Derecho de Autor, del titular del respectivo derecho, de su representante o*

---

[367] PARAGUAI. Lei 1.328: De derecho de autor y derechos conexos.
[368] *Idem.*

de la entidad de gestión correspondiente, ordenará la práctica inmediata de las medidas cautelares necesarias para evitar que se cometa la infracción o que se continúe o repita una violación ya realizada, y en particular, las siguientes:

1. el embargo de los ingresos obtenidos por la actividad ilícita o, en su caso, de las cantidades debidas en concepto de remuneración;

2. la suspensión inmediata de la actividad de fabricación, reproducción, distribución, comunicación o importación ilícita, según proceda; y,

3. el secuestro de los ejemplares producidos o utilizados y el del material o equipos empleados para la actividad infractora.

Las medidas cautelares previstas en esta disposición no impedirán la adopción de otras contempladas en la legislación ordinaria.

Artículo 161. Las medidas cautelares a que se refiere el artículo anterior, serán acordadas por la autoridad judicial siempre que se acredite la necesidad de la medida o se acompañe un medio de prueba que constituya, por lo menos, una presunción de la violación del derecho que se reclama, sin necesidad de presentar contracautela.

La necesidad de la medida o la presunción de la violación del derecho que se reclama, puede surgir también a través de la inspección ocular que, como diligencia preparatoria, disponga el juez en el lugar de la infracción.

Artículo 162. Las medidas cautelares indicadas en el artículo anterior serán cesadas por la autoridad judicial, si:

1. la persona contra quien se decretó la medida presta caución suficiente, a juicio del juez, para garantizar las resultas del proceso, y la apelación no tendrá efectos suspensivos; y,

2. si el solicitante de las medidas no acredita haber iniciado el procedimiento conducente a una decisión sobre el fondo del asunto, en un plazo de treinta días consecutivos contados a partir de su práctica o ejecución.

Artículo 163. Las medidas preventivas contempladas en los artículos precedentes se aplicarán sin perjuicio de la obligación de la Dirección General de Aduanas, de proceder al decomiso en las fronteras de todos los ejemplares que constituyan infracción a cualesquiera de los derechos reconocidos en esta ley, y suspender la libre circulación de tales objetos, cuando los mismos pretendan importarse al territorio de la República.

Las medidas de decomiso no procederán respecto del ejemplar que no tenga carácter comercial y forme parte del equipaje personal.

Artículo 164. Considérase en mora al usuario de las obras, interpretaciones, producciones, emisiones y demás bienes intelectuales reconocidos por la presente ley, cuando no pague las liquidaciones formuladas de acuerdo a los aranceles fijados para la respectiva modalidad de utilización, o la remuneración compensatoria, dentro de los diez días consecutivos siguientes a la intimación judicial o notarial[369].

As medidas mencionadas, dentre elas, a suspensão de atividade de fabricação, reprodução, distribuição, ou qualquer outro meio ilícito que contribua para violação do direito de autor e o seqüestro de exemplares produzidos ou utilizados, bem como, o material ou equipamentos empregados na atividade infratora, são determinadas pela autoridade judicial sempre que esteja comprovada a necessidade da mesma ou haja presunção da violação do direito que se reclama.

Os arts. 166 a 170 destacam as sanções penais aos casos de violação do direito de autor e conexos.

Artículo 166. Se impondrá una pena de seis meses a un año de prisión o multa de cinco a cincuenta salarios mínimos, a quien estando autorizado para publicar una obra, dolosamente lo hiciere en una de las formas siguientes:

1. sin mencionar en los ejemplares el nombre del autor, traductor, adaptador, compilador o arreglador;

2. estampe el nombre con adiciones o supresiones que afecten la reputación del autor como tal o, en su caso, del traductor, adaptador, compilador o arreglador;

3. publique la obra con abreviaturas, adiciones, supresiones o cualesquiera otras modificaciones, sin el consentimiento del titular del derecho;

4. publique separadamente varias obras, cuando la autorización se haya conferido para publicarlas en conjunto; o las publique en conjunto cuando solamente se le haya autorizado la publicación de ellas en forma separada.

Artículo 167. Se impondrá pena de prisión de seis meses a tres años o multa de cien a doscientos salarios mínimos, en los casos siguientes:

---

[369] PARAGUAI. Lei 1.328: De derecho de autor y derechos conexos.

1. al que emplee indebidamente el título de una obra, con infracción del Artículo 61 de esta ley;

2. al que realice una modificación de la obra, en violación de lo dispuesto en el Artículo 30 de la presente ley;

3. al que comunique públicamente una obra, en violación de lo dispuesto en el Artículo 27; una grabación audiovisual, conforme al Artículo 134; o una imagen fotográfica, de acuerdo al Artículo 135 de esta ley;

4. al que distribuya ejemplares de la obra, con infracción del derecho establecido en el Artículo 28; de fonogramas, en violación del Artículo 127; de una grabación audiovisual conforme al Artículo 134; o de una imagen fotográfica de acuerdo al Artículo 135 de la presente ley;

5. al que importe ejemplares de la obra no destinados al territorio nacional, en violación de lo dispuesto en el Artículo 29; o de fonogramas, infringiendo lo dispuesto en el Artículo 127 de esta ley;

6. al que retransmita, por cualquier medio alámbrico o inalámbrico, una emisión de radiodifusión o una transmisión por hilo, cable, fibra óptica u otro procedimiento análogo, infringiendo las disposiciones de los Artículos 25, 26, 131 ó 132 de esta ley;

7. al que comunique públicamente interpretaciones o ejecuciones artísticas, o fonogramas, que estén destinados exclusivamente a su ejecución privada;

8. al que, siendo cesionario o licenciatario autorizado por el titular del respectivo derecho, reproduzca o distribuya un mayor número de ejemplares que el permitido por el contrato; o comunique, reproduzca o distribuya la obra, interpretación, producción o emisión, después de vencido el plazo de autorización que se haya convenido;

9. a quien dé a conocer a cualquier persona una obra inédita o no divulgada, que haya recibido en confianza del titular del derecho de autor o de alguien en su nombre, sin el consentimiento del titular; y,

10. a quien fabrique, importe, venda, arriende o ponga de cualquier otra manera en circulación, dispositivos o productos o preste cualquier servicio cuyo propósito o efecto sea impedir, burlar, eliminar, desactivar o eludir de cualquier forma, los dispositivos técnicos que los titulares hayan dispuesto para proteger sus respectivos derechos.

Artículo 168. Se impondrá pena de prisión de dos a tres años o multa de doscientos a mil salarios mínimos, en los casos siguientes:

1. al que se atribuya falsamente la cualidad de titular, originario o derivado, de cualquiera de los derechos reconocidos en esta ley, y con esa indebida atribución obtenga que la autoridad competente suspenda el acto de comunicación, reproducción, distribución o importación

de la obra, interpretación, producción, emisión o de cualquiera otro de los bienes intelectuales protegidos por la presente ley;

2. al que presente declaraciones falsas en cuanto a certificaciones de ingresos, repertorio utilizado, identificación de los autores, autorización supuestamente obtenida, número de ejemplares o toda otra adulteración de datos susceptible de causar perjuicio a cualquiera de los titulares de derechos protegidos por esta ley;

3. a quien reproduzca, con infracción de lo dispuesto en el Artículo 26, en forma original o elaborada, íntegra o parcial, obras protegidas, salvo en los casos de reproducción lícita taxativamente indicados en el Capítulo I del Título V; o por lo que se refiera a los programas de ordenador, salvo en los casos de excepción mencionados en los Artículos 70 y 71 de esta ley;

4. al que introduzca en el país, almacene, distribuya mediante venta, renta o préstamo o ponga de cualquier otra manera en circulación, reproducciones ilícitas de las obras protegidas;

5. a quien reproduzca o copie, por cualquier medio, la actuación de un artista intérprete o ejecutante; o un fonograma; o una emisión de radiodifusión o transmisión por hilo, cable, fibra óptica u otro procedimiento análogo; o que introduzca en el país, almacene, distribuya, exporte, venda, alquile o ponga de cualquier otra manera en circulación dichas reproducciones ilícitas;

6. al que inscriba en el Registro del Derecho de Autor y Derechos Conexos, una obra, interpretación, producción, emisión ajenas o cualquiera otro de los bienes intelectuales protegidos por esta ley, como si fueran propios, o como de persona distinta del verdadero titular de los derechos; y,

7. a quien fabrique, importe, venda, arriende o ponga de cualquier otra manera en circulación, dispositivos o sistemas que sean de ayuda primordial para descifrar sin autorización una señal de satélite codificada portadora de programas o para fomentar la recepción no autorizada de un programa codificado, radiodifundido o comunicado en otra forma al público[370]*.*

De acordo coms o arts. 166, 167 e 168, aquele que dolosamente publicar obras, nos casos mencionados, incorrerá na pena mínima de 6 meses a 1 ano de prisão ou na multa de 5 a 50 salários mínimos, podendo agravar, conforme o caso, até 3 anos de prisão ou multa de 1.000 salários mínimos.

---

[370] PARAGUAI. Lei 1.328: De derecho de autor y derechos conexos.

> **Artículo 169.** El Juez o Tribunal en lo Criminal ordenará en la sentencia la destrucción de los ejemplares ilícitos y, en su caso, la inutilización o destrucción de los moldes, planchas, matrices, negativos y demás elementos destinados a la reproducción de los mismos.
>
> Como pena accesoria, el Juez o Tribunal podrá ordenar la publicación en uno o más periódicos, la parte resolutiva de la sentencia condenatoria, a costa del infractor[371].

O art. 169 traz outros tipos de pena, tais como a destruição de exemplares ilícitos e a inutilização ou destruição de todo o material ou equipamento destinado à reprodução da obra, e uma pena acessória, isto é, a publicação da sentença em um ou mais periódicos às custas do infrator.

Por fim, o art. 170, que finaliza as sanções penais na lei paraguaia, dispõe:

> **Artículo 170.** Se impondrá pena de prisión de dos a tres años o multa de cien a doscientos salarios mínimos a quien posea, use, diseñe, fabrique, importe, exporte o distribuya ya sea por venta, arrendamiento, préstamo u otro, cualquier artefacto, programa de computación o contra quien haga la oferta de realizar o realice un servicio, cuyo objetivo sea el de permitir o facilitar la evasión de tecnología de codificación[372].

O dispositivo em destaque faz referência à pena de prisão de 2 a 3 anos ou multa de 100 a 200 salários mínimos para quem permita ou facilite, sob as formas expressas no artigo, a fuga de tecnologia de codificação.

O Título XV da Lei 1.328/98 trata, nos arts. 171 a 179, do controle fronteiriço da importação e exportação de produtos que violem os direitos de autor e conexos. Contudo, este assunto não será abordado neste trabalho.

O Título XVI refere-se ao âmbito de aplicação da Lei 1.328/98 em seu art. 180:

---

[371] *Idem.*
[372] PARAGUAI. Lei 1.328: De derecho de autor y derechos conexos.

> *Artículo 180. Las obras, interpretaciones y ejecuciones artísticas, producciones fonográficas, emisiones de radiodifusión o transmisiones por hilo, cable, fibra óptica u otro procedimiento análogo, grabaciones audiovisuales, fijaciones fotográficas y demás bienes intelectuales extranjeros, gozarán en la República del Paraguay del trato nacional, cualquiera que sea la nacionalidad o el domicilio del titular del respectivo derecho o el lugar de su publicación o divulgación[373].*

Como se observa acima, as obras intelectuais estrangeiras serão beneficiadas, na República do Paraguai, pela aplicação do trato nacional, seja qual for a nacionalidade ou o domicílio do titular do respectivo direito ou seu lugar de publicação ou divulgação. Então, os titulares estrangeiros gozarão dos mesmos direitos garantidos, pela lei, aos nacionais.

O Título XVII traz as disposições transitórias e finais da Lei 1.328/98, encerrando-a nos seus 187 artigos.

2.4 O DIREITO DE AUTOR NO URUGUAI

Para encerrar este capítulo, pertinente à análise das Constituições dos Estados-partes do Mercosul, bem como, da legislação aplicável ao direito de autor, resta destacar a legislação do Uruguai, mencionando os dispositivos fundamentais e que possuem relação com o tema proposto neste trabalho.

2.4.1 A Constituição Uruguaia e Suas Reformas

No que tange às Constituições Uruguaias, encontram-se os primeiros vestígios de sua formação em 1934, passando por reformas em 1938, 1942 e 1952. Contudo, sua Constituição oficial veio a nascer em 1967.

---

[373] *Idem.*

A Constituição da República do Uruguai de 1967 passou por significativas reformas ao longo de sua história. Foram três modificações ao total, uma em 26 de novembro de 1989, outra em 26 de novembro de 1994 e, por último, em 08 de dezembro de 1996, permanecendo até hoje em vigência.

No entanto, no tocante ao direito de autor, o texto constitucional permaneceu o mesmo desde 1967. A Seção II, que trata dos Direitos, Deveres e Garantias , traz no Capítulo I, em seu art. 33:

> *Artículo 33. El trabajo intelectual, el derecho del autor, del inventor o del artista, serán reconocidos y protegidos por la ley*[374].

Assim, pode-se constatar que o direito de autor, bem como, trabalhos intelectuais e invenções estão assegurados e reconhecidos pela lei Uruguaia, que será analisada na sequência.

2.4.2 A Lei 9.739/37 e Suas Modificações

A Lei 9.739/37, promulgada em 15.12.1937 e modificada pela Lei 17.616 de 10.01.2003, regulamenta em seus 66 artigos a proteção à propriedade literária e artística no Uruguai.

O art. 1º trata do objeto de proteção da lei:

> *Artículo 1º. Esta ley protege el derecho moral del autor de toda creación literaria, científica o artística y le reconoce derecho de dominio sobre las producciones de su pensamiento, ciencia o arte, con sujeción a lo que establecen el derecho común y los artículos siguientes.*
>
> *Asimismo, y en base a las disposiciones que surgen de esta ley, protege los derechos de los artistas, intérpretes y ejecutantes, productores*

---

[374] URUGUAI. **Constituição da República do Uruguai**. Disponível em: <http://www.parlamento.gub.uy/constituciones/const997.htm>. Acesso em: 30 jan. 2004.

de fonogramas y organismos de radiodifusión. Esta protección no afectará en modo alguno la tutela del derecho de autor sobre las obras protegidas. En consecuencia, ninguna de las disposiciones contenidas a favor de los mismos en esta ley podrá interpretarse en menoscabo de esa protección[375].

No tocante ao objeto estabelecido pela Lei 9.739/37, tem-se a proteção ao direito moral de toda criação literária, científica ou artística, bem como, o reconhecimento do direito patrimonial sobre as obras intelectuais.

A Lei 17.616/03 acrescentou ao art. 1º o último parágrafo, mencionando os direitos conexos, isto é, a proteção aos direitos de artistas, intérpretes, executantes, produtores de fonogramas e organismos de radiodifusão.

O art. 2º da Lei 9.739/37 foi substituído pela nova Lei de 2003:

Artículo 2º. El derecho de propiedad intelectual sobre las obras protegidas en esta ley comprende la facultad exclusiva del autor de enajenar, reproducir, distribuir, publicar, traducir, adaptar, transformar, comunicar o poner a disposición del público las mismas, en cualquier forma o procedimiento.

La facultad de reproducir comprende la fijación de la obra o producción protegida por la presente ley, en cualquier forma o por cualquier procedimiento, incluyendo la obtención de copias, su almacenamiento electrónico -sea permanente o temporario-, que posibilite su percepción o comunicación.

La facultad de distribuir comprende la puesta a disposición del público del original o una o más copias de la obra o producción, mediante su venta, permuta u otra forma de transmisión de la propiedad, arrendamiento, préstamo, importación, exportación o cualquier otra forma conocida o por conocerse, que implique la explotación de las mismas.

---

[375] URUGUAI. Lei 9.739: Propriedade literária e artística. Promulgada em 15.12.1937 e reformada pela **Lei 17.616**: Proteção ao direito de autor e direitos conexos, de 10.01.2003. Disponível em: <http://www.presidencia.gub.uy/gxpfiles/data/ley/2003011310.htm>. Acesso em: 30 jan. 2004.

> *La facultad de publicar comprende el uso de la prensa, de la litografía, del polígrafo y otros procedimientos similares; la transcripción de improvisaciones, discursos, lecturas, etcétera, aunque sean efectuados en público, y asimismo la recitación en público, mediante la estenografía, dactilografía y otros medios.*
>
> *La facultad de traducir comprende, no sólo la traducción de lenguas sino también de dialectos.*
>
> *La facultad de comunicar al público comprende: la representación y la ejecución pública de las obras dramáticas, dramático-musicales, literarias y musicales, por cualquier medio o procedimiento, sea con la participación directa de intérpretes o ejecutantes, o recibidos o generados por instrumentos o procesos mecánicos, ópticos o electrónicos, o a partir de una grabación sonora o audiovisual, u otra fuente; la proyección o exhibición pública de las obras cinematográficas y demás obras audiovisuales; la transmisión o retransmisión de cualesquiera obras por radiodifusión u otro medio de comunicación inalámbrico, o por hilo, cable, fibra óptica u otro procedimiento análogo que sirva para la difusión a distancia de los signos, las palabras, los sonidos o las imágenes, sea o no mediante suscripción o pago; la puesta a disposición, en lugar accesible al público y mediante cualquier instrumento idóneo, de la obra transmitida o retransmitida por radio o televisión; la exposición pública de las obras de arte o sus reproducciones.*
>
> *En general, la comunicación pública comprende, todo acto mediante el cual la obra se pone al alcance del público, por cualquier medio (alámbrico o inalámbrico) o procedimiento, incluyendo la puesta a disposición del público de las obras, de tal forma que los miembros del público puedan acceder a estas obras desde el lugar y en el momento que cada uno de ellos elija*[376].

Segundo o dispositivo, a proteção assegurada pela lei compreende a faculdade exclusiva do autor de alienar, reproduzir, distribuir, publicar, traduzir, adaptar, transformar, divulgar ou pôr à disposição do público suas obras, em qualquer forma ou procedimento.

Na seqüência, o mesmo artigo dispõe das especificações sobre estas faculdades, mencionando, de forma clara, o que compreende cada uma.

O art. 3º da Lei 9.739/37 destaca a existência de limitação de tempo do direito de autor, que será mencionada mais adiante.

---

[376] URUGUAI. Lei 9.739: Propriedade literária e artística.

Contudo, os direitos em que forem titular o Estado, Município ou qualquer órgão público, serão considerados perpétuos:

> ***Artículo 3º.*** *Este derecho está limitado en cuanto al tiempo, de acuerdo con los artículos siguientes, sin perjuicio de las disposiciones especiales que sancione la ley respecto de las fundaciones u otra clase de vinculaciones.*
>
> *Pero los derechos de que fuere titular el Estado, el Municipio o cualquier otro órgano público, en las materias regidas por esta ley, serán reconocidos a perpetuidad*[377].

O art. 4º menciona que a proteção ao direito de autor é assegurada em todos os casos e na mesma medida, independente da natureza ou procedência da obra ou da nacionalidade do autor:

> ***Artículo 4º.*** *La protección legal de este derecho será acordada en todos los casos y en la misma medida cualquiera sea la naturaleza o procedencia de la obra o la nacionalidad de su autor, y sin distinción de escuela, secta o tendencia filosófica, política o económica*[378].

A proteção ao direito de autor inclui as expressões, mas não as idéias, métodos de operação ou conceitos matemáticos em si. Nota-se que o Uruguai segue a mesma regra das legislações anteriormente analisadas. É o que diz o art. 5º:

> ***Articulo 5º.*** *La protección del derecho de autor abarcará las expresiones pero no las ideas, procedimientos, métodos de operación o conceptos matemáticos en sí.*
>
> *A los efectos de esta ley, la producción intelectual, científica o artística comprende:*
>
> *- Composiciones musicales con o sin palabras impresas o en discos, cilindros, alambres o películas, siguiendo cualquier procedimiento de*

---

[377] *Idem.*
[378] *Ibidem.*

impresión, grabación o perforación, o cualquier otro medio de reproducción o ejecución: cartas, atlas y mapas geográficos; escritos de toda naturaleza.

- Folletos.

- Fotografías.

- Ilustraciones.

- Libros.

- Consultas profesionales y escritos forenses.

- Obras teatrales, de cualquier naturaleza o extensión, con o sin música.

- Obras plásticas relativas a la ciencia o a la enseñanza.

- Obras audiovisuales, incluidas las cinematográficas, realizadas y expresadas por cualquier medio o procedimiento.

- Obras de dibujo y trabajos manuales.

- Documentos u obras científicas y técnicas.

- Obras de arquitectura.

- Obras de pintura.

- Obras de escultura.

- Fórmulas de las ciencias exactas, físicas o naturales, siempre que no estuvieren amparadas por leyes especiales.

- Obras radiodifundidas y televisadas.

- Textos y aparatos de enseñanza.

- Grabados.

- Litografía.

- Obras coreográficas cuyo arreglo o disposición escénica "mise en scène" esté determinada en forma escrita o por otro procedimiento.

-Títulos originales de obras literarias, teatrales o musicales, cuando los mismos constituyen una creación.

- Pantomimas.

- Pseudónimos literarios.

- Planos u otras producciones gráficas o estadigráficas, cualesquiera sea el método de impresión.

- Modelos o creaciones que tengan un valor artístico en materia de vestuario, mobiliario, decorado, ornamentación, tocado, galas u obje-

tos preciosos, siempre que no estuvieren amparados por la legislación vigente sobre propiedad industrial.

- Programas de ordenador, sean programas fuente o programas objeto; las compilaciones de datos o de otros materiales, en cualquier forma, que por razones de la selección o disposición de sus contenidos constituyan creaciones de carácter intelectual. Esta protección no abarca los datos o materiales en sí mismos y se entiende sin perjuicio de cualquier derecho de autor que subsista respecto de los datos o materiales contenidos en la compilación. La expresión de ideas, informaciones y algoritmos, en tanto fuere formulada en secuencias originales ordenadas en forma apropiada para ser usada por un dispositivo de procesamiento de información o de control automático, se protege en igual forma.

Y, en fin, toda producción del dominio de la inteligencia[379].

O art. 6º trata do registro de obra intelectual, que será analisado no próximo capítulo.

O art. 7º, no Capítulo II, destaca os titulares do direito de autor:

Artículo 7º. *Son titulares del derecho con las limitaciones que más adelante se establecen:*

a) El autor de la obra y sus sucesores;

b) Los colaboradores;

c) Los adquirentes a cualquier título;

c1) Los traductores y los que en cualquier forma, con la debida autorización, actúen en obras ya existentes (refundiéndolas, adaptándolas, modificándolas, etc.), sobre la nueva obra resultante;

d) El artista intérprete o ejecutante de una obra literaria o musical, sobre su interpretación o ejecución; el productor de fonogramas, sobre su fonograma; y organismo de radiodifusión sobre sus emisiones;

e) El Estado[380].

---

[379] URUGUAI. Lei nº 9.739: Propriedade literária e artística.
[380] *Idem.*

Diante do exposto acima, constata-se que a Lei 9.739/37 considera titulares do direito de autor o próprio autor e seus sucessores, os colaboradores, os adquirentes a qualquer título, os tradutores e aqueles que atuarem em obras já existentes, o intérprete, executante, produtor de fonogramas, organismo de radiodifusão e, por fim, o Estado.

O Capítulo III, nos arts. 8º a 25, trata do autor e seus sucessores.

Destaca o art. 8º:

> *Artículo 8º.* *Los derechos de autor, de carácter patrimonial, se trasmiten en todas las formas previstas por la ley. El contrato, para ser válido, deberá constar necesariamente por escrito, pero no se podrá oponer contra terceros, sino a partir de su inscripción en el Registro.*
>
> *Cuando el contrato se otorgue en el extranjero, la inscripción podrá hacerse ante las autoridades diplomáticas o consulares del país*[381].

Na lei uruguaia, os direitos patrimoniais podem ser transmitidos por todas as formas que estiverem previstas. No entanto, para que o contrato tenha validade, deve estar na forma escrita, sendo que somente é possível resguardar os direitos perante terceiros se a obra estiver inscrita no registro.

O art. 9º, com redação modificada pela Lei 17.616/03, ressalta:

> *Artículo 9º. En caso de reventa de obras de arte plásticas o escultóricas efectuadas en pública subasta, en establecimiento comercial o con la intervención de un agente o comerciante, el autor, y a su muerte los herederos o legatarios – hasta el momento en que la obra pase al dominio público-, gozan del derecho inalienable e irrenunciable de percibir del vendedor un 3% (tres por ciento) del precio de la reventa. Los subastadores, comerciantes o agentes que intervengan en la reventa, serán agentes de retención del derecho de participación del autor en el precio de la obra revendida y estarán obligados a entregar*

---

[381] *Ibidem.*

dicho importe, en el plazo de treinta días siguientes a la subasta o negociación, al autor o a la entidad de gestión correspondiente. El incumplimiento de la obligación que se establece, por parte del rematador, comerciante o agente, lo hará responsable solidariamente del pago del referido monto[382].

Neste dispositivo fica assegurada a participação do autor ou de seus herdeiros ou legatários, no caso de morte, em 3% do preço de revenda das obras de artes plásticas ou esculturas em estabelecimento comercial e hasta pública. Este valor deverá ser entregue em 30 dias, após a negociação, ao autor ou quem o substitua.

O art. 10 trata da parte inembargável dos direitos de autor:

Artículo 10. *Durante la vida del autor será inembargable la tercera parte del importe de los derechos de autor que la obra pueda producir a partir de la fecha de su amparo legal o desde el momento en que efectivamente se encuentre en el comercio*[383].

Assim, durante toda a sua vida, um terço dos direitos pertencentes ao autor e produzidos pela obra é inembargável a partir do momento em que se encontre no comércio.

Sobre o direito moral do autor, diz o art. 11:

Artículo 11. *La facultad de publicar una obra inédita, la de reproducir una ya publicada o la de entregar la obra contratada constituyen un derecho moral no susceptible de enajenación forzada*[384].

A publicação de obra inédita, a reprodução de obra já publicada ou a entrega da obra contratada, constituem um direito moral do autor, insuscetível de alienação forçada.

---

[382] *Ibidem.*
[383] URUGUAI. Lei 9.739: Propriedade literária e artística.
[384] *Idem.*

Ainda, seja qual for o motivo do término do contrato de cessão ou alienação de direitos, o autor tem as seguintes faculdades:

> **Artículo 12.** *Sean cuales fueren los términos del contrato de cesión o enajenación de derechos, el autor tendrá sobre su obra las siguientes facultades:*
> *1) La de exigir la mención de su nombre o pseudónimo y la del título de la obra en todas las publicaciones, ejecuciones, representaciones, emisiones, etc., que de ella se hicieren;*
> *2) El derecho de vigilar las publicaciones, representaciones, ejecuciones, reproducciones o traducciones de la misma, y oponerse a que el título, texto, composición etc., sean suprimidos, supuestos, alterados etc.;*
> *3) El derecho de corregir o modificar la obra enajenada siempre que no altere su carácter o finalidad y no perjudique el derecho de terceros adquirentes de buena fe*[385].

Terminado o contrato, pode o autor exigir a menção de seu nome ou pseudônimo, ou o título da obra, em todas as suas publicações, execuções, representações etc.; ter o direito de fiscalizar suas publicações para que não sejam alteradas, suprimidas etc.; e ter o direito de corrigir ou modificar a obra alienada, desde que não altere o caráter ou finalidade e não prejudique direito de terceiros adquirentes de boa-fé.

> **Artículo 13.** *Cuando concurran graves razones morales, el autor tendrá la facultad de retirar su obra, debiendo resarcir el daño que injustamente causare a los cesionarios, editores o impresores interesados. En garantía de tal resarcimiento, puede ser constreñido por el Juez a prestar previamente fianza.*
> *La facultad que consagra este artículo es personal e intransferible*[386].

Na existência de razão moral, o autor poderá retirar sua obra, ressarcindo os danos causados injustamente aos cessionários,

---

[385] *Ibidem.*
[386] URUGUAI. Lei 9.739: Propriedade literária e artística.

editores ou impressores interessados, podendo, também, pagar fiança arbitrada pelo juiz.

Os arts. 14 e 15, modificados pela Lei 17.616/03, tratam da duração do direito de autor:

> ***Artículo 14.*** *El autor conserva su derecho de propiedad durante toda su vida, y sus herederos o legatarios por el término de cincuenta años a partir del deceso de causante (Artículo 40).*
>
> *Cuando se trate de obras póstumas, el derecho de los herederos o legatarios durará cincuenta años a partir del momento del fallecimiento del autor.*
>
> *Si la obra no fuere publicada, representada, ejecutada o exhibida dentro de los diez años a contar de la fecha de fallecimiento de autor caerá en el dominio público.*
>
> *Si los herederos son menores el plazo se contará desde que tengan representación local a ese efecto.*
>
> ***Artículo 15.*** *En las obras producidas en colocación, el término de propiedad de los herederos o legatarios se contará a partir del fallecimiento del último coautor. En caso de fallecimiento de un coautor que no deje sucesión o herederos forzosos, el producido de la obra que le hubiere correspondido durante cincuenta años a partir de la fecha de su deceso pasará a Rentas Generales*[387].

Os direitos de propriedade do autor perduram durante toda a sua vida, e aos seus herdeiros ou legatários por 50 anos a partir do falecimento. No caso de obras póstumas, o direito dos herdeiros ou legatários também é de 50 anos após o falecimento do autor.

Contudo, se a obra não for publicada, representada, executada ou exibida dentro de 10 anos, a contar da data de falecimento do autor, cairá em domínio público. Havendo herdeiros menores, o prazo será contado desde que tenham representação local para esse efeito.

Nas obras produzidas em colaboração, o término da propriedade dos herdeiros ou legatários se contará a partir do faleci-

---

[387] *Idem.*

mento do último co-autor. Se o co-autor falecido não deixar herdeiros ou sucessores, os direitos passarão aos Cofres Públicos durante 50 anos.

> *Artículo 16. Después de la muerte del autor, el derecho de defender la integridad de la obra pasará a sus herederos, y subsidiariamente al Estado.*
>
> *Ninguna adición o corrección podrá hacerse a la obra, si aún con el consentimiento de los causahabientes del autor, sin señalar especialmente los pasajes agregados o modificados*[388].

Após a morte do autor, os herdeiros passam a exercer os direitos sobre a obra intelectual, não sendo permitida nenhuma alteração na obra sem o consentimento dos sucessores do autor. Além disso, o Estado tem responsabilidade subsidiária na defesa desses direitos.

> *Artículo 17. En las obras anónimas y seudónimas, el plazo de duración será de cincuenta años a partir de que la obra haya sido lícitamente hecha accesible al público, salvo que antes de cumplido dicho lapso el autor revele su identidad, en cuyo caso se aplicará lo dispuesto en el artículo 14 de la presente ley.*
>
> *En las obras colectivas el derecho patrimonial se extingue a los cincuenta años de su primera publicación o, en su defecto, a partir de su realización o divulgación debidamente autorizada.*
>
> *Los plazos establecidos en los artículos 14 y siguientes, se calcularán desde el día 1° de enero del año siguiente al de la muerte del autor o, en su caso, al de la realización, divulgación o publicación debidamente autorizada*[389].

Segundo o dispositivo acima, nas obras anônimas ou pseudônimas, o prazo de duração será de 50 anos contados a partir do momento em que a obra seja acessível ao público, exceto se,

---

[388] *Ibidem.*
[389] URUGUAI. Lei 9.739: Propriedade literária e artística.

antes de se completar este prazo, o autor revelar sua identidade. Nas obras coletivas, o direito patrimonial se extingue em 50 anos a contar de sua primeira publicação, realização ou divulgação.

O art. 18, que faz referência ao prazo de duração dos direitos patrimoniais dos produtores de fonogramas e organismos de radiodifusão, bem como os arts. 19 a 21, que tratam de fotografias, quadros e estátuas, não constituem o objeto de estudo desse trabalho, não sendo, portanto, analisados.

Os arts. 22 a 24 tratam de alguns aspectos de cessão do direito de autor:

> ***Artículo 22.*** *Los autores de escritos, dibujos o grabados que aparezcan en publicaciones nacionales, pueden obtener los derechos de autor y cederlos a la empresa respectiva.*
>
> *Dichos escritos deberán, en tal caso, ir firmados con el nombre o pseudónimo del autor y contener en lugar bien visible la leyenda "Derechos reservados".*
>
> ***Artículo 23.*** *Cuando un autor extraño al personal de la empresa cede los derechos sobre sus artículos a un diario o revista, no se entiende impedido de cederlos a otros, ni tampoco de reunirlos y publicarlos en colección o libros, salvo pacto en contrario que deberá ser expreso para cada caso.*
>
> ***Artículo 24.*** *Se entienden cedidos de pleno derecho a la empresa periodística, los derechos de autor sobre todos los escritos, crónicas, reportajes, dibujos, fotografías, grabados, etc., pertenecientes al personal de la empresa, sin perjuicio del derecho de publicarlos por su cuenta en ala forma prevista en la última parte del artículo anterior*[390]*.*

Conforme o descrito acima, os autores de escritos, desenhos ou gravações que forem publicadas nacionalmente, podem obter os direitos de autor e cedê-los à empresa respectiva. Tais escritos deverão acompanhar o nome do autor ou pseudônimo e conter a expressão "direitos reservados".

---

[390] *Idem.*

Se o autor que cede os direitos não for empregado da empresa, não está impedido de ceder seus direitos a outros, salvo estipulação em contrário. Entretanto, sendo cedidos de pleno direito à empresa os direitos de autor sobre todas as suas criações, não há prejuízo ao publicá-los por sua conta.

O art. 25 trata dos discursos políticos, científicos e literários:

> *Artículo 25. Los discursos políticos, científicos y literarios y, en general, las conferencias sobre temas intelectuales, no podrán ser publicadas si el autor no lo hubiera autorizado. Los discursos parlamentarios podrán ser publicados libremente, salvo cuando se haga la publicación con fines de lucro, caso en el cual será necesario la autorización del autor.*
>
> *Exceptúase la información periodística*[391].

Como se observa, os discursos políticos, científicos, literários e conferências sobre temas intelectuais não podem ser publicados sem autorização do autor. Já os discursos parlamentários podem livremente ser publicados, desde que sem finalidade lucrativa, caso em que se necessitará de autorização do autor.

Os arts. 26 a 30 tratam da colaboração em obras. Contudo, serão destacados somente os dispositivos mais importantes:

> *Artículo 26. La obra en colaboración constituye una propiedad indivisa y, por consiguiente, da a los coautores iguales derechos, salvo pacto expreso en contrario. (Artículo 1755 del Código Civil).*
>
> *Artículo 27. Los colaboradores de una compilación colectiva no serán considerados, en ausencia de pacto expreso, como autores de su colaboración, caso en el cual la obra pertenecerá al editor*[392].

Os artigos acima prescrevem que a obra em colaboração é indivisível, e os co-autores possuem iguais direitos, salvo se houver

---

[391] URUGUAI. Lei 9.739: Propriedade literária e artística.
[392] *Idem.*

pacto expresso em contrário. Mas, se ocorrer colaboração em obra coletiva, não havendo pacto expresso, os colaboradores não serão considerados autores, pertencendo todos os direitos ao editor.

O Capítulo V da Lei 9.739/37 aborda em seus arts. 31 e 32 a respeito dos adquirentes de obras intelectuais:

> *Artículo 31.* El adquirente a cualquier título de una de las obras protegidas por esta ley, se substituye al autor en todas sus obligaciones y derechos, excepto aquellos que, por su naturaleza, son de carácter personalísimo. (Artículo 9º, 10, 11, 12, 13 y 19).
>
> *Artículo 32.* Si el cesionario o adquirente del derecho omite hacer representar, ejecutar, o reproducir la obra, conforme a los términos del contrato o en el silencio de éste, de conformidad con los usos y la naturaleza y destino para que la obra ha sido hecha, el autor o sus causahabientes pueden intimarle el cumplimiento de la obligación contraída. Transcurrido un año sin que se diera cumplimiento a ella, el cesionario pierde los derechos adquiridos sin que haya lugar a la restitución del precio pagado; y debe entregar el original de la obra. El autor o sus herederos podrá, además, reclamar indemnización por daños y perjuicios.
>
> Esta disposición es de orden público, y el adquirente sólo podrá eludirla por causa de fuerza mayor o caso fortuito que no le sea imputable[393].

Trata-se de dispositivos que regulam os direitos dos adquirentes, isto é, aqueles que substituem o autor em todos os seus direitos e obrigações, exceto os direitos de caráter personalíssimo, tais como os direitos morais.

O adquirente ou cessionário que não exercer seus direitos e não cumprir o que fora contratado, no prazo de 1 ano, os perderá sem que possa pleitear indenização por danos e prejuízos. O adquirente ou cessionário só poderá reclamar se houver caso de força maior ou fortuito, não configurando sua culpa.

O direito de exploração econômica do adquirente é regulado no art. 33:

---

[393] URUGUAI. Lei 9.739: Propriedade literária e artística.

> **Artículo 33.** *El derecho de explotación económica por el adquirente, pertenecerá a éste hasta después de quince años de fallecido el autor, pasando a partir de esa fecha a sus herederos, que usufructuarán la propiedad conforme a lo dispuesto en el artículo 14[394].*

O adquirente poderá exercer o direito de exploração econômica pelo período de 15 anos, contado a partir do falecimento do autor, passando, após o término do prazo, os direitos aos herdeiros do autor.

Os Capítulos VI e VII tratam dos direitos de tradutores, adaptadores e intérpretes, cujo tema não constitui o objeto de estudo desse trabalho.

O Capítulo VIII traz em seus arts. 40 a 43 os dispositivos pertinentes ao domínio público.

> **Artículo 40.** *El Estado, el Municipio y las personas de derecho público son también titulares del derecho de autor cuando por cualquier modo admitido por las leyes, adquieren la propiedad de una de las obras que protege esta ley.*
>
> *No habiendo sucesión de las categorías establecidas en el artículo 14, o terminado el referido plazo de cuarenta años, la obra entra en el dominio público.*
>
> *El derecho de autor cuando el titular es una de las personas morales a que se refiere este articulo, es perpetuo, y no estará sometido a formalidad alguna.*
>
> **Artículo 41.** *El Estado o el Municipio pueden expropiar el derecho de autor con las siguientes reservas:*
>
> *a) La expropiación será individual, por cada obra, y sólo será procedente por razones de algo interés público;*
>
> *b) No podrá expropiarse el derecho a publicar o a difundir la obra en vida del autor.*
>
> **Artículo 42.** *Cuando una obra caiga en el dominio público cualquier persona podrá explotarla con sujeción a las siguientes limitaciones:*

---

[394] *Idem.*

a) Deberá sujetarse a las tarifas que fije el Consejo de los Derechos del Autor. El Poder Ejecutivo, en la reglamentación de la ley, velará para que las tarifas que se adopten sean moderadas y generales para cada categoría de obras;

b) La publicación, ejecución, difusión, reproducción, etc., deberá ser hecha con toda fidelidad. El Consejo de los Derechos de Autor velará por la observancia de esta disposición sin perjuicio de lo establecido en el artículo siguiente.

Artículo 43. *Cualquier ciudadano podrá denunciar al Consejo de los Derechos de Autor la mutilación de una obra literaria, científica o artística, los agregados, transposiciones o errores graves de una traducción, así como toda otra deficiencia que afecte el mérito de dichas obras*[395].

O Estado, o Município ou as pessoas de direito público também são titulares de direito de autor quando adquirem obras intelectuais através dos modos admitidos pela lei. Se não houver sucessão, passado o prazo de 50 anos, a obra cai em domínio público.

Entretanto, acrescenta o art. 40 que o direito de autor no qual é titular uma das pessoas mencionadas nesse dispositivo, será perpétuo e não será submetido a formalidades.

O art. 41 fala das reservas à expropriação do direito de autor pelo Estado ou Município, isto é, a expropriação deverá ser individual, para cada obra, e deverá ter interesse público, sendo que não se poderá expropriar um direito a ser publicado ou difundido durante a vida do autor.

Mesmo que a obra esteja em domínio público, qualquer pessoa pode explorá-la, mas, segundo o art. 42, há limitações, tais como a sujeição ao pagamento das taxas do Conselho de Direitos de Autor e a fidelidade na publicação, execução, difusão, reprodução etc.

Por fim, o art. 43 comenta a respeito dos cuidados com a obra literária, artística e científica, mencionando que qualquer dano

---

[395] URUGUAI. Lei 9.739: Propriedade literária e artística.

ou prejuízo ocasionado deve ser denunciado ao Conselho dos Direitos de Autor.

O Capítulo IX da Lei 9.739/37 aborda os aspectos pertinentes à reprodução ilícita.

O art. 44 detalha os casos especiais de reprodução ilícita:

> **Artículo 44.** *Son, entre otros, casos especiales de reproducción ilícita:*
>
> *a) Obras literarias en general:*
>
> *1) La impresión, fijación, reproducción, distribución, comunicación o puesta a disposición del público, de una obra sin consentimiento del autor;*
>
> *2) La reimpresión hecha por el autor o el editor contraviniendo lo pactado entre ellos;*
>
> *3) La impresión por el editor de mayor número de ejemplares que el convenido;*
>
> *4) La transcripción, adaptación o arreglo de una obra sin autorización del autor;*
>
> *5) La publicación de una obra con supresiones o modificaciones no autorizadas por el autor o con errores tipográficos que, por su número e importancia constituyan graves adulteraciones.*
>
> *b) Obras teatrales, musicales, poéticas o cinematográficas:*
>
> *1) La representación, ejecución o reproducción de obras en cualquier forma y por cualquier medio, en teatros o lugares públicos, sin la autorización del autor o sus causahabientes.*
>
> *A los efectos de la presente ley se entiende que es efectuada en sitio público toda aquella realizada fuera del ámbito doméstico.*
>
> *Sin embargo no se considerarán ilícitas las representaciones o ejecuciones efectuadas en reuniones estrictamente familiares que se realicen fuera del ámbito doméstico cuando se cumplan los siguientes requisitos:*
>
> *I) Que la reunión sea sin fin de lucro.*
>
> *II) Que no se utilice servicio de discoteca, audio o similares ni participen artistas en vivo.*
>
> *III) Que sólo se utilicen aparatos de música domésticos (no profesionales).*

En el marco de las atribuciones reconocidas por esta ley las entidades de gestión colectiva podrán verificar si se cumplen los requisitos mencionados.

Tampoco se considerarán ilícitas las que se lleven a cabo en instituciones docentes, públicas o privadas, y en lugares destinados a la celebración de cultos religiosos, siempre y cuando no medie un fin de lucro;

2) La representación o ejecución en teatros o lugares distintos a los convenidos entre el autor y el cesionario;

3) La apropiación de una letra para una composición musical o de la música par una composición escrita, o de cualquier obra para una película cinematográfica, discos fonográficos, etc., sin consentimiento de los respectivos autores;

4) La representación o ejecución de una obra con modificaciones o supresiones no autorizadas por el autor;

5) La representación de las obras teatrales cuyo autor haya otorgado la exclusividad a una empresa o compañía determinada;

6) La transmisión de figuras o sonidos por estaciones radiodifusoras o por cualquier otro procedimiento, sin autorización del autor o de sus causahabientes, así como su propalación en lugares públicos, sea o no pago el derecho de acceso, mediante altavoces, discos fonográficos, etc.;

7) La ejecución de las obras musicales en películas cinematográficas sin autorización de los autores, aun cuando éstos hayan autorizado la sincronización de las mismas;

c) Esculturas, pinturas, grabados y demás obras artísticas, científicas o técnicas;

1) La copia o reproducción de un retrato por cualquier procedimiento, sin el consentimiento, del autor;

2) La copia o reproducción de un retrato, estatua o fotografía, que represente a una persona, cuando haya sido hecha de encargo y no esté autorizada por ella la copia o reproducción;

3) La copia o reproducción de planos, frentes o soluciones arquitectónicas, sin el consentimiento del autor;

d) La adaptaciones, arreglos e imitaciones que supongan una reproducción disimulada del original[396].

---

[396] URUGUAI. Lei 9.739: Propriedade literária e artística.

Como se observa, tudo o que for realizado sem autorização do autor, contrariando acordo entre as partes, reproduzido em número maior do que o contratado, apresentado em local diverso do combinado, modificado ou suprimido sem autorização, constitui um ato ilícito sujeito à sanção.

O art. 45 traz a lista do que não é considerado uma reprodução ilícita:

> **Artículo 45.** *No es reproducción ilícita:*
>
> *1) La publicación o difusión por radio o prensa, de obras destinadas a la enseñanza, de extractos, fragmentos de poesías y artículos sueltos, siempre que se indique el nombre del autor, salvo lo dispuesto en el artículo 22.*
>
> *2) La publicación o transmisión por radio o en la prensa, de las lecciones orales de los profesores, de los discursos, informes o exposiciones pronunciadas en las asambleas deliberantes, en los Tribunales de Justicia o en las reuniones públicas;*
>
> *3) Noticias, reportajes, informaciones periodísticas o grabados de interés general, siempre que se mantenga su versión exacta y se exprese el origen de ellos;*
>
> *4) Las transcripciones hechas con propósitos de comentarios, críticas o polémicas;*
>
> *5) La reproducción fiel de las leyes códigos, actas oficiales y documentos públicos de cualquier género;*
>
> *6) La reproducción de las obras teatrales enajenadas, cuando hayan transcurrido dos años sin llevarse a cabo la representación por el cesionario;*
>
> *7) La impresión o reproducción, por orden del autor o sus causahabientes, de las obras literarias enajenadas, siempre que haya transcurrido un año de la intimación de que habla el artículo 32;*
>
> *8) La reproducción fotográfica de cuadros, monumentos, o figuras alegóricas expuestas en los museos, parques o paseos públicos, siempre que las obras de que se trata se consideren salidas del dominio privado;*
>
> *9) La publicación cuando se trate de obras teatrales o musicales, por parte del director del teatro o empresario, siempre que esa reproducción haya sido hecha con autorización del autor;*

10) Las transmisiones de sonidos o figuras por estaciones radiodifusoras del Estado, o por cualquier otro procedimiento, cuando esas estaciones no tengan ninguna finalidad comercial y estén destinadas exclusivamente a fines culturales;

11) La ejecución, por bandas u orquestas del Estado, de pequeños trozos musicales o de partes de obras en música, en programas públicos, siempre que se lleve a cabo sin fin de lucro[397].

Assim, não se consideram ilícitas as publicações de obras destinadas ao ensino, sempre que haja indicação do nome do autor; publicações de aulas, lições, discursos de professores ou pronunciados em assembléias, reuniões públicas ou Tribunais de Justiça; notícias e reportagens periódicas de interesse geral; transcrições feitas com propósito de comentário ou crítica, a reprodução fiel de leis, códigos, documentos públicos e atos oficiais; a reprodução de obras teatrais alienadas e outros casos destacados no artigo em análise.

O Capítulo X trata das sanções às violações dos direitos de autor, nos arts. 46 a 52.

O art. 46, modificado pela Lei 17.616/03, prescreve:

Artículo 46.

a) El que edite, venda, reproduzca o hiciere reproducir por cualquier medio o instrumento -total o parcialmente-; distribuya; almacene con miras a la distribución al público, o ponga a disposición del mismo en cualquier forma o medio, con ánimo de lucro o de causar un perjuicio injustificado, una obra inédita o publicada, una interpretación, un fonograma o emisión, sin la autorización escrita de sus respectivos titulares o causahabientes a cualquier título, o se la atribuyere para sí o a persona distinta del respectivo titular, contraviniendo en cualquier forma lo dispuesto en la presente ley, será castigado con pena de tres meses de prisión a tres años de penitenciaría.

b) Con la misma pena será castigado el que fabrique, importe, venda, dé en arrendamiento o ponga de cualquier otra manera en circulación, dispositivos o productos, los componentes o herramientas de los mismos o preste cualquier servicio cuyo propósito sea impedir, bur-

---

[397] *Idem.*

lar, eliminar, desactivar o eludir de cualquier forma, los dispositivos técnicos que los titulares hayan dispuesto para proteger sus respectivos derechos.

c) Además de las sanciones indicadas, el Tribunal ordenará en la sentencia condenatoria la confiscación y destrucción, o dispondrá cualquier otro medio de supresión de las copias de obras o producciones y de sus embalajes o envoltorios en infracción, así como de todos los artículos, dispositivos o equipos utilizados en la fabricación de las mismas. En aquellos casos en que los equipos utilizados para la comisión de los ilícitos referidos no tengan por única finalidad esta actividad, el Juez sustituirá la destrucción por la entrega de dichos equipos a instituciones docentes oficiales.

d) Será sancionado con pena de tres meses de prisión a tres años de penitenciaría quien altere o suprima, sin autorización del titular de los derechos protegidos por esta ley, la información electrónica colocada por los titulares de los derechos de autor o conexos, para posibilitar la gestión de sus derechos patrimoniales y morales, de modo que puedan perjudicarse estos derechos. La misma pena se aplicará a quien distribuya, importe con fines de distribución, emita o comunique al público, sin autorización, ejemplares de obras, interpretaciones o fonogramas, sabiendo que la información electrónica colocada por los titulares de derechos de autor o conexos, ha sido suprimida o alterada sin autorización.

e) El que reprodujere o hiciere reproducir, por cualquier medio o procedimiento, sin ánimo de lucro o de causar un perjuicio injustificado, una obra, interpretación, fonograma o emisión, sin la autorización escrita de su respectivo titular, será castigado con multa de 10 UR (diez unidades reajustables) a 1.500 UR (mil quinientas unidades reajustables)[398].

Aquele que editar, vender, reproduzir, distribuir, armazenar para distribuição pública, com finalidade de lucro ou de causar prejuízo injustificado, sem autorização dos titulares ou sucessores, será penalizado com 3 meses a 3 anos de prisão.

Na mesma pena incorre aquele que fabricar, importar, vender ou puser em circulação os produtos ou componentes destes, prestando serviço para impedir, eliminar, burlar ou eludir os dispositivos técnicos que os titulares dispõem para proteger seus direitos.

---

[398] URUGUAI. Lei 9.739: Propriedade literária e artística.

O juiz também pode ordenar, na sentença condenatória, o confisco e a destruição das cópias das obras ou produções, além de suas embalagens e todo o material utilizado na violação dos direitos de autor; ou, pode substituir a destruição pela entrega de tais equipamentos a instituições docentes oficiais.

Aquele que reproduzir, por qualquer meio ou procedimento, sem intuito de lucro ou de causar prejuízo injustificado, uma obra sem autorização escrita do titular, será punido com multa de 10 UR (unidades reajustáveis) a 1.500 UR.

O art. 47, com redação alterada pela Lei 17.616/03 diz:

> *Artículo 47.* Como medida preparatoria, los titulares de los derechos protegidos en esta ley podrán solicitar una inspección judicial con el objeto de constatar los hechos que comprueben infracciones a esta ley.
>
> El Juez podrá decretar el allanamiento de la finca o lugar donde se denuncia que se está cometiendo la infracción, levantando acta donde se describan los hechos constatados y recogiendo, en lo posible, lo que de ellos tengan eficacia probatoria.
>
> La inspección decretada por el Juez no requerirá contracautela.
>
> La inspección judicial tiene carácter reservado y se decretará sin noticia de la persona contra quien se pide[399].

Conforme destaque acima, os titulares dos direitos protegidos podem solicitar uma inspeção judicial, como medida preparatória, para comprovar a existência de infração à lei. Essa inspeção judicial terá caráter reservado, ou seja, a pessoa suspeita de ser infratora não será avisada.

O art. 48 trata de medidas cautelares para evitar que se cometa a infração ou que se continue a repetir uma violação já realizada:

> *Artículo 48.* El Juez, a instancia del titular del respectivo derecho o de su representante, o entidades de gestión colectiva, podrá ordenar

---

[399] URUGUAI. Lei 9.739: Propriedade literária e artística.

> *la práctica de las medidas cautelares necesarias para evitar que se cometa la infracción o que se continúe o repita una violación ya realizada a los derechos exclusivos del titular y, en particular, las siguientes:*
>
> *1) La suspensión inmediata de las actividades de fabricación, reproducción, distribución, comunicación o importación ilícita según proceda.*
>
> *2) El secuestro de los ejemplares producidos o utilizados y el del material o equipos empleados para la actividad infractora.*
>
> *3) El embargo de los ingresos obtenidos por la actividad ilícita o, en su caso, de las cantidades debidas en concepto de remuneración[400].*

Dentre as medidas destacadas, pode-se mencionar a suspensão imediata de atividades de fabricação, reprodução, distribuição, comunicação ou importação ilícita; o seqüestro dos exemplares produzidos ou utilizados, bem como, o equipamento empregado na atividade infratora, e o embargo dos ingressos obtidos pela atividade ilícita e as quantias devidas no tocante à remuneração.

O art. 49, que tratava da imposição de multa ou prisão àquele que atribuísse a si próprio a qualidade de autor e se utilizasse disto para suspender espetáculo, apresentação ou execução pública lícita, foi derrogado pelo art. 26 da Lei 17.616/03.

O art. 50 menciona o caso de falta de pagamento dos direitos de autor:

> **Artículo 50.** *En los casos de obras teatrales, musicales o cinematográficas, la falta de pago de los derechos de autor, por la empresa a quien dicho pago corresponda, hará recaer además la responsabilidad sobre el propietario del teatro o locales en que se efectúe la representación.*
>
> *Esta disposición alcanzará a los propietarios o arrendatarios de locales donde se realicen espectáculos coreográficos o bailes públicos[401].*

---

[400] *Idem.*
[401] URUGUAI. Lei 9.739: Propriedade literária e artística.

Não havendo pagamento de direitos de autor nas obras teatrais, musicais ou cinematográficas, pela empresa responsável por este, a responsabilidade recairá sobre o proprietário do teatro ou local onde se efetuar a representação.

O art. 51 prevê a ação civil de indenização por danos:

> ***Artículo 51.*** *La parte lesionada, autor o causahabiente tiene acción civil para conseguir el cese de la actividad ilícita, la indemnización por daños y perjuicios y una multa de hasta diez veces el valor del producto en infracción.*
>
> *Cabrá en todos los casos el ejercicio de la acción subrogatoria, de acuerdo con lo establecido por el artículo 1295 del Código Civil*[402].

Além da ação civil para cessar a atividade ilícita, o autor ou sucessor prejudicado pode pedir indenização por danos e prejuízos, além de uma multa de até 10 vezes o valor do produto da infração.

O art. 52 trata de outras medidas disponíveis ao autor para a proteção de seus direitos:

> ***Artículo 52.*** *El autor de una obra, su causahabiente, el cesionario o quien lo represente, podrán solicitar de la autoridad seccional correspondiente, sin perjuicio de las responsabilidades señaladas en el artículo 49, el auxilio necesario para suspender una representación teatral o ejecución de música instrumental o vocal o propalación radiofónica efectuada sin el consentimiento del autor, cuando ellas se realicen en sitios en que no se cobre entrada, o cuando cobrándose, no se haya dado previamente publicación con anticipación, a los programas respectivos. En los casos en que, cobrándose entrada, se haya dado publicidad con anticipación, a los programas, el requerimiento de auxilio deberá hacerse ante el Juez de Paz seccional. En todos los casos deberá exhibirse el recibo de inscripción expedido por la Biblioteca Nacional o dar fianza bastante en su defecto. Tratándose de obras extranjera, el denunciante deberá presentar como justificativo aquel a que se refiere el artículo 6º de esta ley o dar fianza en su defecto*[403].

---

[402] *Idem.*
[403] URUGUAI. Lei 9.739: Propriedade literária e artística.

O autor pode solicitar auxílio da autoridade para suspender uma representação teatral ou execução de música efetuada sem o seu consentimento, quando estas se realizem em locais em que não se cobre entrada ou, havendo cobrança, não se tenha dado publicidade com antecipação.

O Capítulo XI traz em seus arts. 53 a 55 as disposições referentes ao registro de obras, que serão analisadas no próximo capítulo desse trabalho.

Por fim, para encerrar o estudo da lei uruguaia, o Capítulo XII reserva-se ao Conselho de Direitos de Autor e sua regulamentação, o qual não será analisado devido à falta de identidade com a proposta desse trabalho.

Sendo assim, encerra-se neste capítulo o estudo dos principais dispositivos da legislação constitucional e infraconstitucional de cada Estado-membro do Mercosul, onde se conferiu o tratamento dado ao autor e aos titulares de direitos, bem como, os aspectos de sua proteção e as sanções às violações ao direito de autor.

3

O REGISTRO DO DIREITO AUTORAL

Com a análise dos aspectos fundamentais que regulam o direito de autor nos Estados-partes do Mercosul, parte-se, então, para o estudo do objeto principal proposto por esse trabalho: o registro de obra intelectual.

Primeiramente, será feita uma abordagem histórica do registro propriamente dito para, em seguida, se estudar o registro de obra intelectual. Na seqüência, serão destacadas as particularidades do registro e o sistema de registro de direito de autor nos Estados-partes do Mercosul. E, por último, serão demonstradas as conseqüências da falta de registro, bem como, sua importância na proteção da obra intelectual.

3.1 O SURGIMENTO DO REGISTRO E O REGISTRO DE OBRAS INTELECTUAIS

A partir do momento em que os povos civilizados passaram a estabelecer ordenamentos jurídicos para regular a estrutura e as atividades de seu Estado, a constituição e a transmissão da propriedade passaram a estar submetidas a um regime especial de solenidade e publicidade. Esse regime, que teve origem nos tempos antigos, era composto de medidas de publicidade, tanto para a propriedade imóvel, quanto para os seus encargos. O objetivo era fazer com que todos tivessem conhecimento de quem era o proprietário do bem, a fim de dar-lhe confiança e segurança nas transações que se realizavam[404].

Os primeiros antecedentes dessa publicidade foram encontrados em inscrições gravadas em pedras, lajes e monumentos. Estas pedras ou lajes eram encontradas, geralmente, nos limites de prédios, contendo algo manifestando pertencer tal prédio a determinada pessoa[405].

Fernando Zapara López destaca que:

Na Babilônia, Grécia e Egito se conheceu a publicidade através de pregões e editais. O responsável pelo pregão anunciava a data e o local do ato de alienação ou venda de um imóvel, e se transcorresse determinado prazo sem que se apresentasse algum tipo de impugnação, o comprador adquiria a propriedade[406].

Em Atenas era utilizado outro sistema de publicidade, onde o vendedor declarava a um magistrado, por escrito, a sua intenção de vender sua propriedade. Contudo, transcorrido um prazo determinado sem que se apresentasse nenhum tipo de oposição,

---

[404] LÓPEZ, Fernando Zapata. Los registros nacionales de derechos de autor. *In:* OMPI. **VIII Congreso internacional sobre la protección de los derechos intelectualies**. Asunción, Paraguay: Vía Gráfica S.R.I., 1993. p. 409.
[405] LÓPEZ, Fernando Zapata. **Los registros nacionales de derechos de autor**. *Op. cit.*, p. 409.
[406] "*En Babilonia, Grecia, Egipto y Asiria se conoció una publicidad mediante pregones y edictos. Así, el pregonero anunciaba el tiempo y lugar del otorgamiento de un acto de enajenación de un inmueble, y si transcurría determinado plazo sin que se presentara algún tipo de impugnación, el comprador adquiría en fime la finca*". Cf. LÓPEZ, Fernando Zapata. **Los registros nacionales de derechos de autor**. *Op. cit.*, p. 409.

celebrava-se o contrato respectivo de venda, o qual passava a formar parte do arquivo do magistrado[407].

Acrescenta Fernando Zapata López

> *Na época medieval, podemos encontrar antecedentes mais concretos do registro, tal como o sistema de registro privado. Esse sistema era utilizado por senhores feudais com a finalidade de ter um controle de todas as suas propriedades, que eram entregues a seus vassalos, e com o propósito fundamental de cuidar de seus bens e de resguardar adequadamente os tributos que lhes exigia*[408].

Após o feudalismo, o Estado passou a utilizar-se do registro para cobrar impostos dos possuidores de terra, bem como, daqueles que transferiam a mesma[409].

Ademais, não se pode deixar de destacar a Alemanha, que estabeleceu uma organização sistemática de publicidade, que tem servido de guia e orientação aos sistemas de registro atuais. No início, a publicidade, da transmissão se fazia ante testemunhas, passando, posteriormente, a se realizar na presença de um Tribunal onde as partes declaravam a transmissão, e uma sentença confirmava a transferência da propriedade[410].

Prossegue Fernando Zapata López:

> *A partir do século XII se estabeleceu, em algumas cidades, o costume de registrar em livros todos os negócios jurídicos que*

---

[407] *Idem.*

[408] *"En la época medieval, podemos encontrar antecedentes más concretos del registro, como quiera que los señores feudales instauraron un sistema de registro privado para llevar un control de todas sus propiedades que entregaban a sus vasallos, con el propósito fundamental de cuidar sus bienes y recaudar adecuadamente los tributos que se les exigían". Ibidem*, p. 409-410.

[409] *Ibidem*, p. 410.

[410] *Ibidem.*

se realizavam. Com o tempo, este ato foi adquirindo grande importância e constituiu-se, pouco a pouco, em inscrição registral, sendo a única forma de provar a aquisição da propriedade do imóvel ou a constituição de direitos reais sobre o mesmo[411].

Somente em 1858 aparece, em sua concepção mais completa e perfeita, um sistema de registro na Austrália e na Suíça, sendo considerados como os mais eficientes em relação aos demais existentes. Com isto, os atuais sistemas jurídicos constroem o registro de bens imóveis dando um maior ou menor valor à inscrição. Assim, num sistema pleno de registro, a inscrição no registro passa a ter grande valor, fazendo com que a propriedade e demais direitos reais se adquiram ou se constituam através dele[412].

Esse valor que o ato de registro adquiriu, nos Códigos Civis alemão, suíço, austríaco, chileno, colombiano, entre outros, o tornou constitutivo de direitos. Por outro lado, outros ordenamentos jurídicos derivados do sistema franco-italiano estabeleceram a aquisição da propriedade diretamente pelo contrato, sendo a inscrição registral apenas uma solenidade cujo fim é o de dar publicidade frente aos demais[413].

Diante desse caráter constitutivo ou apenas solene, e da mesma maneira como se distingue uma forma de propriedade sobre bens imóveis e outra, sobre bens móveis, também se deve mencionar a forma atinente aos bens intelectuais. Fernando Zapata López destaca que

---

[411] "*A partir del siglo XII se estableció en algunas ciudades la costumbre de llevar libros en los que se dejaba constancia escrita de los negocios jurídicos que se realizaban, constancia que adquirió gran importancia con el tiempo constituyéndose poco a poco en inscripción registral, y siendo la única forma de probar la adquisición de la propiedad del inmueble o la constitución de derechos reales sobre el mismo*". LÓPEZ, Fernando Zapata. **Los registros nacionales de derechos de autor**. *Op. cit.*, p. 410.

[412] *Idem*, p. 411.

[413] *Ibidem*.

> *A larga história de mais de 20 séculos de manuscritos, praticamente chegou ao fim com a aparição da imprensa no século XV que, através de sua forma de se elaborar, permitiu uma reprodução massiva das obras, possibilitando que idéias e pensamentos chegassem a um maior número de pessoas, se constituindo num poderoso instrumento político e social que colocaria em perigo o poder civil e eclesiástico da época, razão pela qual desde muito tempo se estabeleceu o controle sobre a tiragem de exemplares como uma forma de exercer um domínio sobre a expressão e circulação de idéias*[414].

Os soberanos passaram a conceder aos impressores e editores certos privilégios, em prazo determinado, para a impressão das obras. Assim poderiam controlá-las e vigiá-las estritamente. Essa situação imperou entre finais do século XV e começo do século XVIII, momento no qual as restrições às obras e à imprensa se reduziram, e em geral, o sistema de privilégios começou a se tornar impopular[415].

Explica Fremiort Ortiz Pierpaoli que

> *[...] o sistema de privilégios imperou durante muito tempo na Europa, como forma de concessão a alguns criadores e reconhecimento de sua obra porque, de acordo com esta concepção, o direito do criador não nasce com sua obra, e sim, da vontade do Estado que outorga ou não este reconhecimento de acordo*

---

[414] "*La larga historia de más de 20 siglos de manuscritos, prácticamente llegó a su fim con la aparición de la imprenta en el siglo XV, que por su forma de elaborarse suponía un escaso margem circulación en tanto que al permitirse una reproducción masiva de las obras, la posibilidad de que las ideas y pensamientos llegarán a un mayor número de personas, se constituyó en un poderosos instrumento político y social que ponía en peligro el poder civil y eclesiástico de la época, razón por la cual desde muy temprano se establece el control a la tirada de ejemplares como una forma de ejercer un dominio sobre la expresión y circulacíon de ideas*". Ibidem, p. 412.

[415] Cf. LÓPEZ, Fernando Zapata. **Los registros nacionales de derechos de autor**. *Op. cit.*, p. 411.

com o seu desejo e, posteriormente, como uma formalidade indispensável[416].

A influência de Locke na Inglaterra, Kant e Fitchte na Alemanha e Voltaire na França prepararam o caminho para o reconhecimento de um direito de propriedade intelectual, que foi preocupando os impressores e editores que vinham gozando de privilégios de muito tempo atrás[417].

Com a Revolução Francesa, o sistema de privilégios foi dando lugar a uma nova mentalidade, que passou a consagrar a liberdade de pensamento e expressão. Nesta nova fase, os direitos intelectuais passam a ser considerados como verdadeiros direitos de propriedade, somente tendo efeitos perante terceiros mediante o cumprimento de uma solenidade registral[418].

Fremiort Ortiz Pierpaoli diz que *"para esse último sistema, que é admitido na atualidade, o registro da obra tem como finalidade facilitar a prova do caráter de criador ou autor da obra, porque se presume, salvo prova em contrário, que foi o autor que registrou a obra como tal"*[419].

A partir da expedição do Estatuto da Rainha Anna, em 1709, outorgou-se ao autor um direito exclusivo para imprimir suas obras por um lapso de 14 anos, renováveis por tempo igual se o autor ainda estivesse vivo. Essa legislação, considerada pioneira na

---

[416] "[...] *sistema de los privilegios, que durante mucho tiempo imperó en Europa, como forma de concesión a algunos creadores, del reconocimiento de su obra, porque, de acuerdo a esta concepción, el derecho del creador no nace con su obra, sino de la voluntad del Estado, quien otorga o no este reconocimiento de acuerdo a su antojo, y posteriormente, como una formalidad indispensable*". ORTIZ PIERPAOLI, Fremiort. *Op. cit.*, p. 91.

[417] Cf. LÓPEZ, Fernando Zapata. **Los registros nacionales de derechos de autor**. *Op. cit.*, p. 411.

[418] Cf. ORTIZ PIERPAOLI, Fremiort. *Op. cit.*, p. 91.

[419] "*Para el último sistema, que es el admitido en la actualidad, el registro de la obra tiene como finalidad la de facilitar la prueba en contrario, que es el autor que ha registrado la obra como tal*". ORTIZ PIERPAOLI, Fremiort. *Op. cit.*, p. 91.

evolução moderna do direito de autor, exigia a inscrição para que se desse presunção de propriedade[420].

A partir daí, o registro foi se generalizando como constitutivo do direito tal como o conhecemos há muito tempo. E, na opinião de Fremiort Ortiz Pierpaoli, atualmente o registro da produção intelectual, seja para constituir o direito, seja um requisito para o exercício do mesmo, ou tenha finalidade declarativa ou probatória, já não tem razão de ser, pois o direito de autor nasce com a criação da obra, e sua proteção e garantia não podem estar subordinadas ao cumprimento de formalidades administrativas[421].

Ao longo do tempo, a legislação foi sendo modificada, e a regra predominante nos dias atuais, segundo a Convenção de Berna, é que o autor já possui seus direitos a partir da criação da obra, isto é, não está sujeito a qualquer formalidade para se ver protegido[422] Além disso, fica a critério de cada Estado o estabelecimento ou não, de formalidades para assegurar os direitos do criador de obra intelectual[423].

3.2 PARTICULARIDADES DO REGISTRO DE DIREITO DE AUTOR

Como se destacou no item anterior, o registro surgiu para dar publicidade da propriedade do bem ou para constituir direitos

---

[420] Cf. LÓPEZ, Fernando Zapata. **Los registros nacionales de derechos de autor.** *Op. cit.*, p. 412-413.
[421] Cf. ORTIZ PIERPAOLI, Fremiort. *Op. cit.*, p. 91.
[422] Convenção de Berna. ***Artículo 5.2***: "*El goce y el ejercicio de estos derechos no estarán subordinados a ninguna formalidad y ambos son independientes de la existencia de protección en el país de origen de la obra. Por lo demás, sin perjuicio de las estipulaciones del presente Convenio, la extensión de la protección así como los medios procesales acordados al autor para la defensa de sus derechos se regirán exclusivamente por la legislación del país en que se reclama la protección*". ***Artículo 5.3***: "*La protección en el país de origen se regirá por la legislación nacional[...]*".
[423] No item 3.3 desse Capítulo, serão analisados, separadamente, os aspectos registrais dos Estados-partes do Mercosul.

sobre esta propriedade, conforme o critério adotado na legislação de cada Estado.

A partir daí, se faz necessária a análise de algumas particularidades acerca do registro, inclusive seus efeitos.

Na definição de registro, é importante destacar a diferença existente na conceituação de registro, registro autoral e registro público.

O registro ou ato de registrar *"consiste na inscrição feita em órgão administrativo do Estado, que tem competência para seu efeito, arquivo e controle, com fins probatórios, assim como para dar publicidade ao ato"*.[424]

Aurélio Buarque de Holanda Ferreira define o registro como *"ato ou efeito de registrar; instituição, repartição ou cartório onde se faz a inscrição, ou a transcrição, de atos, fatos, títulos e documentos, para dar-lhes autenticidade e força de prevalecer contra terceiros"*[425].

O registro de direito de autor é considerado *"uma garantia burocrática do autor de obra intelectual para evitar a sua violação e aumentar a sua segurança [...], se apresenta como único instrumento probatório de sua originalidade"*[426].

Carlos Fernando Mathias de Souza define o registro autoral como *"um meio acautelatório de que dispõe o autor, para a segurança dos seus direitos. Salvo prova em contrário, é autor aquele em cujo nome foi registrada a obra intelectual [...]"*[427].

Já o registro público consiste na

> *menção de certos atos ou fatos, exarada em registros especiais, por um oficial público, quer à vista dos títulos comuns que lhe*

---

[424] ORTIZ PIERPAOLI, Fremiort. *Op. cit.*, p. 90.
[425] FERREIRA, Aurélio Buarque de Holanda. *Op. cit.*, p. 1.452.
[426] BASTOS, Aurélio Wander. *Op. cit.*, p. 240.
[427] SOUZA, Carlos Fernando Mathias de. *Op. cit.*, p. 75-76.

são apresentados, quer em face de declarações escritas ou verbais das partes interessadas. Podem servir de meio de prova especial ou atuar como um simples processo de conservação de um documento[428].

Em alguns países, o direito de autor pode estar submetido a diversas formalidades, tais como o depósito das obras[429], o registro e a menção de reserva[430].

Para a teoria predominante, a proteção dos direitos de autor decorre automaticamente do ato de criação, não estando subordinada ao cumprimento de formalidades. A partir do momento em que uma obra é criada, passa a ser protegida. No entanto, em outros países, a aquisição do direito de autor está sujeita ao cumprimento de formalidades, ou seja, o registro passa a ser um ato constitutivo de direitos[431], isto é, o registro passa a ser reconhecido

---

[428] LOPES, Miguel Maria de Serpa. **Tratado dos registros públicos**. 4. ed. Rio de Janeiro: Livraria Freitas Bastos, 1960. 1 v, p. 17-18.

[429] *"O depósito de exemplares foi previsto, entre nós, para efeito de controle de publicações feitas no país, exigindo-se às editoras e gráficas a remessa de cada obra impressa em 10 dias após o seu lançamento (Dec.-lei 824, de 05.09.1969), incluídos, nesse contexto, os livros, obras musicais, mapas, planos, plantas, estampas, revistas, jornais, plaquetas e folhetos, bem como reimpressões, novas edições e traduções de obras estrangeiras (tendo o controle sido então deferido ao Instituto Nacional do Livro e sujeitando-se os infratores a rígido sancionamento, consistente em aplicação de multa e apreensão de exemplares".* BITTAR, Carlos Alberto. Op. cit., p. 135.

[430] *"Menção de reserva é uma anotação destinada a informar o público de que a proteção do direito de autor foi reivindicada sobre a obra em questão. Em certos países, essa menção de reserva condiciona a obtenção e/ou a manutenção da proteção jurídica da obra. Noutros, a proteção não depende da menção, mas a omissão é sancionada por multa. [...] A menção compreende três elementos: o símbolo © (primeira letra da palavra copyright – direito de autor – rodeada de um círculo), o nome do titular do direito de autor e a indicação do ano da primeira publicação da obra. [...] Algumas leis nacionais exigem, por vezes, outras indicações, tais como um símbolo ou expressão como «todos os direitos reservados», «copyright», «copr.» ou «DR» (sigla do espanhol derechos reservados), além do nome do titular, do editor ou impressor, a data da primeira publicação ou o ano em que o direito de autor foi registrado".* UNESCO. Op. cit., p. 82.

[431] Idem, p. 79.

como um direito de propriedade, surtindo efeitos perante terceiros[432].

A Convenção de Berna entende no art. 5°, item 2, que o exercício dos direitos de autor não está subordinado a qualquer formalidade. Assim, o direito de autor existe a partir da criação da obra, excluindo, portanto, o caráter constitutivo do registro, em matéria de direito de autor[433].

Além disso, não existe qualquer obrigatoriedade de divulgação da obra para que o autor esteja assegurado de seus direitos. Basta apenas a criação da obra[434].

Esse princípio é válido para os Estados signatários da Convenção de Berna e que mantém em sua legislação interna o entendimento de que o registro não é obrigatório para que o autor constitua seus direitos sobre a obra, isto é, seus direitos nascem a partir da criação da obra. O registro teria, apenas, um efeito declaratório, estabelecendo uma presunção *juris tantum* de titularidade[435].

Mabel R. Goldstein considera que a obra intelectual é reconhecida a partir e desde o momento da criação, fazendo-se, então, a diferenciação da proteção jurídica de produtos intelectuais que são destinados ao comércio, indústria ou os serviços que são denominados de direitos de propriedade industrial. No que se refere aos direitos de autor, o seu reconhecimento surge através da criação. No entanto, para que possa exercitar seus direitos frente a terceiros, se requer o cumprimento de certas formas registrais[436].

Bruno Jorge Hammes, assim como outros defensores desta teoria, considera que o direito de autor se origina com a criação intelectual, e não, com a efetivação do registro. Acrescenta que a ne-

---

[432] Cf. ORTIZ PIERPAOLI, Fremiort. *Op. cit.*, p. 91.
[433] Cf. ASCENSÃO, José de Oliveira. *Op. cit.*, p. 318.
[434] *Idem*. p. 319.
[435] Cf. VIANA, Marco Aurélio S. **Teoria e prática do direito das coisas**. São Paulo: Saraiva, 1983. p. 129.
[436] Cf. GOLDSTEIN, Mabel R. *Op. cit.*, p. 327.

cessidade de registro constitui-se mera formalidade. Assim, ele sustenta que o registro é uma simples medida de segurança que fornece uma presunção de autoria, e a omissão deste não prejudica a proteção, visto que o autor poderá provar seus direitos de outras maneiras[437].

Miguel Maria de Serpa Lopes, filiando-se ao ponto de vista de Clóvis Beviláqua, acrescenta:

[...] Mesmo, para a propriedade imobiliária, em certos casos, o registro não atua como modo constitutivo de direito, mas meramente como requisito de disponibilidade, embora com caráter obrigatório, para o efeito da continuidade da relação de proprietários sucessores.

Na propriedade autoral, a despeito de todas as especulações doutrinárias a propósito de sua natureza, uma coisa é certa: é que ela é um produto do engenho humano, mesmo que se queira argüir a impossibilidade do autor intelectual de criar, por si mesmo, algo absolutamente próprio. Mas, aproveitando os materiais ministrados pelos séculos de cultura, pelas experiências de outros intelectuais, esses elementos estranhos são trabalhados pela inteligência humana, que os apresenta sob uma nova forma, merecendo proteção jurídica.

Assim, portanto, o registro não pode atuar como valor constitutivo, como em certos casos, quanto à propriedade imobiliária.

Nada obsta, porém, que a publicidade seja instituída para reforço de garantia do direito do autor, que nele encontrará um meio rápido de repelir a contestação ao seu direito, de uma ação judiciária prontamente manejável contra o espoliador[438].

Ao analisar a função do registro de propriedade intelectual, Pontes de Miranda ressalta que "*o que se registra não é o direito autoral de personalidade; é o direito autoral de exploração. O registro não o faz nascer; dá-lhe, apenas, a presunção de ser titular*

---

[437] Cf. HAMMES, Bruno Jorge. *Op. cit.*, p. 65-66.
[438] LOPES, Miguel Maria de Serpa. **Tratado dos registros públicos**. 4. ed. Rio de Janeiro: Freitas Bastos, 1960. 4 v., p. 503-504.

*quem como tal consta do registro (eficácia **erga omnes**). Tal presunção é elidível por prova em contrário*"[439].

Ademais, o registro, seja como requisito para aquisição de direitos, seja como instrumento probatório, possui como objetivos fundamentais: a) dar publicidade do direito dos titulares e dos atos e contratos que transfiram o domínio; b) constituir-se como ferramenta importante e oponível contra terceiros que aleguem direito sobre a criação; e c) dar segurança e autenticidade aos títulos, documentos, contratos e demais atos que se refiram ao direito de autor[440].

Por fim, Bruno Jorge Hammes ressalta que a doutrina e as decisões de tribunais fundamentam a proteção ao direito de autor, livre de qualquer formalidade, com os seguintes argumentos:

> *a) o registro é irrelevante para a gênese do direito de autor, é uma simples medida de segurança;*
>
> *b) o registro facilita a prova;*
>
> *c) o registro fornece a melhor prova, mas nada mais do que uma presunção. Por isso o autor anda bem aconselhado se fizer o registro da obra;*
>
> *d) a omissão do registro não prejudica a proteção. O direito pode ser provocado de outra forma;*
>
> *e) o registro não tem força probante absoluta; transfere o ônus da prova; pode ser desvirtuado pela prova em contrário. A ação penal contra quem tem a seu favor o registro pode ser proposta sem que este tenha que ser declarado nulo, desde que a presunção seja inutilizada pela prova em contrário*[441].

Diante do que foi destacado nesse item do trabalho, constata-se que o registro é considerado como uma formalidade, não

---

[439] MIRANDA, Pontes de. *Op. cit.*, p. 113.
[440] Cf. ORTIZ PIERPAOLI, Fremiort. *Op. cit.*, p. 413-414.
[441] HAMMES, Bruno Jorge. *Op. cit.*, p. 65.

mais requerido para a constituição de direitos, mas importante quando necessário à prova de autoria de obra intelectual.

Embora a doutrina predominante considere o ato de registro um processo burocrático e estabeleça que o autor tem seus direitos assegurados desde a criação da obra, não há por que descaracterizar a importância do registro e as vantagens e segurança que proporciona.

Na seqüência, serão destacados os dispositivos pertinentes ao registro inseridos na legislação dos Estados-partes do Mercosul, bem como, a importância desse ato na proteção do direito de autor.

3.3 O REGISTRO DE OBRA INTELECTUAL NOS ESTADOS-PARTES DO MERCOSUL

Os Estados-partes do Mercosul mantêm sua legislação interna, a respeito da proteção aos direitos de autor e conexos, com base na Convenção de Berna, no qual são signatários. Por sua vez, a Argentina dá um enfoque diferente ao registro de obra intelectual, o que será destacado adiante.

3.3.1 O Registro de Obra Intelectual no Brasil

Dentre as primeiras leis brasileiras que trataram do registro de propriedade literária, científica e artística destaca-se a Lei 496, de 01.08.1898, conhecida como a Lei Medeiros e Albuquerque. Essa lei trazia em seu art. 13: *"É formalidade indispensável para entrar no gozo dos direitos do autor o registro na Biblioteca Nacional"*[442].

Além disso, essa lei determinava que o direito de autor era um privilégio assegurado por 50 anos, contados de 1º de janeiro do

---

[442] Cf. HAMMES, Bruno Jorge. *Op. cit.*, p. 59.

ano de publicação da obra. E o registro, então, configurava-se como uma formalidade indispensável para a constituição do direito autoral[443].

Diz Bruno Jorge Hammes que "*a primeira lei autoral (Lei 496/98) fazia depender o direito de um registro. Este tinha que ser feito dentro de dois anos após a publicação da obra sob pena de se abrir mão dele*"[444].

Em 11.06.1901, o modo como se procede ao registro de obra na Biblioteca Nacional foi regulamentado, sendo publicadas as instruções para a sua execução, e em 20.12.1907 publicou-se o Decreto 1.825, dispondo sobre a remessa de obras à Biblioteca[445].

Esse regime de formalidades se estendeu de 1898 a 1917, quando entrou em vigor o Código Civil brasileiro, que tratou do registro no art. 673:

> *Para segurança de seu direito, o proprietário da obra divulgada por tipografia, litografia, gravura, moldagem, ou qualquer outro sistema de reprodução, depositará com destino ao registro, dois exemplares na Biblioteca Nacional, no Instituto Nacional de Música ou na Escola Nacional de Belas Artes do Distrito Federal, conforme a natureza da produção.*
>
> **Parágrafo único.** *As certidões do registro induzem a propriedade da obra, salvo prova em contrário*[446].

Nesse diploma legal, a obrigatoriedade do registro da obra foi extinta, deixando ao critério do autor o depósito da obra, e o prazo da proteção passou a ser contado a partir da morte do autor, e não mais da publicação da obra[447].

---

[443] Cf. WILLINGTON, João; OLIVEIRA, Jaury N. de. **A nova lei brasileira de direitos autorais**. 2. ed. Rio de Janeiro: Lumen Juris, 2002. p. 183.
[444] HAMMES, Bruno Jorge. *Op. cit.*, p. 59.
[445] Cf. LOPES, Miguel Maria de Serpa. *Op. cit.*, p. 494.
[446] *Idem*, p. 495.
[447] *Ibidem*, p. 184.

Sendo facultativo o registro, este passa de ato constitutivo a uma formalidade apenas declaratória de autoria, tendo em vista que os direitos de autor já estariam constituídos com a criação da obra.

Antes do advento da Lei 5.988/73, o registro da propriedade literária, científica e artística era regido pelos arts. 297 a 311 do Decreto 4.857/39, que disciplinava os registros públicos[448].

A partir de 1973, com a Lei 5.988, o princípio da não obrigatoriedade do registro foi firmado no Brasil. Assim dispunha os arts. 17 a 20 dessa lei:

> *Art. 17.* *Para segurança de seus direitos, o autor da obra intelectual poderá registrá-la, conforme sua natureza, na Biblioteca Nacional, na Escola de Música, na Escola de Belas Artes da Universidade Federal do Rio de Janeiro, no Instituto Nacional do Cinema, ou no Conselho Federal de Engenharia, Arquitetura e Agronomia.*
>
> *§ 1º Se a obra for de natureza que comporte registro em mais de um desses órgãos, deverá ser registrada naquele com que tiver maior afinidade.*
>
> *§ 2º O Poder Executivo, mediante Decreto, poderá, a qualquer tempo, reorganizar os serviços de registro, conferindo a outros Órgãos as atribuições a que se refere este artigo.*
>
> *§ 3º Não se enquadrando a obra nas entidades nomeadas neste artigo, o registro poderá ser feito no Conselho Nacional de Direito Autoral.*
>
> *Art. 18.* *As dúvidas que se levantarem quando do registro serão submetidas, pelo órgão que o está processando, a decisão do Conselho Nacional de Direito Autoral.*
>
> *Art. 19.* *O registro da obra intelectual e seu respectivo traslado serão gratuitos.*
>
> *Art. 20.* *Salvo prova em contrário, é autor aquele em cujo nome foi registrada a obra intelectual, ou conste do pedido de licenciamento para a obra de engenharia, ou arquitetura*[449].

---

[448] *Ibidem.*
[449] BRASIL. Lei 5.988, de 15.12.1973.

Como se observa, o autor da obra tem a faculdade de registrar sua criação. Para tanto, o *caput* do art. 17 destaca os locais para efetivação do registro e o considera um ato de segurança. E, se a obra não for enquadrada dentro da competência daqueles órgãos, o registro poderá ser feito no Conselho Nacional de Direito Autoral.

A respeito do registro como instrumento de segurança, diz Bruno Jorge Hammes: "*A idéia da necessidade do registro encontra apoio num certo fascínio que o registro ou outras formalidades provocam nas pessoas. O homem aprecia certa cerimoniosidade. [...] A expressão "para segurança" pode influir para o autor se sentir inseguro quando não registrou a obra*"[450].

Outro destaque importante é a gratuidade do registro de obra intelectual e seu traslado, conforme disposto no art. 18, que perdurou até 1998 com a vigência da nova lei de direitos autorais. Contudo, a Lei 5.988/73 só considerava autor aquele em cujo nome a obra estivesse registrada, admitindo prova em contrário, conforme destaca o art. 20.

Note-se que, apesar de a Lei 5.988/73 regular a faculdade do registro, a mesma não revogou o Decreto 4.857/39, apenas ressalvou a legislação especial compatível com o previsto na mesma.

Ainda em 1973, foi sancionada a Lei 6.015/73, que tratou dos registros públicos e passou a regular também o registro de propriedade literária, científica e artística. Mas essa lei só entrou em vigor em 1976, sofrendo, nesse intervalo, o impacto de duas alterações legislativas, as Leis 6.140/74 e 6.216/75. Tais diplomas suprimiram da Lei 6.015/73 toda a matéria do registro do direito de autor, passando a vigorar a Lei 5.988/73 e o Decreto 4.857/39[451].

Quando a Lei 6.015/73 entrou em vigor, os dispositivos da Lei 5.988/73 permaneceram intactos e os preceitos do Decreto 4.857/39 foram revogados expressamente.

---

[450] HAMMES, Bruno Jorge. *Op. cit.*, p. 59.
[451] Cf. LOPES, Miguel Maria de Serpa. *Op. cit.*, p. 500.

Mais tarde, sob a influência da Constituição Federal de 1988 e com o advento da Lei 9.610, em 19.02.1998, o registro passou a ser regulado nos arts. 18 a 21 dessa lei:

> **Art. 18.** *A proteção aos direitos de que trata esta Lei independe de registro.*
>
> **Art. 19.** *É facultado ao autor registrar a sua obra no órgão público definido no* **caput** *e no § 1º do art. 17 da Lei 5.988, de 14.12.1973.*
>
> **Art. 20.** *Para os serviços de registro previstos nesta Lei será cobrada retribuição, cujo valor e processo de recolhimento serão estabelecidos por ato do titular do órgão da administração pública federal a que estiver vinculado o registro das obras intelectuais.*
>
> **Art. 21.** *Os serviços de registro de que trata esta Lei serão organizados conforme preceitua o § 2º do art. 17 da Lei 5.988, de 14.12.1973*[452].

Constata-se, a partir dos dispositivos destacados, que o registro de obra continuou a ser facultativo, permanecendo o autor assegurado de seus direitos desde a criação da obra.

Além disso, a nova lei deixou em vigor o art. 17 e seus §§ 1º e 2º da Lei 5.988/73, facultando ao autor o registro de obra nos órgãos indicados naqueles dispositivos. Já o art. 20 da lei atual passou a regulamentar a cobrança de taxa para a efetivação do registro de direito de autor, o que antes era gratuito.

Confirma Sílvio de Salvo Venosa:

> *O registro da obra intelectual não é essencial para sua proteção legal. Esse é o sentido do art. 18 da Lei 9.610/98. Essa noção já estava presente na Lei 5.988/73, tanto que o art. 19 da lei atual reporta-se ao art. 17 da lei anterior. De fato, esse art. 17, que se mantém vigente, portanto, faculta ao autor da obra intelectual registrá-la na Biblioteca Nacional, na Escola de Música, na Escola de Belas Artes da Universidade Federal do Rio de Janeiro, no Instituto Nacional do Cinema ou no Con-*

---

[452] BRASIL. Lei 9.610, de 19.02.1998.

> selho Federal de Engenharia, Arquitetura e Agronomia, dependendo de sua natureza. Se a natureza da obra permitir o registro em mais de uma entidade, deverá ser registrada no órgão que tiver maior afinidade[453].
>
> Interpretando os arts. 18 a 21, Plínio Cabral critica: "**A inclusão na nova lei de direitos autorais de disposições sobre registro de obras intelectuais é um absurdo para a qual não se encontra qualquer explicação**".
>
> O próprio art. 18 diz que "**a proteção aos direitos de que trata esta lei independe de registro**".
>
> Se independe de registro, por que registrá-la?
>
> Ressuscitou-se um artigo da lei antiga, agora revogada, para estabelecer normas sobre um registro que o legislador proclama desnecessário.
>
> Mais ainda: esse registro, que antes era gratuito, agora será pago, o que implicará, certamente, em guias, requerimentos, papéis vários, pagamento em banco – enfim, toda a parafernália que constitui nossa inútil burocracia.
>
> A única coisa que se pode fazer diante de tal absurdo é aplicar a lei: não registrar nada, absolutamente nada. O registro é meramente declaratório e não constitutivo de direito, nos termos claros da Lei 9.610[454].

Com relação ao caráter não constitutivo de direitos, manifesta-se a Deliberação 1/82 da 1ª Câmara do Conselho Nacional de Direito Autoral:

> O Direito Brasileiro não exige o registro como formalidade necessária à proteção do direito de autor. O registro é uma faculdade jurídica que a lei proporciona ao interessado para segurança de seus direitos, nos termos do **caput** do art. 17 da Lei 5.988/73.
>
> Ao direito de autor, a título de eficiência de registro, interessa, apenas, que se possa comprovar a anterioridade do registro, pois este

---

[453] VENOSA, Sílvio de Salvo. **Direito civil**: direitos reais. 3. ed. São Paulo: Atlas, 2003. p. 593.
[454] CABRAL, Plínio. *Op. cit.*, p. 73-74.

*configura apenas uma presunção **juris tantum**, que pode ser fulminada com a prova contrária do interessado [...]*[455].

Na opinião de Carlos Alberto Bittar, o registro depende do interesse do autor, não se constituindo em requisito para a proteção da obra. Tal afirmação se ajusta ao previsto nas diretrizes da Convenção de Berna, onde é confirmada a não obrigatoriedade do registro. Contudo, na prática, é melhor para o autor que realize o registro, para evitar dúvidas e incertezas na posterior circulação jurídica da obra[456].

Analisando o caráter constitutivo e declaratório do registro, diz José de Oliveira Ascensão:

> *Na realidade, se o registro fosse constitutivo, teríamos como conseqüência que os brasileiros seriam menos protegidos que os estrangeiros que pudessem invocar a Convenção de Berna ou instrumento internacional de sentido equivalente. Estes teriam proteção independentemente de registro, enquanto que os brasileiros só seriam protegidos se tivessem registrado.*
>
> *[...]*
>
> *O caráter facultativo do registro em causa dá-nos um elemento muito importante no sentido do efeito declarativo do registro. Não é que seja impossível em abstrato conciliar o caráter facultativo com o efeito constitutivo: pode a lei só dar o direito a quem registrar, mas deixar à discrição dos interessados a obtenção do registro que lhes outorgue o direito. Mas então teria de marcar expressamente a conseqüência desfavorável que resultaria para quem não fizesse o registro, que seria a inexistência do direito. Ora, a lei limita-se às regras facultativas*[457].

---

[455] Del. CNDA 1/82 da 1ª Câm. Deliberações, 1984. p. 35. *In:* BARBOSA, Denis Borges. **Propriedade intelectual**: direitos autorias, direitos conexos e *software*. Rio de Janeiro: Lumen Juris. 2003. p. 75-76.
[456] BITTAR, Carlos Alberto. **Direito de autor**. p. 134.
[457] ASCENSÃO, José de Oliveira. *Op. cit.*, p. 318-319.

Quanto ao procedimento adotado no Brasil para o registro de obras, a Lei 9.610/98 nada declara a respeito. As normas pertinentes ao processo de registro são determinadas pela Biblioteca Nacional com o apoio dos Escritórios de Direitos Autorais – EDA, espalhados por todo o país.

O primeiro para o depósito do pedido de registro é a apresentação de documentos, ou seja, o interessado em registrar a obra deve apresentar a) um formulário próprio, firmado pelo interessado ou titular de direitos patrimoniais, declarando ser responsável pelas informações prestadas, tais como a originalidade e autoria da obra; b) o comprovante de pagamento da retribuição, correspondente ao depósito de obra para registro e demais serviços do EDA, autenticado pelo Banco do Brasil – órgão credenciado para a arrecadação – ; c) dois exemplares da obra, se esta for obra publicada (impressa em *off set*, tipografia ou fixada em outro suporte); e d) um exemplar da obra, se esta não for publicada (datilografada, manuscrita, mimeografada, impressa por computador)[458].

Após a apresentação desses documentos, é dado ao requerente um recibo com o número do protocolo, data e horário do depósito da obra, bem como, o recibo da retribuição paga. A etapa seguinte consiste na análise da obra submetida ao registro, sendo que o EDA não leva em consideração o mérito qualitativo da obra, isto é, "*a proteção é dada a uma obra ou criação de espírito; independentemente dos seus méritos literários, artísticos ou científicos*"[459].

Na análise da obra, é feita uma busca de anterioridade, isto é, o EDA faz uma busca por título e nome do autor, em seu banco de dados, para confirmar se há ou não, alguma obra já registrada com aquele título ou por aquele autor[460].

O prazo para cumprimento das exigências e envio de documentos solicitados é de 30 dias. Não havendo manifestação do

---

[458] Cf. WILLINGTON, João; OLIVEIRA, Jaury N. de. *Op. cit.*, p. 215-216.
[459] *Idem*, p. 216.
[460] *Ibidem*.

autor em relação às exigências, presumir-se-á a renúncia ao registro e o indeferimento da obra depositada. Ademais, as obras consignadas ao registro ficam sob a guarda do EDA em definitivo, devendo o autor manter consigo o original de sua criação[461].

No caso de indeferimento do pedido de registro, pode o interessado recorrer. Seu recurso deverá ser interposto ao chefe do EDA no prazo de 15 dias, a contar do recebimento do indeferimento. Provido o recurso, será expedida a certidão de registro contendo a transcrição do termo, o número do registro e do livro de registros no qual foi inscrito[462].

Então, como se observou, o Brasil, que já fez parte do grupo de países que adotavam o registro ou depósito da obra como condição da aquisição de direitos de autor, desde 1973 passou a considerar esta formalidade facultativa, gerando a presunção de autoria e servindo apenas de publicidade da obra. E, ao contrário das demais legislações que serão analisadas adiante, o Brasil não prevê na Lei 9.610/98 os procedimentos que devem ser tomados pelo interessando em registrar uma obra.

3.3.2 Registro de Direito de Autor na Argentina

Na Argentina se pode encontrar antecedentes legislativos, vinculados à liberdade de imprensa e expressão, tais como o Regulamento Provisório de 1817, o Decreto de Bernadino Rivadavia de 1823, as Constituições provinciais de Tucuman, de 1820, e Córdoba, de 1821, o Código Civil vigente desde 1869 e a Lei 11.723 de 1933[463].

Apesar de ambos tratarem da proteção aos direitos ou privilégios de autores e inventores, atualmente o tema é regulado pela Lei 11.723/33, no tocante ao registro de direito de autor.

---

[461] *Ibidem*, p. 223.
[462] *Ibidem*, p. 224-225.
[463] GOLDSTEIN, Mabel R. *Op. cit.*, p. 228.

As primeiras manifestações a respeito do registro encontram-se destacadas no art. 30 da Lei 11.723, modificado pelo art. 1º do Dec.-lei 12.063/57:

> **Art. 30.** *Los propietarios de publicaciones periódicas deberán inscribirlas en el Registro Nacional de la Propiedad Intelectual.*
>
> *La inscripción del periódico protege a las obras intelectuales publicadas en él y sus autores podrán solicitar al registro una certificación que acredite aquella circunstancia.*
>
> *Para inscribir una publicación periódica deberá presentarse al Registro Nacional de la Propiedad Intelectual un ejemplar de la última edición acompañado del correspondiente formulario.*
>
> *La inscripción deberá renovarse anualmente y para mantener su vigencia se declarará mensualmente ante el Registro, en los formularios que correspondan, la numeración y fecha de los ejemplares publicados.*
>
> *Los propietarios de las publicaciones periódicas inscriptas deberán coleccionar uno de los ejemplares publicados, sellados con la leyenda: Ejemplar Ley 11.723, y serán responsables de la autenticidad de los mismos.*
>
> *El incumplimiento de esta obligación, sin perjuicio de las responsabilidades que puedan resultar para con terceros, será penado con multa de hasta $ 5.000 que aplicará el Director del Registro Nacional de la Propiedad Intelectual. El monto de la multa podrá apelarse ante el Ministro de Educación y Justicia.*
>
> *El registro podrá requerir en cualquier momento la presentación de ejemplares de esta colección e inspeccionar la editorial para comprobar el cumplimiento de la obligación establecida en el párrafo anterior.*
>
> *Si la publicación dejase de aparecer definitivamente deberá comunicarse al Registro y remitirse la colección sellada a la Biblioteca Nacional, dentro de los seis meses subsiguientes al vencimiento de la última inscripción.*
>
> *El incumplimiento de esta última obligación será penada con una multa de pesos 5.000*[464].

Como se observa, as publicações periódicas devem estar inscritas no Registro Nacional da Propriedade Intelectual. Quando

---

[464] ARGENTINA. Lei 11.723: Propiedad Intelectual.

se refere a um dever, exclui-se a faculdade de registro. Então, para que o autor esteja assegurado de seus direitos sobre a obra, deve apresentar um exemplar da última edição da obra acompanhado do formulário correspondente para a efetivação do registro.

Além disso, a inscrição no registro deve ser renovada anualmente. No entanto, para manter sua vigência, o autor deve declarar mensalmente a numeração e data dos exemplares publicados.

Há também outra obrigação imposta ao autor, isto é, um dos exemplares publicados deve levar a referência da Lei 11.723, responsável pela autenticidade do mesmo, caso contrário, o não-cumprimento dessa obrigação pode fazer com que o autor responda pelos prejuízos ocasionados a terceiros, bem como, receba uma multa de até $5.000 pesos.

Ademais, o órgão de registro pode requerer, a qualquer momento, a apresentação de exemplares da coleção de obras periódicas, bem como, pode inspecionar o cumprimento das obrigações estabelecidas.

E, por fim, prevê esse artigo que, se a referência ou selo, que dá autenticidade aos exemplares, deixar de aparecer definitivamente, o órgão de registro deve ser comunicado e a coleção selada deve ser remetida à Biblioteca Nacional, dentro de seis meses subseqüentes ao vencimento da última inscrição no registro.

Na seqüência, a Lei 11.723 trata do registro de obras nos arts. 57 a 64.

O art. 57 trata do depósito da obra no Registro Nacional de Propriedade Intelectual:

> *Art. 57. En el Registro Nacional de Propiedad Intelectual deberá depositar el editor de las obras comprendidas en el artículo 1°, tres ejemplares completos de toda obra publicada, dentro de los tres meses siguientes a su aparición. Si la edición fuera de lujo o no excediera de cien ejemplares, bastará con depositar un ejemplar.*

> *El mismo término y condiciones regirán para las obras impresas en país extranjero, que tuvieren editor en la República y se contará desde el primer día de ponerse en venta en territorio argentino.*
>
> *Para las pinturas, arquitecturas, esculturas, etcétera, consistirá el depósito en un croquis o fotografía del original, con las indicaciones suplementarias que permitan identificarlas.*
>
> *Para las películas cinematográficas, el depósito consistirá en una relación del argumento, diálogos, fotografías y escenarios de sus principales escenas. Para los programas de computación, consistirá el depósito de los elementos y documentos que determine la reglamentación*[465].

O dispositivo acima destaca que o editor de obras deve depositar três exemplares completos, no prazo de três meses contados a partir de sua origem, no Registro Nacional de Propriedade Intelectual. Em se tratando de edição de luxo ou que não exceda cem exemplares, basta o depósito de apenas um exemplar.

O mesmo prazo e condições são cabíveis para as obras impressas em país estrangeiro e que tiverem editor na Argentina.

No caso de pinturas, arquiteturas, esculturas etc., o depósito consiste num croqui ou fotografia do original, com as devidas identificações. Para os filmes cinematográficos, o depósito consistirá numa relação de argumento, diálogos, fotografias e cenários de suas principais cenas. E para os programas de computador, o depósito consiste na entrega de elementos e documentos que determine a regulamentação.

Após a inscrição da obra no registro, será entregue ao autor, titular ou editor, um recibo provisório, com os dados, data e elementos de identificação da obra, constando sua inscrição. É o que diz o art. 58:

> **Art. 58.** *El que se presente a inscribir una obra con los ejemplares o copias respectivas, será munido de un recibo provisorio, con los*

---

[465] ARGENTINA. Lei 11.723: Propiedad Intelectual.

> *datos, fecha y circunstancias que sirven para identificar la obra, haciendo constar su inscripción*[466].

O art. 59 faz referência à publicação, em Boletim Oficial, da inscrição da obra no Registro Nacional da Propriedade Intelectual:

> **Art. 59.** *El Registro Nacional de la Propiedad Intelectual hará publicar diariamente en el Boletín Oficial, la nómina de las obras presentadas a inscripción, además de las actuaciones que la Dirección estime necesarias, con indicación de su título, autor, editor, clase a la que pertenece y demás datos que las individualicen. Pasado un mes desde la publicación, sin haberse deducido oposición, el Registro las inscribirá y otorgará a los autores el título de propiedad definitivo si éstos lo solicitaren*[467].

Essa publicação da inscrição tem como objetivo verificar se existe alguma oposição ao registro daquela obra. Não havendo oposição no prazo de um mês, o registro será concedido definitivamente àquele que o solicitou. Mas, se houver oposição, o Diretor do órgão de registro deverá resolver o impasse. Diz o art. 60:

> **Art. 60.** *Si hubiese algún reclamo dentro del plazo del mes indicado, se levantará un acta de exposición, de la que se dará traslado por cinco días al interesado, debiendo el Director del Registro Nacional de la Propiedad Intelectual, resolver el caso dentro de los diez días subsiguientes.*
>
> *De la resolución podrá apelarse al ministerio respectivo, dentro de otros diez días y la resolución ministerial no será objeto de recurso alguno, salvo el derecho de quien se crea lesionado para iniciar el juicio correspondiente*[468].

A lei argentina, em seus arts. 61 a 63, dá um enfoque diverso das legislações anteriormente analisadas, pois trata da

---

[466] *Idem.*
[467] ARGENTINA. Lei 11.723: Propiedad Intelectual.
[468] *Idem.*

obrigatoriedade do depósito de toda obra publicada pelo editor. Apesar de ser signatária da Convenção de Berna, a Argentina adotou nestes dispositivos o registro obrigatório:

> **Art. 61.** *El depósito de toda obra publicada es obligatorio para el editor. Si éste no lo hiciere será reprimido con una multa de diez veces el valor venal del ejemplar no depositado.*
>
> **Art. 62.** *El depósito de las obras, hecho por el editor, garantiza totalmente los derechos de autor sobre su obra y los del editor sobre su edición. Tratándose de obras no publicadas, el autor o sus derechohabientes pueden depositar una copia del manuscrito con la firma certificada del depositante.*
>
> **Art. 63.** *La falta de inscripción trae como consecuencia la suspensión del derecho del autor hasta el momento en que la efectúe, recuperándose dichos derechos en el acto mismo de la inscripción, por el término y condiciones que corresponda, sin perjuicio de la validez de las reproducciones, ediciones, ejecuciones y toda otra publicación hechas durante el tiempo en que la obra no estuvo inscripta.*
>
> *No se admitirá el registro de una obra sin la mención de su "pie de imprenta". Se entiende por tal, la fecha, lugar, edición y la mención del editor*[469].

Assim, o editor que publica uma obra deve registrá-la no órgão competente. Caso não o fizer, será penalizado com multa de dez vezes o valor de venda do exemplar não depositado.

Esse depósito é obrigatório porque garante o direito de autor sobre a obra e o direito do editor sobre a edição. Se a obra não foi publicada, o autor ou seus sucessores podem depositar uma cópia do manuscrito no respectivo registro, pois a falta de inscrição traz como conseqüência a suspensão do direito de autor até o momento em que a efetue.

O art. 64 dispõe de casos em que deve haver o depósito de um exemplar na Biblioteca do Congresso Nacional:

---

[469] *Ibidem.*

Art. 64. *Todas las reparticiones oficiales y las instituciones, asociaciones o personas que por cualquier concepto reciban subsidios del Tesoro de la Nación, están obligados a entregar a la Biblioteca del Congreso Nacional, sin perjuicio de lo dispuesto en el artículo 57, el ejemplar correspondiente de las publicaciones que efectúen, en la forma y dentro de los plazos determinados en dicho artículo. Las reparticiones públicas están autorizadas a rechazar toda obra fraudulenta que se presente para su venta*[470].

Sendo assim, todas as repartições ou instituições que recebam fundos dos cofres públicos, devem entregar um exemplar de suas publicações, dentro do prazo estipulado nos dispositivos anteriores.

Como se conferiu anteriormente, a inexistência de uma forma de registro, prévia e condicionada, para o reconhecimento legal de uma obra ou de sua autoria, bem como, o reconhecimento da proteção desde o ato de criação, conforme prescreve a Convenção de Berna, contradiz totalmente o previsto nos arts. 30, 57 e seguintes da Lei 11.723, que impõem o cumprimento de formalidades para o exercício dos direitos autorais[471].

Maber R. Goldstein explica que "*[...] o direito do criador existe desde o nascimento da obra e não, pelo registro, mas este deve ser praticado se o autor quiser fazer alguma reclamação perante terceiro que o prejudique*"[472]. Acrescenta, ainda:

A circunstância de que os requisitos formais não sejam constitutivos do direito de autor marca, ademais, uma diferença expressa com os direitos de propriedade industrial, isto é, as criações intelectuais diretamente vinculadas por sua aplicação ao comércio, à indústria ou aos serviços (patentes de invenção, modelos e desenhos industriais, marcas e outros). Ainda assim,

---

[470] ARGENTINA. Lei 11.723: Propiedad Intelectual.
[471] Cf. GOLDSTEIN, Mabel R. *Op. cit.*, p. 245.
[472] "*[...] el derecho del creador existe desde el nacimiento de la obra y no por el hecho de la registración, pero ésta debe praticarse si el autor quiere hacer alguna reclamación frente a terceras personas que lo perjudiquen*". Idem.

se pode encontrar alguns objetos protegidos que coincidem em ambos os sistemas jurídicos (direito de autor e direito de propriedade industrial) aos que, de fato, a Lei 11.723 lhes brinda sempre seu reconhecimento inicial[473].

Héctor Della Costa considera o registro como *"uma declaração pública e formal de que a obra que foi exteriorizada, de alguma forma, previamente pelo autor"*[474].

Portanto, a Argentina, Estado signatário da Convenção de Berna, preferiu determinar alguns dispositivos específicos a respeito do registro de obra, tornando-o uma formalidade obrigatória para o autor que deseja reclamar seus direitos frente a terceiros ou assegurá-los em outros casos. Mas, apesar dessa previsão, admite que o direito de autor nasce com a criação da obra intelectual.

3.3.3 O Registro Autoral no Paraguai

O registro de direito de autor no Paraguai é disciplinado pela Lei 1.328/98 e pelo Decreto 5.159/99, que regulamentam o procedimento de registro. Contudo, encontram-se vestígios também no Código Civil paraguaio.

O art. 2.184 do Código Civil cria o Registro Público de Direitos Intelectuais e regulamenta a proteção dos direitos de autor perante terceiros, subordinando-a ao depósito de dois exemplares

---

[473] *"La circunstancia de que los requisitos formales no sean constitutivos del derecho de autor marca, además, una diferencia expresa con los derechos de propiedad industrial, esto és, las creaciones intelectuales directamente vinculadas por su aplicación con el comercio, la industria o los servicios (patentes de invención, modelos y diseños industriales, marcas u outros). Aún así, se pueden encontrar algunos objetos protegidos que coinciden en ambos sistemas jurídicos (derecho de autor y derecho de propiedad industrial) a los que, de hecho, la ley 11.723 les brinda siempre su reconocimiento inicial"*. Cf. GOLDSTEIN, Mabel R. *Op. cit.*, p. 245.

[474] Cf. COSTA, Héctor Della. *Op. cit.*, p. 87.

da obra. Esse mesmo preceito é válido para obras impressas no estrangeiro que tiverem editor no Paraguai[475]. Confirma o dispositivo:

> *Art. 2.184. En el Registro de Derechos Intelectuales, se tomará razón de las obras literarias, científicas o artísticas, publicadas en la República, como condición a que este Código subordina la protección de los derechos de autor respecto de terceros.*
>
> *A este efecto deberá el autor o el editor, en su caso, depositar dos ejemplares de la obra. El mismo requisito regirá para las obras impresas en el extranjero que tuvieren editor en la República.*
>
> *Para las pinturas, obras arquitectónicas, esculturas y demás obras de arte, consistirá el depósito en un croquis o fotografía del original, con las indicaciones suplementarias que permitan identificarlas.*
>
> *Para las películas cinematográficas, el depósito consistirá en una relación del argumento, diálogos, fotografías y algunas de sus principales escenas*[476].

Fremiort Ortiz Pierpaoli explica que o código é bem claro ao destacar que o requisito do registro é fundamental para a proteção dos direitos intelectuais. Acrescenta que a Exposição de Motivos desse código declarou que a propriedade intelectual nasce a partir da criação da obra, sendo a inscrição um ato apenas declarativo e não, constitutivo, pois o registro se propõe a dar publicidade frente a terceiros e para protegê-la contra falsificações, imitações ou reproduções fraudulentas em prejuízo do titular de direitos[477].

Ao se inscrever a obra no registro previsto no art. 2.184, o Estado fornecerá recibo com todos os dados, datas e identificação da obra, constando neste a inscrição, conforme dispõe o art. 2.185:

> *Art. 2.185. Al que se presente a inscribir una obra con los ejemplares respectivos, se le otorgará un recibo con los datos, fechas y circuns-*

---

[475] Cf. ORTIZ PIERPAOLI, Fremiort. *Op. cit.*, p. 92.
[476] PARAGUAI. **Código Civil**. Reformado em 23.12.1985. Disponível em: <http://www.paraguaygobierno.gov.py/codigocivilestructurado.html>. Acesso em: 30 jan. 2004.
[477] Cf. ORTIZ PIERPAOLI, Fremiort. *Op. cit.*, p. 99.

tancias que sirvan para identificar la obras, haciendo costar en él la inscripción. Los certificados de registro así otorgados hacen presumir la propiedad de la obra, salvo prueba en contrario[478].

Os certificados de registro fazem presumir a propriedade da obra, salvo prova em contrário[479].

A concessão do registro será publicada por cinco dias num diário da Capital, constando os dados do pedido de inscrição. Transcorrendo um mês da última publicação e não havendo oposição, o registro é outorgado ao interessado por prazo definitivo. Caso contrário, havendo oposição, o chefe do órgão de registro deve resolver a questão em 10 dias, conforme o disposto nos arts. 2.186 e 2.187:

> *Art. 2.186. El Registro publicará por cinco días en un diario de la Capital el pedido de inscripción de la obra, con indicación de su autor, título, pie de imprenta y demás datos que la individualicen. Transcurrido un mes desde la última publicación y no habiendo reclamación alguna, el Jefe del Registro otorgará al interesado la constancia definitiva de inscripción, con el número de orden que le corresponda.*
>
> *Art. 2.187. Si hubiere alguna reclamación dentro del plazo indicado, deberá ésta formularse y fundarse por escrito.*
>
> *Se correrá traslado de ella por cinco días al interesado. El Jefe resolverá dentro de los diez días. Contra la resolución que se dicte podrá interponerse la acción judicial que corresponda*[480].

Outra lei que dispôs a respeito do registro foi a Lei 94/51, que adota o mesmo sistema do Código Civil e é complementada pelo Decreto 6.609, de 04.09.1951, que regula, organiza e descreve o registro público de direitos intelectuais[481].

---

[478] PARAGUAI. **Código Civil**.
[479] Cf. ORTIZ PIERPAOLI, Fremiort. *Op. cit.*, p. 92.
[480] PARAGUAI. Código Civil.
[481] Cf. ORTIZ PIERPAOLI, Fremiort. *Op. cit.*, p. 93.

Os regimes adotados pelo Código Civil e pela Lei 94/51 subordinavam a inscrição da obra no Registro de Propriedade Intelectual, para que o autor estivesse protegido e garantido do exercício de seus direitos. Entretanto, a partir da adesão do Paraguai ao Convenção de Berna, a legislação passou a disciplinar que o exercício do direito de autor não estaria subordinado a nenhuma formalidade.

Até 15.10.1998, com a aprovação da Lei 1.328, aquelas legislações estiveram em vigor. A nova lei veio para regulamentar os direitos de autor e conexos, em conformidade com a Convenção de Berna.

Em seus arts. 152 e 153, a Lei 1.328/98 disciplina o registro de direito de autor e conexos:

> *Artículo 152. La Dirección Nacional del Derecho de Autor llevará el Registro Nacional del Derecho de Autor y Derechos Conexos, que sustituye a cualquier otro existente en las legislaciones anteriores, y donde podrán inscribirse las obras del ingenio y los demás bienes intelectuales protegidos por esta ley, así como los convenios o contratos que en cualquier forma confieran, modifiquen, transmitan, graven o extingan derechos patrimoniales, o por lo que se autoricen modificaciones a la obra. **El registro es meramente declarativo y no constitutivo, de manera que su omisión no perjudica el goce ni el ejercicio de los derechos reconocidos por la presente ley.** (grifo nosso)*
>
> *La solicitud, trámite, registro y recaudos a los efectos del registro, se realizarán conforme lo disponga la reglamentación pertinente.*
>
> *Artículo 153. No obstante lo dispuesto en el artículo anterior, el registro se admitirá como principio de prueba cierta de los hechos y actos que allí consten, salvo prueba en contrario. Toda inscripción deja a salvo los derechos de terceros*[482].

Como se observa, no Paraguai existe um órgão próprio para o registro de direito de autor, onde se inscrevem obras ou bens intelectuais protegidos pela lei, bem como, convênios ou contratos relacionados com o tema.

---

[482] PARAGUAI. Lei 1.328: De derecho de autor y derechos conexos.

A parte em destaque no artigo mostra que o registro é meramente declarativo e não constitui direitos. Assim, sua omissão não prejudica o gozo e exercício dos direitos reconhecidos pela lei.

Ademais, o art. 153 acrescenta que o registro é admitido como prova dos direitos, mas se admite qualquer outra prova em contrário.

Em 1999 o Decreto 5.159 regulamentou a Lei 1.328/98 e passou a disciplinar o procedimento para o registro de obras[483].

O art. 10, do Decreto em questão, determina que o registro é público e deverá ser solicitado por escrito pela pessoa interessada.

> *Artículo 10.* El Registro de la Dirección Nacional de Derecho de Autor, es público, y podrá acceder al mismo tanto en su forma tangible o digital, toda persona interesada que lo solicite por escrito[484].

E na seqüência, no art. 11, traz a lista dos livros de registro existentes na Direção Nacional de Direito de Autor:

> *Artículo 11.* La Dirección Nacional del Derecho de Autor, en el Registro del Derecho del Autor y Derechos Conexos, habilitará los siguientes libros de Registro; que podrán ser informatizados conforme a los recursos disponibles:
>
> a) Obras expresadas en forma escrita u oral, conforme lo estipulado en el Art. 4 Incisos 1 y 2 de la Ley;
>
> b) Musicales, arreglos e instrumentaciones;
>
> c) Coreográficas y pantomímicas;

---

[483] Em face da grande extensão do Capítulo II do Decreto 5.159/99, que trata dos procedimentos para a realização do registro, serão analisados apenas os artigos mais importantes à finalização desse estudo.

[484] PARAGUAI. Decreto 5.159/99: regulamenta a Lei 1.328/98 de direito de autor e direito conexos. Disponível em: <http://www.sice.oas.org/int_prop/nat_leg/Paraguay/d515999.asp>. Acesso em: 30 jan. 2004.

d) Obras de Artes Plásticas, Arte Aplicado y Fotográficas conforme lo estipulado en el Art. 4 Incisos 8, 10 y 11 de la Ley;

e) Planos y Obras de Arquitectura e Ilustraciones, Mapas, Bosquejos y Obras Plásticas relativas a la Geografía, la Topografía, la Arquitectura o las Ciencias.

f) Obras audiovisuales de conformidad a lo estipulado en el Art. 4 inciso 6 de la Ley;

g) De seudónimos, obras póstumas e inéditas;

h) Registro de Poderes;

i) De actos, convenios, contratos que de cualquier forma confieran, modifiquen, transmitan, graven o extingan derechos patrimoniales, así como la modificación de nombre y domicilio y otros que se presentan a inscripción;

j) Las garantías o embargos sobre los derechos patrimoniales de las obras;

k) De resoluciones administrativas y judiciales en materia de Derechos de Autor y Derechos Conexos;

*l) Programas de Ordenadar o **Software**, base de datos;*

m) Cualquier otro que se considere necesario al mejor cumplimiento de sus funciones;

El Jefe del Registro, con la anuencia del Director, podrá habilitar otros libros que considere indispensable para el mejor cumplimiento de sus funciones[485].

No órgão de registro do Paraguai, como se observa, existem diferentes tipos de livros para a execução do mesmo, tais como o livro de obras escritas e orais, obras musicais, coreográficas, artes plásticas, fotografias, obras de arquitetura, mapas, obras audiovisuais, obras pseudônimas, póstumas e inéditas, registro de poderes, atos, convênios ou contratos relacionados a direitos patrimoniais, livro de garantias ou embargos sobre direitos patrimoniais, resoluções administrativas e judiciais em matéria de direito de autor e conexos, programas de computador e base de dados, além de abranger um livro somente para registros de outros atos necessários

---

[485] PARAGUAI. Decreto 5.159/99.

ao cumprimento de funções. Não obstante, o chefe do registro também pode habilitar outros livros que considere indispensáveis para cumprir suas funções.

O art. 15 do Decreto 5.159/99 traz a lista daqueles que podem solicitar o registro de obra intelectual:

> **Artículo 15.** *Podrán solicitar el registro:*
>
> *a) El autor o cualquiera de los coautores de la obra, o su apoderado por simple carta poder,*
>
> *b) El productor o el director o realizador; de la obra audiovisual, fonográfica, o de software,*
>
> *c) El editor, cuando la obra no haya sido registrada,*
>
> *d) Los sucesores legítimos del autor,*
>
> *e) Los intérpretes de una obra sobre su interpretación,*
>
> *f) Las entidades de gestión y los representantes legales de los titulares de Derechos Intelectuales con mandato expreso de los mismos,*
>
> *g) Los traductores, que en cualquier forma, con la debida autorización refundan y adapten obras ya existentes con obras nuevas y resultantes; y*
>
> *h) Los que han obtenido un registro en el extranjero y deseen revalidar dicho registro*[486].

No rol trazido pelo art. 15, pode efetuar o registro de obra todo autor ou co-autor de obra; o produtor, diretor ou realizador de obra audiovisual, fonográfica ou *software*; o editor, se a obra ainda não foi registrada; os sucessores do autor; os intérpretes de uma obra sobre a sua interpretação; as entidades de gestão e os representantes legais dos titulares de direitos com mandato expresso; os tradutores e, por fim, aqueles que tenham obtido registro em país estrangeiro e que desejam revalidá-lo.

Contudo, não basta apenas estar legitimado dentro do rol apontado no art. 15. Aquele que requerer o registro de obra deve

---

[486] PARAGUAI. Decreto 5.159/99.

preencher todos os requisitos exigidos pela Lei 1.328/98 e pelo Decreto 5.159/99. Assim, prescreve o art. 16 algumas das causas para a não-concessão do registro:

> **Artículo 16.** *El Director no dará curso a las solicitudes:*
>
> *En todos los casos en que no se cumplan los requisitos exigidos por la Ley y por este Decreto reglamentario yen especial, cuando:*
>
> *a) La solicitud se haga a favor de personas distintas de la que aparece como autor en los ejemplares o documentos que se acompañan, ya sea con nombre o seudónimo inscripto;*
>
> *b) Cuando la solicitud se hace bajo seudónimo no registrado anteriormente y/o que no se inscribió simultáneamente;*
>
> *c) Cuando el solicitante no presentare los documentos que acrediten los derechos transferidos entre vivos o transmitidos por causa de muerte;*
>
> *d) Cuando el peticionante no justifique la representación invocada; y*
>
> *e) Cuando se trate de obra anteriormente inscripta.*
>
> *f) El afectado por una resolución que rechaza el pedido de inscripción podrá recurrir de la misma conforme al Art. 151, de la Ley*[487].

Se a solicitação do registro ocorrer em favor de pessoa distinta do autor dos exemplares ou da indicada nos documentos que acompanham o pedido, quando se fizer com pseudônimo não registrado, quando o solicitante não apresentar documentos comprovando os direitos transferidos entre vivos ou transmitidos por causa da morte, quando aquele que peticiona não justificar a representação invocada ou quando se trate de obra inscrita anteriormente, o diretor do registro não dará prosseguimento às solicitações. No entanto, aquele que tiver sido prejudicado por tal ato poderá recorrer de seu pedido.

Em se tratando de obra escrita, a solicitação de registro deve estar acompanhada do título da obra, sua natureza, nome ou pseudônimo do autor, editor ou impressor, o lugar e data de divul-

---

[487] PARAGUAI. Decreto 5.159/99.

gação e criação, o número de tomos ou exemplares, além do tamanho e número de páginas e a data em que a tiragem foi finalizada. É o que diz o art. 18:

> **Artículo 18.** *Al solicitarse la inscripción de una Obra expresada en forma escrita, conforme lo estipulado en el Art. 4 Incisos 1 y 2 de la Ley; el peticionante formulará una declaración, fechada y firmada, con los datos siguientes:*
>
> *a) Título de la obra;*
>
> *b) Naturaleza de la obra;*
>
> *c) Nombre o seudónimo del autor, editor o impresor;*
>
> *d) Lugar y fecha de divulgación;*
>
> *e) Lugar y fecha de creación;*
>
> *f) Número de tomos, tamaños y páginas de que consta; número de ejemplares,*
>
> *g) Fecha en que terminó el tiraje*[488]*.*

Os arts. 19 a 22 trazem a lista do que deve ser depositado no pedido de registro.

> **Artículo 19.** *Para las obras audiovisuales en general, se depositarán tantas fotografías como escenas principales tenga la misma, de modo que conjuntamente con la relacion del argumento, diálogos y musica, sea posible establecer si la obra es original. Se indicará, asimismo, el nombre del productor, guión, del compositar musical, del director y de los artistas más importantes, así como la duración de la obra.*
>
> **Artículo 20.** *Para la inscripción de obras de artes plásticas y fotografías, se presentará una relación de las mismas, a la que se acompañará una fotografía o copia. Tratándose de esculturas las fotografías serán de frente y de perfil. Para la concerniente al arte aplicado ya sea modelos y obras de arte o ciencia aplicadas a la industria, se depositará una copia o fotografía del modelo o de la obra, acompañada de una relación escrita de las características o detalles que no sea posible apreciar en las copias o fotografías.*

---

[488] *Idem.*

Artículo 21. Para las ilustraciones, planos, obras de arquitectura, mapas, y obras plásticas relativas a la geografía, la topografía, la arquitectura o las ciencias se procederá de igual manera que el inciso anterior.

Artículo 22. En lo que respecta a las obras dramáticas o musicales no impresas, bastará depositar una copia del manuscrito de la obra can la firma certificada del autor o coautores, o representante autorizado[489].

De forma semelhante, como ocorre no registro de obra na Argentina, para as obras audiovisuais se depositam fotografias ou cenas principais que possam identificar a obra como original; para obras de artes plásticas e fotografias se apresenta uma relação das mesmas acompanhada de uma fotografia ou cópia; tratando-se de esculturas de arte ou ciência aplicada à indústria, ilustrações, planos, obras de arquitetura ou mapas, deposita-se uma cópia ou fotografia do modelo ou da obra; e no tocante às obras dramáticas ou musicais não impressas, deposita-se uma cópia do manuscrito da obra.

Quando se tratar de obra impressa publicada, nacional ou estrangeira, o autor, editor ou representante legal deve depositar 4 exemplares completos, no prazo de 3 meses do surgimento da mesma. No caso de obras inéditas, basta que apresente 1 exemplar. É o que dizem os arts. 25 e 26:

Artículo 25. Los autores, editores o representantes legales de toda obra impresa publicada, nacional o extranjera, harán el depósito presentando cuatro ejemplares completos de la obra, dentro de los tres meses de su aparición. Dos ejemplares quedarán en el Registro y dos ejemplar se destinará al Fondo activo de la Biblioteca Nacional dependiente del Ministerio de Educación y Cultura, para el usufructo de los lectores.

Artículo 26. Para la obras inéditas, serán suficientes la presentación de un ejemplar, debiendo salvarse todas las enmiendas y raspaduras[490].

---

[489] PARAGUAI. **Decreto 5.159/99**.
[490] *Idem.*

Após a apresentação do pedido e dos requisitos indispensáveis, será feito um exame de forma. Passando dessa fase, o pedido de registro é publicado num diário de grande circulação nacional por 3 dias consecutivos e abre-se o prazo de 30 dias para oposição. Se nesse prazo nada for oposto e não houver obstáculos, o certificado de registro será expedido. Caso contrário, as questões levantadas na oposição serão analisadas, e o órgão decidirá a respeito da concessão do registro, conforme o prescrito nos arts. 33 a 35:

Artículo 33. Cumplidos los trámites de presentación el expediente pasara a la sección correspondiente del Registro para que se realice el examen de forma. Aprobado el examen se ordenará su publicación que deberá ser en un diario de gran circulación nacional por el término de tres (3) días consecutivos, de un extracto que contenga el título, autor, especie y demás datos esenciales que distingan las obras cuyo registro se ha solicitado.

Artículo 34. El plazo para la presentación de oposiciones es de 30 días hábiles a partir de la última publicación. Si en ese plazo no se presenta ninguna oposición la sección Registro realizará el examen de fondo, sin perjuicio de la búsqueda de antecedentes y opinión fundada sobre la viabilidad del Registro.

Cumplido estos trámites y no habiendo obstáculos, el Director expedirá el certificado respectivo, con la constancia del folio y número de orden que le Corresponde en el libro de entradas yen el libro matriz en que se inscribiera por la naturaleza de la obra.

Artículo 35. Cuando se formule oposicion al registro de obras, se procederá a correr traslado de la oposición al solicitante de la inscripción por un plazo de nueve días habiles. La notificación con las copias para el traslado deberá realizarse por cédula en el domicilio fijado por el solicitante y su apoderado. Si hubiera hechos que probar se abrirá la causa a prueba por veinte días hábiles. Las pruebas instrumentales podrán ser ofrecidas y agregadas en cualquier momento del período probatorio. Una vez cumplida la contestación o en su caso, cerrado el período de pruebas, sin otro trámite el expediente quedará en estado de autos para resolver, aún cuando no se hubiese contestado la oposición. Si se hubiesen presentado una o más oposiciones, ellas se resolverán en un solo acto mediante resalución fundada. En cuanto al plazo para resolver la oposición, se estará a lo dispuesto en el Art. 147 inciso 8 de la Ley, a partir de la apertura del período probatorio.

> *El procedimiento de oposicion se regirá supletoriamente, por las disposiciones del Libro IV TItulo XII del Codigo de Procedimientos Civiles*[491].

Portanto, no tocante ao registro de obra intelectual, constatou-se que o Decreto 5.159/99 regulamentou de forma completa, em seu Capítulo II, todos os procedimentos relevantes à concretização do registro. Além disso, observou-se que todo o procedimento previsto é muito semelhante ao procedimento adotado na legislação argentina.

Como se analisou, no Paraguai o registro tem fins declarativos e configura-se como meio de facilitação de prova para o autor frente a terceiros. A ausência ou omissão dessa formalidade não prejudica em nada o reconhecimento dos direitos de autor, nem mesmo o exercício de ações derivadas da criação ou da condição de autor[492].

3.3.4 O Registro de Obra no Uruguai

Ao contrário dos outros Estados-partes do Mercosul que foram, ao longo do tempo, inserindo novos dispositivos e modificando outros, a respeito do registro de obra, em sua legislação, o Uruguai já o previa em 1937, na Lei 9.739.

O art. 6º da Lei 9.739/37 prevê o registro de obra como requisito da proteção autoral:

> *Artículo 6º. Para ser protegido por esta ley, es obligatoria la inscripción en el registro respectivo.*
>
> *Tratándose de obras extranjeras, bastará la prueba de haberse cumplido los requisitos exigidos para su protección en el país de origen, según las leyes allí vigentes*[493].

---

[491] PARAGUAI. Decreto 5.159/99.
[492] Cf. ORTIZ PIERPAOLI, Fremiort. *Op. cit.*, p. 92.
[493] URUGUAI. Lei 9.739: Propriedade literária e artística.

Conforme destacado, para que o autor esteja assegurado de seus direitos, a inscrição no registro é obrigatória. E no caso de obras estrangeiras, basta que tenha cumprido todos os requisitos de proteção em seu país de origem para que esta esteja assegurada no Uruguai.

Contudo, o art. 4º da Lei 17.616, de 10.01.2003, modificou este artigo passando, então, a ter a seguinte redação:

> **Artículo 6º.** *Los derechos reconocidos en esta ley son independientes de la propiedad del objeto material en el cual está incorporada la obra.*
>
> *El goce y ejercicio de dichos derechos no estarán subordinados a ninguna formalidad o registro y ambos son independientes de la existencia de protección en el país de origen de la obra.*
>
> *Para que los titulares de las obras y demás derechos protegidos por la presente ley sean, salvo prueba en contrario, considerados como tales y admitidos en consecuencia ante las autoridades administrativas o judiciales, para demandar a los infractores, bastará que su nombre aparezca estampado en la obra, interpretación, fonograma o emisión en la forma usual*[494].

Destarte, observa-se o grande passo dado pelo legislador uruguaio ao reconhecer os preceitos da Convenção de Berna, no qual o Uruguai é signatário, modificando o dispositivo mencionado.

Os direitos de autor passaram a ser reconhecidos independentemente do registro ou outras formalidades bastando, apenas, a criação da obra intelectual. No entanto, preferiu o legislador mencionar alguns requisitos para assegurar a proteção da obra perante terceiros, tais como a indicação do nome do autor na obra, na interpretação, no fonograma ou na emissão na forma usual.

Mais adiante, no Capítulo XI, a Lei 9.739/37 dedica seus dispositivos ao processo de registro de obras. É o texto:

---

[494] URUGUAI. **Lei 17.616**: Proteção ao direito de autor e direitos conexos, de 10.01.2003. Disponível em: <http://www.presidencia.gub.uy/gxpfiles/data/ley/2003011310.htm>. Acesso em: 30 jan. 2004.

Artículo 53. *La Biblioteca Nacional llevará un Registro de los derechos de autor, en el que los interesados estarán obligados a inscribir, obligatoriamente, de acuerdo con el artículo 6º, el título de las obras publicadas por primera vez en el territorio de la República, acompañando dos ejemplares impresos o manuscritos, si se trata de obras literarias, científicas o musicales, etc., y dos fotografías o reproducciones por cualquier otro procedimiento, si se trata de otra clase de obras.*

El que se presente a inscribir una obra con los ejemplares o copias respectivas, será munido de un recibo provisorio, con los datos, fecha y circunstancias que sirvan para identificar la obra, haciendo constar su inscripción. Llevará además, la Biblioteca Nacional otro libro talonario de obra depositada, firmado por el Director y certificado con el sello de la oficina, quedando en la parte talonario constancia circunstanciada del depósito; tal recibo se entregará sin recargo alguno al interesado y será justificativo suficiente para que produzca efectos legales.

La Biblioteca Nacional o el Registro que los Reglamentos indiquen hará publicaciones por diez días en el "Diario Oficial", a costa del interesado, y a la mitad de la tarifa vigente, indicando la obra entrada, título, autor, especie y demás datos que la individualicen. Pasado un mes de la última publicación, la Biblioteca Nacional otorgará el título de propiedad definitivo.

Señálase el plazo de dos años para la inscripción de las obras que se publiquen, expongan o reproduzcan en el país a contar de su publicación, exhibición o representación.

El plazo será de tres años cuando la publicación, exhibición o representación se realice en el extranjero, siendo uruguayo el autor. El interesado abonará, a la institución registradora, por derechos de inscripción, la suma de cincuenta centésimos, si se trata de una obra que produce el llamado "gran derecho", o veinte centésimos, si es de las que producen el "pequeño derecho".

Artículo 54. *Se anotarán en el mismo Registro, para que produzcan efectos legales, las transmisiones de los derechos de autor sobre la obra, a pedido de parte interesada, formulada en papel sellado de $ 0.50.*

Artículo 55. *Por la inscripción de cualquier enajenación o transferencia de una obra, el adquirente abonará un derecho equivalente al 20% del importe de la enajenación.*

Queda autorizado el Poder Ejecutivo para modificar las tarifas a que se refieren los artículos precedentes.

En ningún caso ese derecho será inferior a $ 5.00[495].

---

[495] URUGUAI. Lei 9.739: Propriedade literária e artística.

Nota-se que o registro deveria ser efetivado, obrigatoriamente, na Biblioteca Nacional, em conformidade com o art. 6° da lei em análise, antes da modificação trazida pela Lei 17.616/03. Além disso, o título da obra deveria estar acompanhado de dois exemplares impressos ou manuscritos da obra literária, científica ou musical, e duas fotografias ou reproduções por outro procedimento, se fosse outra classe de obras.

A Lei 17.616/03, em seu art. 19, modificou somente a primeira parte do art. 53, prescrevendo:

> **Artículo 53.** *La Biblioteca Nacional llevará un registro de los derechos de autor, en el que los interesados podrán inscribir las obras y demás bienes intelectuales protegidos en esta ley.*
>
> *La inscripción en el Registro a que se refiere este artículo es meramente facultativa, de manera que su omisión no perjudica en modo alguno el goce y ejercicio de los derechos reconocidos en la presente ley. La solicitud, recaudos, trámite, registro y régimen de publicaciones se realizarán conforme lo disponga la reglamentación pertinente. Todas las controversias que se susciten con motivo de las inscripciones en el Registro serán resueltas por el Consejo de Derechos de Autor*[496].

Constata-se que a adesão do Uruguai ao Convenção de Berna gerou alguns reflexos em sua legislação, que somente em 2003 foi alterada e atualizada. Assim, o registro na Bilioteca Nacional, que antes era obrigatório, passou a ser facultativo. O autor, na omissão ou ausência do registro, não fica prejudicado no que tange à proteção de sua obra.

Havendo interesse em registrar a obra, a segunda parte do art. 53 da Lei 9.739/37 regulamenta o procedimento a ser executado.

Apresentando os exemplares ou cópias da obra a registrar, ao autor é entregue um recibo provisório com todos os dados da obra e da inscrição efetuada. Durante 10 dias consecutivos, a Biblioteca Nacional ou os órgãos de registro competentes, publicarão

---

[496] URUGUAI. Lei 17.616: Proteção ao direito de autor e direitos conexos.

no Diário Oficial nota a respeito da inscrição, tais como o título da obra, seu autor, espécie, e demais informações cabíveis. Após 1 mês, contado da data da última publicação, a Biblioteca Nacional outorga o título de propriedade definitivo. Esse prazo será de 2 anos quando se tratar da inscrição de obras publicadas, expostas ou reproduzidas no país, e de 3 anos quando realizadas em país estrangeiro, mas sendo o autor paraguaio. Além disso, o registro de obra não é gratuito.

As transmissões de direito de autor sobre a obra também são anotadas no registro, a pedido da parte interessada, para que produza seus efeitos legais. E a qualquer ato no processo de inscrição tem ônus a parte interessada, conforme prescreve o art. 55.

Portanto, no Uruguai o registro não é obrigatório, mas querendo-o fazer, basta que o interessado preencha as formalidades requisitadas e siga o procedimento exigido na lei.

3.4 IMPORTÂNCIA, EFICÁCIA E FUNÇÃO DO REGISTRO DE OBRA

Diante do que foi analisado ao longo desse trabalho, percebe-se que em alguns países o autor é obrigado a registrar sua criação intelectual para se ver resguardado da má-fé de terceiros. Essa inscrição no registro consiste no preenchimento de uma série de requisitos, dentro os quais a entrega de exemplares ou cópias, a indicação do nome do autor, título da obra etc. para que, posteriormente, o autor receba o certificado de registro nacional[497].

Por sua vez, há países que facultam o registro, incidindo a proteção a partir da criação da obra. Nos dois casos, os tribunais consideram o registro como a prova da veracidade da autoria, sendo verdadeiro até que se prove o contrário[498].

---

[497] Cf. UNESCO. *Op. cit.*, p. 80.
[498] *Idem.*

Assim, *"os registros do direito de autor são acessíveis ao público e constituem um documento público que pode ser consultado para quaisquer fins"*[499].

Após a Convenção de Berna, o registro obrigatório como condição de proteção das obras entrou em vias de desaparecimento, tendo em vista que as legislações dos países que adotam esse sistema tendem a aceitar a idéia de que formalidades não devem constituir obstáculos ao reconhecimento do direito de autor[500].

Feitas estas observações, cumpre destacar a importância diante da tendência moderna adotada pelas legislações dos Estados-partes do Mercosul.

Fremiort Ortiz Pierpaoli cita as razões por que considera o registro importante:

> *a) porque facilita a prova do direito de autor; b) porque é a única forma de proteção eficaz de uma obra inédita; c) porque permite o conhecimento dos contratos celebrados pelo autor e d) porque os certificados oficiais de registro facilitam a proteção de obras estrangeiras e a gestão das sociedades de autores. Mas os registros oficiais têm maior importância quando produzem efeitos em relação a terceiros*[501].

Além disso, o registro cria a presunção *juris tantum* a favor de quem o invoca.

Com relação às características do registro de obra intelectual, Hammes acrescenta que o registro é irrelevante para a gênese do direito de autor, funcionando como uma medida de segurança. Além disto, o registro facilita a prova, mas a sua omissão não prejudica a proteção, pois a força probante do registro não é absoluta; pode haver a transferência do ônus da prova a quem impugna a autoria[502].

---

[499] *Ibidem*.
[500] Cf. UNESCO. *Op. cit.*, p. 80.
[501] ORTIZ PIERPAOLI, Fremiort. *Op. cit.*, p. 96.
[502] Cf. HAMMES, Bruno Jorge. *Op. cit.*, p. 56.

Explica Sílvio de Salvo Venosa:

> *O registro estabelece presunção relativa de paternidade da obra. Sua finalidade é dar segurança ao autor e não exatamente salvaguardar a obra. Desse modo, a ausência de registro não impede a defesa dos direitos autorais. Na hipótese de cessão total ou parcial de direitos do autor, o registro faz-se necessário para ter eficácia perante terceiros*[503].

Na mesma linha de raciocínio, Serpa Lopes esclarece que

> *o registro do direito autoral estabelece uma presunção que assegura no primeiro momento, mas que não exclui a prova em contrário. [...] Diferentemente é a situação do titular legítimo desse direito, mas que o não possui registrado. Terá, preliminarmente, de delir a prova do registro e mostrar que houve violação ou usurpação da sua idéia*[504].

Acrescenta Fremiort Ortiz Pierpaoli: "*[...] o autor que se ampara no registro de sua obra fica liberado da prova, quer dizer, quem impugna a obra registrada deve apresentar as provas necessárias para desconstituir a mesma, valendo-se da aplicação da regra da prova em contrário*"[505].

José de Oliveira Ascensão também analisa o tema. Dispõe em sua obra: "*Domina em geral o princípio de que o direito de autor é reconhecido independentemente de registro, depósito ou qualquer formalidade. [...] A atribuição do direito de autor se faz com a mera criação da obra. Isto nos permite excluir desde já o caráter constitutivo do registro, em matéria de Direito de Autor*"[506].

---

[503] VENOSA, Sílvio de Salvo. *Op. cit.*, p. 593.
[504] LOPES, Miguel Maria de Serpa. *Op. cit.*, p. 504.
[505] Cf. ORTIZ PIERPAOLI, Fremiort. *Op. cit.*, p. 56.
[506] ASCENSÃO, José de Oliveira. *Op. cit.*, p. 318.

Para Héctor Della Costa, são dois os sistemas de exteriorização da obra: o sistema de registro e o sistema de nenhuma formalidade. No primeiro, a obra não existe juridicamente sem o cumprimento da formalidade legal estabelecida. No segundo, essa existência não está ligada a formalismo algum. Assim, o registro é uma declaração pública e formal que a obra foi exteriorizada previamente pelo autor[507].

No tocante aos requisitos formais, que dão eficácia ao processo de registro, Fernando Zapata Lopez destaca que um registro de direitos de autor deve reunir características quanto à organização e quanto às suas funções[508].

Com relação à organização, o registro deve ser sistematizado, abranger a maior quantidade de informação possível e deve ser manejado de forma profissional, pois, se não é formalidade obrigatória, requer um procedimento ágil e sem maiores requerimentos ao usuário[509].

No que tange às funções, Fernando Zapata Lopez ressalta que o registro deve:

> *a) ser uma fonte de estatística para sociedades de gestão coletiva, grêmios e demais usuários, e para o Estado deve ser considerado uma ferramenta útil na fixação de políticas culturais;*
>
> *b) brindar maior proteção, criando um instrumento para defender os direitos adquiridos mediante contrato, sentença ou processo de sucessão;*

---

[507] "*Dos son los sistemas extremos en que el Derecho comparado contempla la exteriorización dela obra: el de la registración y el de la no formalidad [...]. Dentro del sistema de la 'registración', la obra no existe jurídicamente sin el cumplimiento de la formalidad legal establecida. En el designado como 'segundo sistema', esa existencia no está ligada con formalismo alguno. [...] El 'registro' es la declaración pública y formal de la obra que ya ha sido exteriorizada previamente por el autor de alguna manera*". Cf. COSTA, Héctor Della. *Op. cit.*, p. 86-87.

[508] Cf. LÓPEZ, Fernando Zapata. **Los registros nacionales de derechos de autor**. *Op. cit.*, p. 418.

[509] *Idem.*

c) permitir a identificação dos titulares de direitos de autor e conexos, constituindo-se como instrumento na luta contra a pirataria;

d) constituir-se num meio probatório perante os tribunais competentes[510].

Nesse aspecto, acrescenta Fremiort Ortiz Pierpaoli que os registros devem cumprir as funções informativa, policial, estatística e de investigação científica. Exercendo a função informativa, ou seja, o registro deve informar, com maior brevidade possível, aos poderes públicos encarregados da tutela do direito de autor e aos particulares interessados, a situação jurídica da obra. Na função policial, o registro deve regular o cumprimento da lei e tornar eficaz a proteção legal no âmbito administrativo. No que tange à função estatística, o registro colabora para se organizar um informe sobre a) a quantidade de obras registradas e a natureza das mesmas; b) o número de contratos celebrados que tenham como objeto as obras criativas; e c) a gestão administrativa relacionada às atividades vinculadas aos autores e suas obras. Por fim, no cumprimento da função de investigação científica, as oficinas técnicas que assessoram o registro devem promover medidas que melhorem a proteção legal do autor, podendo este contar com bibliotecas e serviços de informação[511].

Sendo assim, a partir dos aspectos apontados, demonstrando a importância, funções e objetivos do registro, conclui-se que este, tem relevante destaque no âmbito da propriedade intelectual. Além de instrumento de publicidade, o registro constitui-se num meio probatório da autoria e da propriedade da obra perante terceiro de má-fé que a conteste.

---

[510] Cf. LÓPEZ, Fernando Zapata. **Los registros nacionales de derechos de autor.** *Op. cit.*, p. 418.
[511] Cf. ORTIZ PIERPAOLI, Fremiort. *Op. cit.*, p. 96-97.

CONSIDERAÇÕES FINAIS

A propriedade intelectual identifica todos os tipos de propriedade que resultem da criação da mente humana, dentre os quais o direito de autor, tema estudado nesse trabalho.

O direito de autor encontra sua origem na Idade Antiga, época em que não existiam normas jurídicas que protegessem o autor da ação dos *plagiarii*. Entretanto, quando a ação desses era descoberta, o povo passava a desprezá-los na sociedade.

A partir do desenvolvimento do capitalismo, com o surgimento de novas tecnologias e meios de expressão, instaura-se uma nova época para o direito de autor. Com o advento da imprensa, através de Gutemberg no século XV, verificou-se a possibilidade de reprodução industrializada da obra para consumo em massa. Esse fato ocasionou a perda de controle dos autores sobre a reprodução de suas obras em grande escala, fazendo com que a necessidade de proteção contra a reimpressão adquirisse importância.

Após o século XV, diversos países começaram a elaborar os primeiros traços dos direitos de autor. Inicialmente, instituiu-se um sistema de privilégios, onde somente alguns impressores detinham o direito de reproduzir certas obras com exclusividade. Com o passar do tempo, esse sistema foi substituído por um regime de proteção fundado no princípio da propriedade, onde cada exemplar deveria conter a menção do *copyright*.

O século XVIII marcou o início da produção de legislação sistemática a respeito do direito de autor, começando pela primeira lei que disciplinava o direito de cópia, o Estatuto da Rainha Anna, de 1710. A partir dessa lei, o direito de autor passa a ter um caráter internacional, fazendo com que outros países se antecipassem em assegurar a proteção legal de seus autores e passassem a legislar sobre o tema. Assim, surgiram o Federal Copyright Act, a Declaração dos Direitos do Homem e do Cidadão, a Convenção de Berna, a Convenção Universal de Genebra, a Convenção de Roma, o ADPIC, e diversas legislações que regularam o direito interno de cada país.

Além disso, em 1967 foi criada, através da Convenção de Estocolmo, a OMPI, que passou a administrar a Convenção de Berna e a Convenção de Paris, bem como os tratados sobre propriedade intelectual. Essa organização existe até os dias atuais e vem trabalhando constantemente na defesa e regulamentação dos direitos de propriedade intelectual.

Ademais, a proteção ao direito de autor também foi inserida nas normas internas de diversos Estados, inclusive os Estados-partes do Mercosul, que tiveram sua legislação analisada nesse trabalho.

O direito de autor é o atributo que tem o autor de obra literária, científica ou artística, de ligar seu nome à produção de seu espírito, exteriorizando-a e, posteriormente, reproduzindo-a. Seu objeto principal é a obra intelectual, isto é, o resultado do trabalho do autor.

Quanto à natureza jurídica, discute-se doutrinariamente se o direito de autor é um direito de propriedade, um direito de personalidade, um direito especial ou um ramo autônomo do direito. Contudo, pode-se concluir que o direito de autor tem uma natureza mista, pois apresenta vertentes em todos os ramos descritos anteriormente.

No tocante aos Estados-partes do Mercosul, observou-se a semelhança entre a legislação vigente nos quatro Estados. Ambos seguem os princípios ditados pelo Convenção de Berna, diferindo apenas em poucos aspectos. Assim, destacou-se as previsões constitucionais de cada Estado, bem como, a legislação infraconstitucional pertinente ao tema e vigente até os dias atuais, tais como a Lei 9.610/98, do Brasil; a Lei 11.723/33, da Argentina; a Lei 1.328/98, do Paraguai; e as Leis 9.739/37 e 17.616/03 do Uruguai.

Ainda, no estudo da legislação mencionada acima, buscou-se dar um maior enfoque aos aspectos mais importantes de cada legislação, englobando conceitos, as obras que são protegidas e aquelas que não o são, as limitações ao direito de autor, os direitos patrimoniais e morais, a duração dos direitos, a transmissão e, finalmente, as violações e sanções previstas em cada lei.

No que concerne ao registro de obra intelectual, objeto principal do trabalho, observou-se que sua origem está diretamente ligada à constituição e transmissão da propriedade. O registro, desde a antiguidade, constitui-se num instrumento de solenidade e publicidade, isto é, era o único meio de que se utilizavam os proprietários de bens para dar conhecimento a terceiros de que aquele bem era de sua propriedade.

A construção de um sistema de registro eficiente se deu, somente, em 1858 na Austrália e na Suíça. A partir daí, o registro adquiriu um relevante valor e passou a ter um papel importante na aquisição e constituição de direitos reais.

A respeito dos bens intelectuais, o registro passou a exercer papel fundamental após a Revolução Francesa, quando os direitos intelectuais eram considerados direitos de propriedade e só tinham efeitos perante terceiros mediante o cumprimento de uma solenidade registral.

O Estatuto da Rainha Anna, pioneiro na evolução moderna do direito de autor, consagrou a obrigatoriedade do ato de registro para a presunção de propriedade. O registro, então, era um ato constitutivo de direitos, e o autor, na sua ausência, ficava desamparado juridicamente.

Mas, a partir da Convenção de Berna, a legislação começou a mudar, e o registro passou a ser facultativo. O autor passou a ter seus direitos assegurados desde o ato de criação da obra, e não, a partir do ato de registro. Esse, passou a configurar-se como um ato declaratório de direitos, e não era mais constitutivo, pois os direitos de autor já teriam existência desde a gênese da obra.

O registro de direito de autor, atualmente, pode ser definido como um ato burocrático que proporciona ao autor a publicidade e maior segurança dos seus direitos, além de fornecer a presunção *juris tantum* de titularidade da obra, admitindo-se prova em contrário.

Os Estados-partes do Mercosul, signatários da Convenção de Berna, prevêem em suas leis que o registro é facultativo e que o autor está assegurado a partir da criação da obra intelectual. Contudo, para assegurar seus direitos frente a terceiros, o registro adquire importância em alguns Estados, isto é, a formalidade se constituiria numa espécie de segurança ao autor presumindo-se ser ele o titular dos direitos. É claro que se admite a prova em contrário, e o autor que não possui o registro de obra pode apresentar outros meios que evidenciem sua titularidade.

No Brasil, a maioria dos doutrinadores acredita que o autor pode utilizar-se de outros meios, perante terceiros, para provar a sua autoria e titularidade. O registro não tem caráter constitutivo de direitos e serve, apenas, como meio de publicidade. Na Argentina, segundo a doutrina, o registro deve ser praticado se o autor quiser reclamar perante terceiro que o prejudique. Este é um caso à parte, pois o registro não é obrigatório naquele país. Já no Paraguai e no Uruguai, a ausência de registro não prejudica em nada o reconhecimento dos direitos de autor, sendo o registro apenas um ato declaratório e meio de facilitação de prova perante terceiros que contestem a autoria.

Sendo assim, a partir do estudo realizado, confirmou-se a hipótese levantada. Constatou-se a importância do registro como meio de prova do direito de autor, criando a presunção *juris tantum* a favor daquele que registrou a obra, além de funcionar como medida de segurança.

Apesar de a maioria das legislações estar em conformidade com o previsto na Convenção de Berna e o autor ter seus direitos assegurados desde a criação da obra, a formalidade burocrática do registro possui um papel importante. Para o autor que deseja divulgar sua obra, ao ponto de extrapolar fronteiras e tornar-se conhecido, o melhor caminho é realizar o registro, pois, além da segurança que o mesmo proporciona, torna pública a titularidade sobre a criação e resguarda o autor de eventuais incômodos com terceiros de má-fé que utilizem a obra para adquirir vantagens indevidas.

REFERÊNCIAS

ARAÚJO, Edmir Netto de. **Proteção judicial do direito de autor**. São Paulo: Ltr, 1999.

ARGENTINA. **Código Penal Argentino**. Disponível em: <http://www.lexpenal.com.ar>. Acesso em: 30 jan. 2004.

_____. **Constitución de la Nación Argentina**: sacionada el 1 de mayo de 1853. Disponível em: <www.georgetown.edu/pdba/Constitutions/Argentia/argen.html>. Acesso em: 30 jan. 2004.

_____. **Constitución de la Nación Argentina**: sacionada el 22 de agosto de 1994. Disponível em: <www.georgetown.edu/pdba/Constitutions/Argentia/argen94.html>. Acesso em: 30 jan. 2004.

_____. **Corte Suprema de Justiça da Nação**: sistema de consulta de jurisprudências. Disponível em: <http://www.csjn.gov.ar>. Acesso em: 20 fev. 2004.

ASCENSÃO, José de Oliveira. **Direito autoral**. 2. ed. Rio de Janeiro: Renovar, 1997.

BARBOSA, Denis Borges. **Propriedade intelectual**: direitos autorais, direitos conexos e *software*. Rio de Janeiro: Lumen Juris, 2003.

BASSO, Maristela. **O Direito internacional da propriedade intelectual**. Porto Alegre: Livraria do Advogado, 2000.

BASTOS, AurélioWander. **Dicionário de propriedade industrial**. Rio de Janeiro: Lumen Juris, 1997.

BASTOS, Celso Ribeiro; MARTINS, Ives Gandra. **Comentários à Constituição do Brasil**: promulgada em 05.10.1988. São Paulo: Saraiva, 1988.

BITTAR, Carlos Alberto. **Direito de autor**. 4. ed. Rio de Janeiro: Forense Universitária, 2003.

_____. **Direito de autor na obra feita sob encomenda**. São Paulo: Revista dos Tribunais, 1977.

BRASIL. **Código de Processo Penal Brasileiro**. Dec.-lei 3.689, promulgado em 03.10.1941.

_____. Constituição (1824). **Constituição da República Federativa do Brasil**: promulgada em 25.03.1824. Disponível em: <http://www.planalto.gov.br>. Acesso em: 08 nov. 2003.

_____. Constituição (1891). **Constituição da República Federativa do Brasil**: promulgada em 24.02.1891. Disponível em: <http://www.planalto.gov.br>. Acesso em: 08 nov. 2003.

_____. Constituição (1934). **Constituição da República Federativa do Brasil**: promulgada em 16.07.1934. Disponível em: <http://www.planalto.gov.br>. Acesso em: 08 nov. 2003.

_____. Constituição (1937). **Constituição da República Federativa do Brasil**: promulgada em 10.11.1937. Disponível em: <http://www.planalto.gov.br>. Acesso em: 08 nov. 2003.

_____. Constituição (1946). **Constituição da República Federativa do Brasil**: promulgada em 18.09.1946. Disponível em: <http://www.planalto.gov.br>. Acesso em: 08 nov. 2003.

_____. Constituição (1967). **Constituição da República Federativa do Brasil**. Disponível em: <http://www.planalto.gov.br>. Acesso em: 08 nov. 2003.

_____. Constituição (1988). **Constituição da República Federativa do Brasil**: promulgada em 05.10.1988. Disponível em: <http://www.planalto.gov.br>. Acesso em: 08 nov. 2003.

_____. **Convenção universal sobre direito de autor**: Aprovada pelo Decreto 76.905, de 24.12.1975. Disponível em <http://www.planalto.gov.br>. Acesso em: 20 jun. 2003.

_____. **Lei 9.610, de 19.02.1998**: altera, atualiza e consolida a legislação sobre direitos autorais e dá outras providências. Disponível em: <http://www.planalto.gov.br>. Acesso em: 25 jun. 2002.

_____. Tribunal de Justiça de São Paulo. Disponível em: <http://www.tj.sp.gov.br>. Acesso em: 20 fev. 2004.

_____. Tribunal de Justiça do Rio de Janeiro. Disponível em: <http://www.tj.rj.gov.br>. Acesso em: 20 fev. 2004.

CABRAL, Plínio. **A nova lei de direitos autorais**. 2. ed. Porto Alegre: Sagra Luzzatto, 1999.

_____. **Revolução tecnológica e direito autoral**. Porto Alegre: Sagra Luzzatto, 1998.

CHAVES, Antônio. **Criador da obra intelectual**. São Paulo: LTr, 1995.

CONSELHO NACIONAL DE DIREITO AUTORAL. **Direito autoral**: legislação e normas. Brasília, 1988.

CONSELHO NACIONAL DE DIREITO AUTORAL. **Manual de direito autoral.** Brasília, 1989.

COSTA, Héctor Della. **El derecho de autor y su novedad.** 2. ed. Buenos Aires: Belgrano. 1997.

COSTA NETTO, José Carlos. **Direito autoral no Brasil.** São Paulo: FTD, 1998.

CRETELLA JÚNIOR, José. **Comentários à Constituição brasileira de 1988.** Rio de Janeiro: Forense Universitária,1992. 3v.

DECLARAÇÃO DOS DIREITOS DO HOMEM E DO CIDADÃO. Disponível em: <http://www.pgr.mpf.gov.br/pfdc/documentos/Legislacao/dec_dir_cid.pdf>. Acesso em: 30 jan. 2004.

Del. CNDA 1/82 da 1ª Câm. Deliberações, 1984. p. 35. *In:* BARBOSA, Denis Borges. **Propriedade intelectual**: direitos autorias, direitos conexos e software. Rio de Janeiro: Lumen Juris. 2003.

ECO, Umberto. **Como se faz uma tese.** 12. ed. São Paulo: Perspectiva, 1995.

FIUZA, César. **Direito civil**: curso completo. 3. ed. Belo Horizonte: Del Rey, 2000.

GANDELMAN, Henrique. **Guia básico de direitos autorais.** Rio de Janeiro: Globo, 1982.

GOLDSTEIN, Mabel R. **Derechos editoriales y de autor.** 2. ed. Argentina: Eudeba, 1999. 389 p.

GOMES, Orlando. **Direitos reais.** 8. ed. Rio de Janeiro: Forense, 1983.

HAMMES, Bruno Jorge. **O direito de propriedade intelectual.** 3. ed. São Leopoldo: Unisinos, 2002.

HENRIQUES, Antônio; MEDEIROS, João Bosco. **Monografia no curso de Direito:** trabalho de conclusão de curso: metodologia e técnicas de pesquisa, da escolha do assunto à apresentação gráfica. São Paulo: Atlas, 1999.

HOLANDA, Aurélio Buarque de. **Novo dicionário da língua portuguesa.** 2. ed. Rio de Janeiro: Nova Fronteira, 1986.

JÚNIOR, Nehemias Gueiros. O direito autor e a evolução da tecnologia: desafio constante aos juristas. *In:* **Site do Advogado.** Disponível em: <http://www.sitedoadvogado.com.br/das_new/colunista_new3.asp >. Acesso em: 19 jun. 2002.

LANGE, Deise Fabiana. **O impacto da tecnologia digital sobre o direito de autor e conexos.** São Leopoldo: Unisinos, 1996.

LOPES, Miguel Maria de Serpa. **Tratado dos registros públicos**. 4. ed. Rio de Janeiro: Livraria Freitas Bastos, 1960. 1 v.

_____. **Tratado dos registros públicos**. 4. ed. Rio de Janeiro: Livraria Freitas Bastos, 1960. 4 v.

LÓPEZ, Fernando Zapata. Los registros nacionales de derechos de autor. *In:* OMPI. **VIII Congreso internacional sobre la protección de los derechos intelectualies**. Asunción, Paraguay: Vía Gráfica, 1993.

MICHAELIS. **Moderno dicionário da língua portuguesa**. Disponível em: <http://www.uol.com.br/michaelis> Acesso em: 22 mar. 2003.

MINISTÉRIO DA CULTURA E CONSELHO NACIONAL DE DIREITO AUTORAL. **Manual de direito autoral**. Brasília/DF.

MIRANDA, Pontes de. **Tratado de direito privado**. Rio de Janeiro: Borsoi, Tomo XVI, 1956.

MONTEIRO, Washington de Barros. **Curso de direito civil**: direito das coisas. 31. ed. São Paulo: Saraiva, 1994.

NERY JUNIOR, Nelson; NERY, Rosa Maria de Andrade. **Código de Processo Civil comentado e legislação extravagante**: atualizado até 7 de julho de 2003. 7. ed. São Paulo: Revista dos Tribunais, 2003.

OLIVEIRA, Olga Maria Boschi de. **Monografia Jurídica**: orientações metodológicas para o trabalho de conclusão de curso. Porto Alegre: Síntese, 1999.

OMC. **Acordo sobre os aspectos dos Direitos de Propriedade Intelectual relacionados ao comércio – ADPIC**. Disponível em: <http://www.wto.org/spanish/docs_s/legal_s/27-trips_01_s.htm>. Acesso em: 25 jun. 2002.

OMPI. **Convenção de Berna para a proteção das obras literárias e artísticas**. Disponível em: <http://www.wipo.int/clea/docs/es/wo/wo001es.htm>. Acesso em: 25 jun. 2002.

_____. **Convenção de Roma sobre a proteção dos artistas intérpretes ou executantes, dos produtores de fonogramas e dos organismos de radiodifusão**. Disponível em: <http://www.wipo.int/clea/docs/es/wo/wo024es.htm>. Acesso em: 25 jun. 2002.

_____. **Convenção para a proteção dos produtores de fonogramas contra a reprodução não autorizada**. Disponível em: <http://www.wipo.int/clea/docs/es/wo/wo023es.htm>. Acesso em: 25 jun. 2002.

_____. **Convenção que estabelece a organização mundial da propriedade intelectual**. Disponível em: <http://www.ompi.org/clea/docs/es/wo/wo029es.htm>. Acesso em: 25 jun. 2002.

_____. **Curso geral da propriedade intelectual** – programa de ensino a distância. Módulo 2.

OMPI. **VIII Congreso internacional sobre la proteccion de los derechos intelectualies**. Asuncion, Paraguay: Vía Gráfica, 1993.

ORTIZ PIERPAOLI, Fremiort. **Derecho de autor y Derechos conexos en el Paraguay**. 1997. 175f. Tese (Doutorado em Direito e Ciências Sociais) – Curso de Pós-graduação em Direito da Universidade Nacional de Assunção – Paraguai.

PARAGUAI. **Código Civil**. Reformado em 23.12.1985. Disponível em: <http://www.paraguaygobierno.gov.py/codigocivilestructurado.html>. Acesso em: 30 jan. 2004.

_____. **Constituição da República do Paraguai**: promulgada em 25.08.1967. Disponível em: <http://www.georgetown.edu/pdba/Constitutions/Paraguay>. Acesso em: 30 jan. 2004.

_____. **Decreto 5.159/99**: regulamenta a Lei 1.328/98 de direito de autor e direito conexos. Disponível em: <http://www.sice.oas.org/int_prop/nat_leg/Paraguay/d515999.asp>. Acesso em: 30 jan. 2004.

_____. **Lei 1.328**: De derecho de autor y derechos conexos. Sancionada em 15.10.1998. Disponível em: <http://www.sice.oas.org/int_prop/nat_leg/Paraguay/L132898in.asp>. Acesso em: 29 jul. 2002.

PASOLD, César Luiz. **Prática da pesquisa jurídica**: idéia e ferramentas úteis ao pesquisador do Direito. Florianópolis: OAB/SC, 1999.

PILATI, José Isaac. Direitos autorais e internet. *In*: ROVER, Aires. **Direito, sociedade e informática**. Florianópolis: Fundação Boiteux, 2000.

PIMENTEL, Luiz Otávio. **Direito industrial**: as funções do direito de patentes. Porto Alegre: Síntese, 1999. 278 p.

RODRIGUES, Sílvio. **Direito civil**: direito das coisas. 24. ed. São Paulo: Saraiva, 1997. 403 p.

_____. **Direito civil**: parte geral. 24. ed. São Paulo: Saraiva, 1997.

SOUZA, Carlos Fernando Mathias de. **Direito autoral**: legislação básica. Brasília: Brasília Jurídica, 1998.

STRONG, William S. **El libro de los derechos de autor**. Buenos Aires: Heliasta, 1995.

UNESCO. **ABC do direito de autor**. Lisboa: Editorial Presença/UNESCO. 1981.

_____. **Declaração universal de Genebra**. Disponível em <http://www.unesco.org.br/publica/index.html>. Acesso em 25 jun. 2002.

URUGUAI. **Constituição da República do Uruguai**. Disponível em: <http://www.parlamento.gub.uy/constituciones/const997.htm>. Acesso em: 30 jan. 2004.

_____. **Lei 17.616**: proteção ao direito de autor e direitos conexos, de 10.01.2003. Disponível em: <http://www.presidencia.gub.uy/gxpfiles/data/ley/2003011310.htm>. Acesso em: 30 jan. 2004.

_____. **Lei 9.739**: propriedade literária e artística. Promulgada em 15.12.1937. Disponível em: <http://www.presidencia.gub.uy/gxpfiles/data/ley/2003011310.htm>. Acesso em 30 jan. 2004.

VENOSA, Sílvio de Salvo. **Direito civil**: direitos reais. 3. ed. São Paulo: Atlas, 2003.

WILLINGTON, João; OLIVEIRA, Jaury N. de. **A nova lei brasileira de direitos autorais**. 2. ed. Rio de Janeiro: Lumen Juris, 2002.

ÍNDICE ALFABÉTICO

A

- Acordo sobre os aspectos dos direitos de propriedade intelectual relacionados com o comércio. ... 64
- Argentina. Direito de autor na Argentina. ... 131
- Argentina. Lei 11.723/33. Direito de autor. ... 133
- Argentina. Registro de direito de autor na Argentina. ... 225
- Aspectos relevantes e objeto do direito de autor. ... 35

B

- Berna. Convenção de Berna de 1886. ... 49
- Brasil. Registro de obra intelectual no Brasil. ... 217

C

- Comércio. Acordo sobre os aspectos dos direitos de propriedade intelectual relacionados com o comércio. ... 64
- Conceito. Direito autoral. ... 33

- Considerações finais. 253
- Constituição Uruguaia e suas reformas. 179
- Constituições Argentinas. 131
- Constituições Brasileiras. Direito autoral. 72
- Constituições do Paraguai. 147
- Convenção Universal do Direito de Autor. 54
- Convenção de Berna de 1886. 49
- Convenções e tratados americanos sobre direito autoral. 58

D

- Direito autoral. Abordagem histórica. 19
- Direito autoral. Conceito. 33
- Direito autoral. Constituições Brasileiras. 72
- Direito autoral. Convenção Universal do Direito de Autor. 54
- Direito autoral. Evolução histórica do direito de autor. 19
- Direito autoral. Internacionalidade do direito de autor. 48
- Direito autoral. Legislação infraconstitucional. 79
- Direito autoral. Lei 9.610/98. Considerações. 90
- Direito autoral. Natureza jurídica. 39
- Direito autoral. Objeto e aspectos relevantes do direito de autor. 35
- Direito autoral. Particularidades do registro de direito de autor. 211
- Direito autoral. Registro. 205
- Direito de autor na Argentina. 131
- Direito de autor no Uruguai. 179
- Direito de autor nos Estados-Partes do Mercosul. 71
- Direito de autor. Registro de direito de autor na Argentina. 225

E

- Eficácia, importância e função do registro de obra. 247
- Estados-Parte. Direito de autor nos Estados-Partes do Mercosul. 71
- Estados-Parte. Registro de obra intelectual nos Estados-partes do Mercosul. 217
- Evolução histórica do direito de autor. 19

F

- Função, importância e eficácia do registro de obra. 247

H

- História. Direito autoral. Abordagem histórica. 19

I

- Importância, eficácia e função do registro de obra. 247
- Internacionalidade do direito de autor. 48
- Introdução. 15

L

- Legislação infraconstitucional. Direito autoral. 79
- Lei 1.328/98. Direito de autor. Paraguai. 149
- Lei 9.610/98. Considerações. 90

- Lei 9.739/37 e suas modificações. Direito de autor. Uruguai. 180
- Lei 11.723/33. Direito de autor. Argentina... 133

M

- Mercosul. Direito de autor nos Estados-Partes do Mercosul. 71
- Mercosul. Registro de obra intelectual nos Estados-partes do Mercosul. 217

N

- Natureza jurídica. Direito autoral.. 39

O

- Objeto e aspectos relevantes do direito de autor..................................... 35
- Obra intelectual. Função, importância e eficácia do registro de obra. .. 247
- Obra intelectual. Registro de obra intelectual no Brasil. 217
- Obra intelectual. Registro de obra intelectual nos Estados-partes do Mercosul. 217
- Obra intelectual. Surgimento do registro e o registro de obras intelectuais.. 205

P

- Paraguai. Constituições do Paraguai. 147
- Paraguai. Lei 1.328/98. Direito de autor. 149

• Paraguai. Proteção autoral no Paraguai. 147

• Paraguai. Registro autoral no Paraguai. 232

• Particularidades do registro de direito de autor. 211

• Propriedade intelectual. Acordo sobre os aspectos dos direitos de propriedade intelectual relacionados com o comércio. 64

• Propriedade intelectual. Tratado da Organização Mundial da Propriedade Intelectual. 58

• Proteção aos direitos de autor no Brasil. 71

• Proteção autoral no Paraguai. 147

R

• Referências. 259

• Registro. Particularidades do registro de direito de autor. 211

• Registro. Surgimento do registro e o registro de obras intelectuais. 205

• Registro autoral no Paraguai. 232

• Registro da obra. Função, importância e eficácia do registro de obra. 247

• Registro de direito de autor na Argentina. 225

• Registro de obra intelectual no Brasil. 217

• Registro de obra intelectual nos Estados-partes do Mercosul. 217

• Registro de obra no Uruguai. 243

• Registro do direito autoral. 205

S

• Sumário. 13

• Surgimento do registro e o registro de obras intelectuais. 205

T

• Tratado da Organização Mundial da Propriedade Intelectual. 58

U

• Uruguai. Direito de autor no Uruguai. 179
• Uruguai. Lei 9.739/37 e suas modificações. Direito de autor. 180
• Uruguai. Registro de obra no Uruguai. 243

Esta obra foi impressa em oficinas próprias.
Ela é fruto do trabalho das seguintes pessoas:

Professores revisores:
Adão Lenartovicz
Dagoberto Grohs Drechsel

Supervisão:
Carlos A. B. de Lara

Impressão:
Andrea L. Martins
Doreval Carvalho
Marcelo Schwb

Editoração:
Eliane Peçanha
Elisabeth Padilha
Emanuelle Milek

Acabamento:
Afonso P. T. Neto
Anderson A. Marques
Bibiane A. Rodrigues
Luciana de Melo
Luzia Gomes Pereira
Maria José V. Rocha
Nádia Sabatovski
Sueli de Oliveira
Willian A. Rodrigues

Índices:
Emilio Sabatovski
Iara P. Fontoura
Tânia Saiki

> "O horizonte está nos olhos e não na realidade."
> **Angel Ganivet**

JURUÁ EDITORA

Últimos Lançamentos

Complemento Nº 3 - 2005

DIREITO CIVIL E PROCESSUAL CIVIL

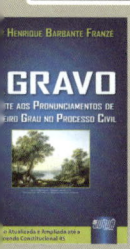

Agravo Frente aos Pronunciamentos de Primeiro Grau no Processo Civil
Luis H. B. Franzé
(Encad. Especial)
ISBN: 853621001X

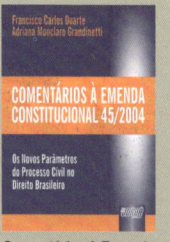

Comentários à Emenda Constitucional 45/2004
Francisco C. Duarte e Adriana M. Grandinetti
162 p.
ISBN: 8536210400

Condições da Ação
Marcelo Paulo Maggio
228 p.
ISBN: 8536209887

Contratação Eletrônica - Aspectos Jurídicos
José Wilson Boiago Jr.
228 p.
ISBN: 8536209968

Descumprimento Contratual
Jorge Catalan - 272 p.
(Encad. Especial)
ISBN: 8536210249

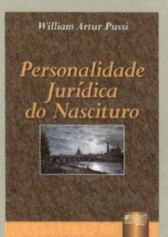

Personalidade Jurídica do Nascituro
William Artur Pussi
416 p. (Encad. Especial)
ISBN: 8536210265

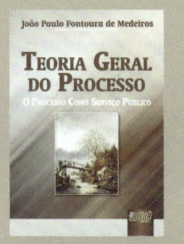

Teoria Geral do Processo - O Processo Como Serviço Público
João P. F. de Medeiros
272 p. - ISBN: 8536210486

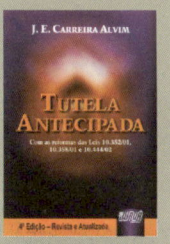

Tutela Antecipada
4ª Ed. - J. E. Carreira Alvim - 224 p.
ISBN: 8536210605

DIREITO DO CONSUMIDOR

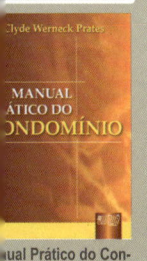

Manual Prático do Condomínio - Clyde Werneck Prates - 190 p.
ISBN: 8536210125

DIREITO CONSTITUCIONAL

Direito Constitucional em Evolução - Perspectivas - Coord. Paulo G. Pimentel Jr. - 266 p.
ISBN: 8536209984

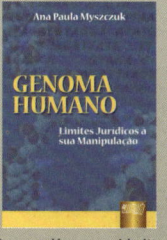

Genoma Humano - Limites Jurídicos à sua Manipulação
Ana Paula Myszczuk - 150 p.
ISBN: 8536210443

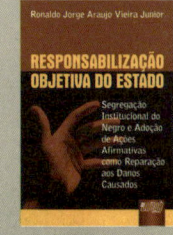

Responsabilização Objetiva do Estado - Ronaldo J. A. Vieira Jr. - 248 p.
ISBN: 8536210540

DIREITO AMBIENTAL

Apontamentos Sobre o Direito Indigenista
Roberto Lemos dos Santos Filho
176 p.
ISBN: 8536210060

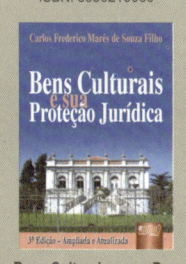

Bens Culturais e sua Proteção Jurídica - 3ª Ed.
Carlos F. M. de Souza Filho
178 p.
ISBN: 853621046X

Crimes Ambientais e Juizados Especiais
Ivan da Silva
180 p.
ISBN: 853621032X

LEGISLAÇÃO

Código Eleitoral - 4ª Ed.
Orgs.: Emilio Sabatovski, Iara P. Fontoura e Tania A. Saiki - 136 p.
ISBN: 8536210117

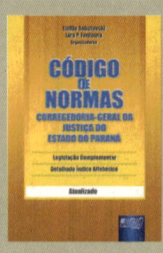

Código de Normas Corregedoria-Geral da Justiça do Estado do Paraná
Orgs.: Emilio Sabatovski e Iara P. Fontoura - 444 p.
ISBN: 8536210389

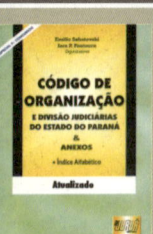

Código de Organização e Divisão Judiciárias do Estado do Paraná - 6ª Ed.
Orgs.: Emilio Sabatovski e Iara P. Fontoura - 188 p.
ISBN: 853621029X

Constituição do Estado de Santa Catarina
Orgs.: Emilio Sabatovski e Iara P. Fontoura
112 p.
ISBN: 8536210435

Constituição do Estado do Rio de Janeiro
Orgs.: Emilio Sabatovski e Iara P. Fontoura
120 p.
ISBN: 8536210141

Consolidação Normativa da Corregedoria-Geral da Justiça do Estado do Rio de Janeiro e Registros Públicos
Orgs.: Emilio Sabatovski e Iara P. Fontoura - 198 p.
ISBN: 8536210230

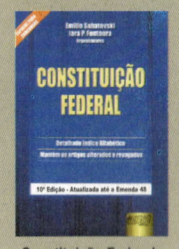

Constituição Federal - 10ª Ed. - Atualizada até a Emenda 48 - Orgs.: Emilio Sabatovski e Iara P. Fontoura - 184 p.
ISBN: 8536210907

Legislação Previdenciária - 19ª Ed. (Acomp. CD-Rom)
Orgs.: Emilio Sabatovski e Iara P. Fontoura - 276 p.
ISBN: 8536210621

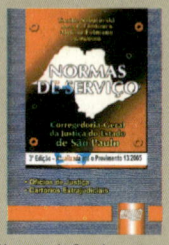

Normas de Serviço - Corregedoria Geral da Justiça do Estado de São Paulo - 3ª Ed.
Orgs.: Emilio Sabatovski, Iara P. Fontoura e Melissa Folmann
392 p. - ISBN: 8536210087

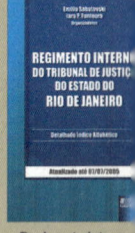

Regimento Interno Tribunal de Justiça Estado do Rio de Janeiro
Orgs.: Emilio Sabatovski e Iara P. Fontoura - 94 p.
ISBN: 8533621022

Regimento Interno do TJPR - 7ª Ed.
Equipe Juruá Editora
102 p.
ISBN: 8536210303

Regimento Interno do STJ - Orgs.: Emilio Sabatovski e Iara P. Fontoura - 128 p.
ISBN: 8573940425

Súmulas Trabalhistas
Orgs.: Emilio Sabatovski e Iara P. Fontoura
310 p.
ISBN: 8536210168

DIREITO DO TRABALHO

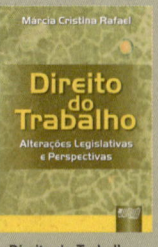

Direito do Trabalho - Alterações Legislativas e Perspectivas
Márcia Cristina Rafael
126 p.
ISBN: 8536210311

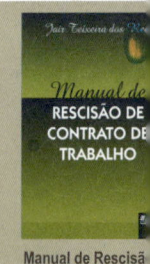

Manual de Rescisão de Contrato de Trabalho
Jair Teixeira dos Reis
160 p.
ISBN: 8536210710

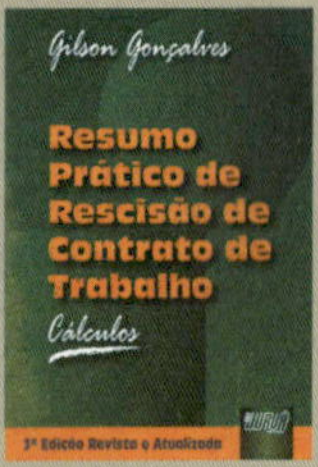

Resumo Prático de Rescisão de Contrato de Trabalho - Cálculos - 3ª Ed.
Gilson Gonçalves
182 p.
ISBN: 8536210478

DIREITO PREVIDENCIÁRIO

Aposentadoria Especial - Regime Geral da Previdência Social - 2ª Ed.
Maria Helena C. Alvim Ribeiro
576 p.
(Encad. Especial)
ISBN: 8536210095

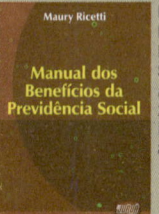

Manual dos Benefícios da Previdência Social
Maury Ricetti
296 p.
ISBN: 8536210044

DIREITO INTERNACIONAL

ito Constitucional
eu - Coords. Eduardo
nes e Tarcisio H. Reis
. (Encad. Especial)
SBN: 8536210575

Direito Internacional & as Novas Disciplinarizações - Coords.: Lier
P. Ferreira Jr. e Luis I. de A. Araújo
384 p. (Encad. Especial)
ISBN: 8536210338

Elementos de Política Internacional - Redefinições e Perspectivas
Thales Castro - 260 p.
ISBN: 8536210281

Estudos de Direito Internacional - Vols.: III, IV e V
Coord. Wagner Menezes
Vol. III: 596 p. - ISBN: 853621063X
Vol. IV: 594 p. - ISBN: 8536210648
Vol. V: 588 p. - ISBN: 8536210656

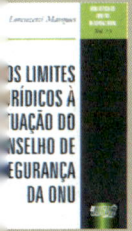

DIREITO PENAL

Limites Jurídicos à ção do Conselho de ança da ONU - Vol. 13
do L. Marques - 258 p.
SBN: 8536210516

Propriedade Intelectual
Coord.: Patricia Luciane de
Carvalho - 544 p.
(Encad. Especial)
ISBN: 8536210583

Teoria das Relações Internacionais - Eduardo
Saldanha - 352 p.
(Encad. Especial)
ISBN: 8536210508

A Pessoa Jurídica Criminosa - 2ª Tiragem
Walter C. Rothenburg
256 p.
ISBN: 8536210346

Lições de Direito para a Atividade das Polícias Militares e das Forças Armadas - 6ª Ed. - Jorge C. de Assis,
Cicero R. C. Neves e Fernando L.
Cunha - 272 p. (Encad. Especial)
ISBN: 8536210362

mologia Quântica & eito Penal - Reno
sa Gondim - 222 p.
SBN: 8536210079

Investigação Criminal e Informática - Eduardo M.
Castella - 162 p.
ISBN: 8536210427

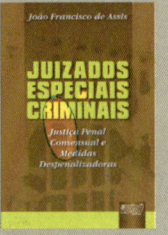

Juizados Especiais Criminais - João
Francisco de Assis - 112 p.
ISBN: 8536209068

Movimento Antiterror e a Missão da Magistratura
2ª Ed. - René Ariel Dotti
108 p.
ISBN: 8536210419

Tutela Penal & Processual Penal da Privacidade
Leonardo P. de Faria
Cupello - 240 p.
ISBN: 8536210206

DIREITO TRIBUTÁRIO

pectos Tributários da Nova Lei de Falências
oshi Harada - 132 p.
SBN: 8536210109

Isenção por Meio de Tratados Internacionais & Autonomia Tributária
Simone Gasperin de
Albuquerque - 228 p.
ISBN: 8536210028

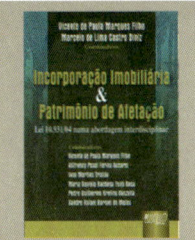

Incorporação Imobiliária & Patrimônio de Afetação
Coords.: Vicente de P.
Marques Filho e Marcela de L.
Castro Diniz - 166 p.
ISBN: 85362104510

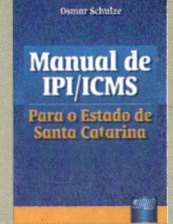

Manual de IPI/ICMS para o Estado de Santa Catarina
Osmar Schulze - 186 p.
ISBN: 8536210176

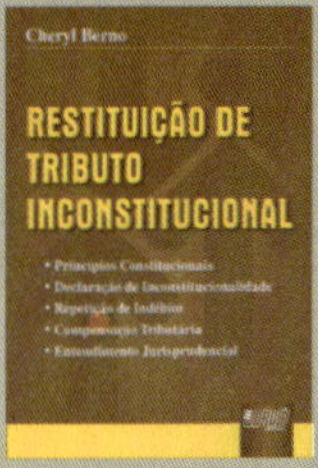

Restituição de Tributo Inconstitucional
Cheryl Berno
184 p.
ISBN: 8536208627

ADMINISTRAÇÃO/CONTABILIDADE

Capital Humano - Sua Importância na Gestão Estratégica do Conhecimento
Osmar Ponchirolli - 184 p.
ISBN: 853621015X

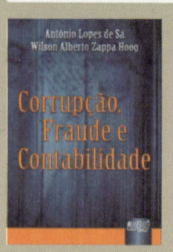

Corrupção, Fraude e Contabilidade
Antônio Lopes de Sá e Wilson A. Zappa Hoog
174 p.
ISBN: 8536210796

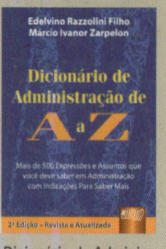

Dicionário de Administração de A a Z - 2ª Ed.
Edelvino Razzolini Filho e Márcio Ivanor Zarpelon
212 p.
ISBN: 8536210214

Guia Prático de Consultoria Tributária - Perguntas e Respostas - Col. Prática Contábil - *Lúcia H. Briski Young* - 352 p.
ISBN: 8536210273

Imposto de Renda Pessoa Jurídica - Noções Fundamentais - 5ª Ed. Col. Prática Contábil
Lúcia H. Briski Young
376 p. - ISBN: 85362...

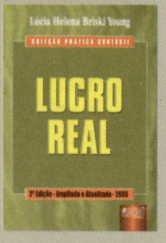

Lucro Real - 2ª Ed.
Lúcia H. Briski Young
150 p. - R$ 29,90
ISBN: 8536210257

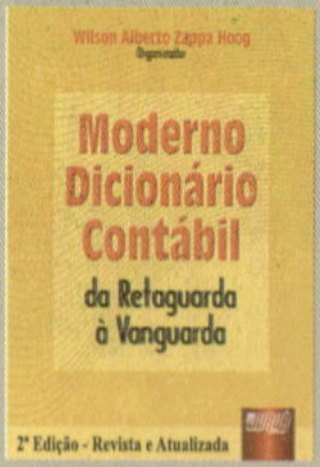

Moderno Dicionário Contábil da Retaguarda à Vanguarda - 2ª Ed.
Org.: Wilson A. Zappa Hoog
194 p. - ISBN: 8536210001

Regimes de Tributação Federal - Resumo Prático - 5ª Ed. - *Lúcia H. Briski Young* - 240 p.
ISBN: 8536210524

Sociedades Cooperativas - Resumo Prático - 5ª Ed. - Col. Prática Contábil
Lúcia H. Briski Young
270 p. - ISBN: 8536210052

Simples Federal - Microempresa e Empresa de Pequeno Porte (Acompanha CD-Rom)
Lúcia H. Briski Young
330 p. - ISBN: 85362...

DIREITO AGRÁRIO / CRÉDITO RURAL

Comentários à Lei da Cédula de Produto Rural - 3ª Ed. - Col. Direito Bancário 1
Lutero de Paiva Pereira
272 p. (Encad. Especial)
ISBN: 8536210192

TEORIA GERAL DO DIREITO

Estudos de Teoria Geral do Direito - *Coord.: Ivan Guérios Curi* - 214 p.
ISBN: 8536210532

DIREITO EMPRESARIAL

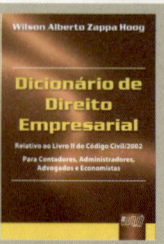

Dicionário de Direito Empresarial - *Wilson A. Zappa Hoog* - 120 p.
ISBN: 8536209917

DIVERSOS

Programa de Qualidade na Interação Familiar - Manual para Aplicadores - *Lidia Weber, Ana Paula Salvador e Olivia Brandenburg* - 102 p.
ISBN: 8536210567

PEDIDOS PARA: